DANTE
ET GOETHE

DU MÊME AUTEUR.

HISTOIRE DE LA RÉVOLUTION DE 1848, 2 vol., 2ᵉ édition.
ESSAI SUR LA LIBERTÉ, 2ᵉ édition.
ESQUISSES MORALES, pensées, réflexions et maximes, 3ᵉ édition.
FLORENCE ET TURIN.
JEANNE D'ARC, drame en cinq actes.
NÉLIDA.

DANTE
ET GŒTHE

DIALOGUES

PAR

DANIEL STERN

PARIS
LIBRAIRIE ACADÉMIQUE
DIDIER ET Cie, LIBRAIRES-ÉDITEURS
55, QUAI DES AUGUSTINS, 55

M DCCC LXVI

DANTE ET GŒTHE

DIALOGUES.

A COSIMA.

Ta naissance et ton nom sont italiens; ton désir ou ta destinée t'ont faite Allemande. Je suis née sur la terre d'Allemagne; mon étoile est au ciel de l'Italie. C'est pourquoi j'ai voulu t'adresser des souvenirs où se mêlent Dante et Gœthe : double culte, où nos âmes se rencontrent; patrie idéale, où toujours, quoi qu'il arrive, et quand tout ici-bas nous devrait séparer, nous resterons unies d'un inaltérable amour.

PREMIER DIALOGUE.

DIOTIME, ÉLIE. — Un peu plus tard, VIVIANE, MARCEL.

Ils marchaient sur la grève sans se parler. Ils s'étaient d'abord entretenus de leurs amis et d'eux-mêmes, de leurs opinions sur les choses du jour. Puis, insensiblement, le silence s'était fait. La grandeur de ce lieu désert s'imposait à eux. La marée qui montait lentement, en battant de ses flots le cap Plouha, imprimait à leur esprit son rhythme solennel. — A quoi pensez-vous? dit enfin Élie.

DIOTIME.

La question est brusque. La réponse va vous surprendre... Je pense à Dante.

ÉLIE.

A Dante!... ici! au poëte florentin, sur les côtes de Bretagne! Voilà qui me surprend, en effet.

DIOTIME.

Ce site est véritablement dantesque. Regardez ces formidables entassements de rochers, précipités les uns sur les autres! Voyez ces blocs de granit aux flancs noirs, tout hérissés d'algues marines, que la vague, en se retirant, laisse couverts d'écume, et que d'ici l'on prendrait pour des monstres accroupis sur le sable! Écoutez les gémissements du flot qui s'engouffre dans ces antres béants! Ne se croirait-on pas aux abords d'un monde infernal? Tout à l'heure, à la lueur blafarde de votre triste soleil, il me semblait lire sur ce pan de roc taillé à pic l'inscription sinistre : *Per me si va*; et je voyais, là-bas, dans cet enfoncement, l'ombre de Dante, qui s'avançait, pâle et muette, vers les régions obscures.

ÉLIE.

Votre imagination confond mes faibles esprits. Vous franchissez d'un bond l'espace et les siècles...

PREMIER DIALOGUE.

DIOTIME.

Le génie n'est jamais loin. Il est présent partout, comme Dieu. Combien de fois ne l'ai-je pas éprouvé ! Qu'un spectacle inaccoutumé de la nature ou quelque événement soudain ébranle et trouble ma pensée, aussitôt, par je ne sais quelle évocation secrète, qui se fait en moi comme à mon insu, il me semble voir à mes côtés deux figures immortelles, deux génies lumineux, dont la seule présence fait rentrer en moi la paix, et en qui je vois toute chose se réfléchir, s'ordonner, s'éclairer, comme en un miroir magique.

ÉLIE.

Per speculum in enigmate. N'est-ce pas ainsi que parlait saint Paul ? Il y a longtemps, Diotime, que je vous soupçonnais d'être tant soit peu visionnaire !... Et ces deux génies sont Dante ?...

DIOTIME.

Dante et Gœthe.

ÉLIE.

Dante et Gœthe !... étrange association de noms !

DIOTIME.

Pourquoi étrange ?

ÉLIE.

Pourquoi ?... Parce que ce sont bien les deux

génies, les deux hommes les plus opposés qui furent jamais.

DIOTIME.

Je ne les vois point opposés ; tout au contraire.

ÉLIE.

Point opposés, bon Dieu ! L'Italien du xɪɪɪ^e siècle et le Germain du xɪx^e ! Le poëte catholique, qui chante en sa *Divine Comédie* l'orthodoxie de saint Thomas et les catégories d'Aristote, et ce païen panthéiste, qui cache sous la robe et le nom du réprouvé docteur Faust les témérités de Spinosa et le système suspect de Geoffroy Saint-Hilaire ! Point opposés !

DIOTIME.

Ne vous arrêtez pas en si beau chemin ; continuez. Quelle comparaison, n'est-ce pas, entre le belliqueux enfant de la cité de Mars, entre le noble fils du croisé toscan Cacciaguida, et le petit bourgeois d'une ville marchande, dont le bisaïeul ferrait les chevaux, dont l'aïeul tenait une auberge !

ÉLIE.

Ajoutons, puisque vous le souffrez, quel rapport entre le citoyen héroïque que l'ardeur de ses passions jette aux guerres civiles, et qui, proscrit, dépouillé, meurt bien avant l'âge, tout chargé de calamités, tout ému de haine et d'amour pour son ingrate patrie ; entre ce grand imprécateur à la face sinistre, « qui allait en enfer et qui en revenait, » et le rayonnant Apollon, qui se faisait appeler monsieur le conseiller de Gœthe, anobli, décoré, ministre d'un grand-duc allemand, froidement recueilli dans sa haute indifférence, observant les jeux du prisme quand la Révolution française éclate sur le monde, et qui meurt plein de jours, d'honneurs et de biens, au milieu des jardins qu'il a plantés, au milieu des curiosités, des offrandes, que lui apportent, de tous les points du globe, ses admirateurs à genoux !

DIOTIME.

Comme vous, je me suis étonnée, en ses commencements, de cette passion de mon esprit qui le ramenait en toute occasion dans la compagnie de deux poëtes aussi dissemblables. Je m'expliquais mal ce choix involontaire qui me faisait emporter ensemble, partout où j'allais, les deux petits volumes que vous regardiez hier sur ma table, et qui sont devenus pour moi, à peu de chose près, ce que le bréviaire est pour le prêtre : *La Commedia di Dante Allighieri*, et *Faust, eine Tragœdie von Wolfgang Gœthe*. Je ne voyais pas trop le sens de cette double prédilection. Mais comme elle était en moi véritable et obstinée, il me fallut bien en trouver la raison ; et c'est en cherchant cette raison que j'en suis venue à pénétrer peu à peu jusqu'à ces profondeurs de la vie idéale où nous sentons les harmonies, et non plus les dissonances des choses.

ÉLIE.

Comment cela?

DIOTIME.

Je veux dire... mais ce serait un long discours.

ÉLIE.

Ne sommes-nous pas de loisir?

DIOTIME.

Nous avons beaucoup marché sans nous en apercevoir; je me sens un peu lasse.

ÉLIE.

Arrêtons-nous ici. Le vent se calme, l'Océan s'apaise. La marée ne dépasse jamais ce rocher. Voici mon *plaid* étendu sur le sable. Asseyez-vous, Diotime. Prenez quelqu'une de ces figues que j'ai apportées pour vous dans ce panier. Je les crois mûres, bien que venues sous un ciel inclément.

DIOTIME.

Depuis les figues que je cueillais sur les bords du lac de Côme, dans les jardins de la villa Melzi, je n'en avais pas goûté d'aussi savoureuses.

ÉLIE.

Vous le voyez, notre soleil du Nord a ses caresses; nos landes, âpres et rudes, ont leur douceur. Ce matin, en venant de Portrieux, vos regards s'arrêtaient avec plaisir sur la pourpre de nos bruyères et sur les tons rosés de nos champs de blés noirs. Ne me disiez-vous pas aussi que la lumière qui descendait à ce moment sur nos campagnes vous rappelait les brumes transparentes qui, à certains jours d'automne, enveloppent le Lido?

DIOTIME.

En effet, la nature, en ses diversités les plus frappantes, a des rappels soudains à la grande unité. Il en est ainsi des hommes de génie : c'est le même Dieu, c'est le Dieu unique, éternel, qui parle par leur voix sur des modes divers. Il ne tiendrait qu'à nous de l'y reconnaître.

ÉLIE.

Je vois où vous voulez en venir; et, si vous restez dans ces généralités, je me garderai de vous contredire. Mais précisons davantage et dites-moi, je vous prie, quels sont ces rappels, ces analogies, que vous avez su découvrir entre deux œuvres où je n'ai jamais pu voir qu'opposition et contraste?

Élie parlait encore, qu'on vit surgir à l'extrémité de la grève, en pleine lumière, un point noir. Ce point noir se mouvait et venait vers eux rapidement. Presque aussitôt, on put distinguer un cavalier et une amazone, dont la robe flottante semblait poussée par le vent et le défier de vitesse. Un lévrier de grande taille courait devant les chevaux. Il bondissait de rocher en rocher.

Tout d'un coup, il s'arrête : il venait d'apercevoir son maître, assis aux pieds de Diotime; et peut-être aussi, qui sait? le panier ouvert entre eux deux, qui promettait à son appétit quelques reliefs. Quoi qu'il en soit, d'un trait, *Grifagno* franchit l'espace ; il se jette sur Élie avec une impétuosité folle, renverse le panier, les figues, et, de son long museau désappointé, les culbute sur le sable. Tout cela avait été l'affaire d'un clin d'œil. Dans le même temps, la svelte amazone arrivait à fond de train. Elle sautait lestement à bas de son cheval, détachait de la selle une gerbe de fleurs sauvages, et s'avançait vers Diotime avec un air gracieux.

DIOTIME.

Quelle surprise! Nous ne vous attendions plus.

VIVIANE.

C'est par hasard que nous vous rejoignons. Nous reprenions la route de Portrieux, pensant vous y trouver, quand Marcel s'est avisé de demander au garde-côtes s'il ne vous aurait point vus. C'est ce brave douanier qui nous a dit que vous aviez laissé la voiture à Trévencuc et que vous deviez être encore par ici quelque part.

ÉLIE.

Le cap Plouha a exercé sur nous sa magie. Diotime a eu des visions, j'ai fait des rêves. Les heures ont glissé sans bruit, comme ces voiles qui disparaissent là-bas à l'horizon. Et quand nous nous en sommes aperçus, au lieu de hâter le retour, nous avons décidé de rester ici jusqu'au soir.

MARCEL.

Et l'on vous dérangerait en y restant avec vous ?

Viviane n'attendit pas la réponse. Prenant des mains de son frère un épais manteau qu'elle roula en coussin, elle s'assit auprès de Diotime. Marcel fit signe à des enfants de pêcheurs, qui cherchaient des crabes dans les rochers, de venir tenir les chevaux. Le lévrier haletant s'étendit tout de son long sur le bout du plaid d'Élie. Et, chacun ainsi établi à sa guise, la conversation reprit son cours.

VIVIANE.

De quoi parliez-vous donc quand nous vous avons surpris ? Vous m'aviez tout l'air de dire de fort belles choses.

ÉLIE.

Voilà qui s'appelle deviner. Diotime était en verve. Elle entreprenait de me persuader que la *Comédie* de Dante et le *Faust* de Goethe sont deux œuvres tout à fait semblables.

DIOTIME.

Je n'ai pas dit tout à fait, mais très-semblables.

VIVIANE.

A la bonne heure. Vive le paradoxe! Depuis quelques jours, ne vous déplaise, nous échangions avec une satisfaction assez plate des vérités incontestables. J'ai grand besoin de stimuler mes esprits... Eh bien! Diotime, parlez. Persuadez-nous. Par Apollon et les Muses! je jure de vous décerner le prix d'éloquence. Si je n'ai pas pour vous couronner les violettes et les bandelettes d'Alcibiade, je saurai du moins tresser ces verveines avec assez d'art pour qu'elles n'offusquent point votre grand front lumineux.

DIOTIME.

Une couronne, des belles mains de la fée Viviane! voilà de quoi tenter mon ambition. « Les ailes m'en viennent au dos, » auraient dit vos amis d'Athènes.

VIVIANE.

Eh bien! déployez-les. Parlez.

DIOTIME.

Laissez-moi me recueillir un peu.

Viviane mit un doigt sur sa bouche. Chacun se tut. Après quelques instants, Diotime continua d'un ton grave.

DIOTIME.

L'analogie première que je vois entre le poëme de Dante et le poëme de Goethe, c'est que tous deux ils embrassent, ils élèvent à son expression la plus haute l'idée la plus vaste qu'il soit donné à l'homme de concevoir : la notion de sa propre destinée dans le monde terrestre et dans le monde céleste; le mystère, l'intérêt suprême de son existence en deçà de la tombe et au delà ; le salut de son âme immortelle. Le sujet de la *Comédie* et le sujet de *Faust*, ce n'est plus, comme dans l'épopée antique, une expédition guerrière et nationale, la fondation de la cité ou de l'État ; c'est la représentation des rapports de l'homme avec Dieu dans le fini et dans l'infini ; c'est le grand problème du bien et du mal, tel qu'il s'est agité de tout temps dans la conscience humaine, avec la réponse qu'y donnent, selon la différence des âges, la religion, la philosophie, la science, la politique.

ÉLIE.

Pardon. Ce que vous dites ne s'appliquerait-il pas également bien au *Paradis perdu* de Milton, à la *Messiade* de Klopstock ?

DIOTIME.

Pas entièrement. D'ailleurs, ce n'est là qu'un point touché de ma comparaison. Nous allons la serrer de plus près. Remarquez d'abord que les deux poëmes, tout en étant l'expression d'une préoccupation permanente et universelle de l'esprit humain, sont aussi l'expression particulière des préoccupations d'une époque et d'une nation. La Comédie dantesque est un monument historique où se perpétuent à jamais les croyances, les doctrines, les passions, et surtout les terreurs du moyen âge. Dans *Faust*, la postérité la plus reculée sentira les conflits, les angoisses, les défaillances, mais surtout l'espoir intrépide de la génération qui vit le jour à la limite du xviii° et du xix° siècle, dans ce moyen âge nouveau entre une société qui finit et une société qui commence, entre la dissolution et la renaissance d'un monde.

Mais cette représentation, cette image d'un siècle, elle va prendre, selon le génie qui l'a conçue, un tempérament de race et de nationalité. Par Dante, elle sera latine et toscane; de Gœthe, elle recevra le souffle de la vie germanique; car, et notez bien cette similitude, on a pu dire avec une égale justesse, de Gœthe, qu'il était le plus allemand des Allemands; de Dante, qu'il était le plus italien des Italiens qui furent jamais.

Ce n'est pas tout. Malgré ce grand air de race et de nationalité qu'ils donnent à leur création, ni Dante ni Gœthe n'y disparaissent, comme l'ont fait dans leurs poëmes Homère, Virgile, Lucrèce, et plus tard Camoëns, Milton, Klopstock. Bien au contraire, Dante entre en scène dès les premières lignes de sa *Comédie*: il en est l'acteur principal; Virgile et Béatrice le conduisent; les réprouvés et les élus s'entretiennent avec lui; il reconnaît, dans l'enfer, dans le purgatoire et dans le paradis, ses amis et ses proches; on lui prédit sa gloire future. Il est enfin le seul lien entre les personnages épisodiques qui passent devant nos yeux; et l'intérêt, la réalité sensible de ce merveilleux voyage à travers l'éternité, ce sont les impressions du voyaseur qui le raconte. Quant à Gœthe, sans se nommer, il se fait assez connaître dans son héros. Tout ce qu'il a senti, rêvé, pensé, voulu, écrit déjà dans ses ouvrages antérieurs, il le met dans la bouche du docteur Faust. Sous ce masque transparent, il nous livre le secret de sa vie, son idéal. Et c'est ici, Élie, que la ressemblance devient surprenante. A travers un intervalle de cinq siècles, chez des hommes dont vous avez justement signalé l'extrême opposition de race, de nature et de condition, cet idéal où tendent les aspirations de Faust et qui resplendit dans les visions de Dante, est exactement le même : c'est l'amour infini, absolu, tout-puissant de l'éternel Dieu, attirant à soi, du sein des réalités périssables de l'existence finie, l'amour de la créature mortelle. Et, chez tous les deux, c'est l'être excellemment aimant, c'est la femme, vierge et mère, qui sert de médiateur entre l'amour divin et l'amour humain; c'est Marie pleine de grâce, vers qui montent les prières exaucées de Béatrice et de Marguerite; c'est la *Mater gloriosa*, la reine du ciel, qui accorde à Dante la vision des splendeurs, à Faust la connaissance de la sagesse de Dieu. La *Comédie* de Dante et la tragédie de Gœthe ont un même couronnement. Le dernier vers du poëme dantesque célèbre l'amour qui meut le soleil et les étoiles. « L'amor che muove il sole e l'altre stelle. » Le chœur mystique par qui se termine le poëme gœthéen chante « l'Éternel-Féminin, » « Das Ewig-Weibliche, » qui nous élève à Dieu. Seraient-ce là, Viviane, des analogies qu'il m'ait fallu chercher d'un esprit de paradoxe?

VIVIANE.

L'aspect sous lequel vous nous faites entrevoir ces deux poëmes me semble nouveau.

DIOTIME.

En Allemagne, où, dans les représentations scéniques de *Faust*, la salle entière dit les vers du poëte simultanément avec l'acteur qui les déclame et dans un sentiment à peu près semblable à celui des dévots qui chantent la messe en même temps que l'officiant, où l'on connaît la *Divine Comédie* tout aussi bien, mieux peut-être qu'en Italie, je risquerais fort de ne rien dire sur ce sujet qui ne parût une banalité. Mais en France, il n'en va pas ainsi. Un écrivain satirique a observé que nous autres Français, nous voulons tout comprendre de prime abord, et que ce que nous ne saurions saisir de cette façon cavalière, nous le déclarons, sans plus, indigne d'être compris. De là vient que, malgré les travaux considérables de Fauriel, d'Ozanam, de Villemain, d'Ampère, malgré les traductions de Rivarol, de Brizeux, de Lamennais, de Ratisbonne, si l'on parle chez nous de la *Divine Comédie*, c'est toujours exclusivement de l'Enfer, la plus dramatique et la moins obscure des trois *Cantiques*. Pareillement, lorsqu'on discute avec un Français des mérites de *Faust*, on s'aperçoit bien vite que ses arguments ne s'appliquent jamais qu'à la première partie, c'est-à-dire à la moitié environ du poëme, à la plus dramatique aussi, sans doute, à la plus émouvante, j'en conviens, mais qui n'en laisse pas moins le sens philosophique de l'œuvre en suspens, et qui semble même lui donner un dénoûment en complet désaccord avec la pensée de Gœthe.

On ne peut s'empêcher de sourire lorsqu'on se rappelle quelques-uns des graves jugements portés par la critique française et par les *honnêtes gens* sur Dante ou sur Gœthe. Depuis Voltaire, qui appelle la Comédie un *salmigondis*, jusqu'à M. Alexandre Dumas, qui préfère à Faust Polichinelle, on rencontre une grande variété d'opinions grotesques. Mais poursuivons nos rapprochements... à moins toutefois que ma dissertation ne vous semble déjà suffisamment longue.

VIVIANE.

Ma couronne est à peine commencée. Voyez comme ces pavots rouges se détachent parmi ces verveines! Vous savez que la nuit on les voit tout lumineux, entourés d'une auréole comme l'auréole des saints. Cela ne fait pas doute. C'est Linné et votre grand Gœthe qui le disent... mais continuez.

DIOTIME.

On a comparé Dante (c'est le philosophe Gioberti, si je ne me trompe) à l'arbre indien açvattha qui, à lui tout seul, par l'infinité de ses rameaux et de ses rejetons, forme une forêt. L'image serait applicable à Gœthe, et j'y voudrais ajouter, pour tout dire, que la vaste cime de l'arbre s'étend au loin dans l'espace éthéré, tandis que ses racines plongent au plus avant de la masse solide. La *Divine Comédie* et *Faust*, qui s'élèvent aux plus grandes hauteurs de la spéculation métaphysique, prennent leur ferme appui dans le fond même des croyances populaires. Ni Dante ni Gœthe n'ont inventé leur sujet; l'un et l'autre l'ont reçu d'un poëte plus puissant qu'eux-mêmes, du peuple. Ils ont écouté la voix de cet *Adam* toujours jeune, que le Créateur a doué du pouvoir de nommer les choses de leur nom véritable et de figurer, dans ses fictions naïves, les grands aspects de l'âme et de la vie humaine.

Le voyage en enfer, la vision surnaturelle des lieux où s'exerce la justice divine, était, vous le savez, une donnée familière aux imaginations du moyen âge. Depuis le vi^e siècle, la tradition s'en était accréditée. Sortie des monastères, elle s'était répandue dans tous les rangs de la société laïque. La plus fameuse de ces légendes, celle du purgatoire de saint Patrice, d'origine celtique, avait été écrite en vers et en prose, dans la langue latine d'abord, puis dans les langues vulgaires. Celle du frère Albéric, moine du Mont-Cassin, qui se rapporte à la première moitié du xiie siècle, et celle de Nicolas de Guidonis, moine de Modène, qui racontait en 1300, l'année même que Dante voulut prendre pour date de sa vision, les merveilles qu'il avait vues dans l'autre monde, étaient devenues populaires en Italie, de telle sorte que la représentation de l'enfer sur le pont *alla Carraia*, pendant les fêtes de mai 1304, fut l'un des principaux divertissements des Florentins et l'occasion d'une horrible catastrophe.

Quant à la légende qui forme le cadre du poëme de
Gœthe, elle remonte, dans sa donnée générale du pacte
avec le démon, au commencement du vie siècle; mais
elle ne devient essentiellement germanique, elle ne
prend le nom du docteur Faust que vers la fin du
xvie, en se rattachant tout à la fois à l'invention de
l'imprimerie, considérée longtemps par le peuple comme
une œuvre diabolique, et à la Réformation, que la
catholicité tout entière attribuait aux suggestions de
Satan.

Le héros de la légende allemande (je laisse de côté
celles qui se produisent dans le même temps en Angleterre, en Hollande, en Pologne) est un certain Jean
Faust, qui mène avec lui le diable sous apparence de
chien, qui procure par magie à l'empereur d'Allemagne ses victoires en Italie, et qui s'entretient longuement à Wittenberg avec son compatriote Mélanchton.
C'est à ce docteur nécromant que se rapportent les
peintures et les rimes que l'on voit encore aujour-
d'hui à Leipzig, dans la fameuse cave d'Auerbach.
C'est ce Jean Faust qui se signe « philosophus philo-
sophorum, » qui figure dans les *Sermons de table*
(Sermones convivales) des théologiens protestants; qui
devient, en empruntant quelques traits au *Kobold* du
foyer domestique, le héros du théâtre des marionnettes, se répand en mille variantes par toute l'Allemagne, et dont l'histoire authentique paraît enfin
imprimée à Francfort-sur-le-Mein, pendant la foire
d'automne de l'année 1587. Une préface de l'éditeur
l'offre en exemple à toute la chrétienté et lui présente,

comme un salutaire avertissement, la fin lamentable du téméraire docteur, abominablement trompé par les ruses du diable.

Le sens de ces deux légendes est exactement le même. Malgré le mélange qui s'y introduit, comme dans presque toutes les créations du moyen âge et de la renaissance, d'éléments empruntés à la mythologie païenne, il est parfaitement chrétien. La vision de l'enfer, du purgatoire et du paradis, a pour objet de ramener par la certitude des récompenses et des châtiments éternels, par une salutaire frayeur et par une espérance vive, les âmes qu'ont entraînées au péché l'orgueil de la science et les concupiscences de la chair. La tentation de Faust, permise par Dieu comme la tentation de Job, et le voyage en enfer ne sont, dans la conscience populaire, autre chose qu'une exhortation à bien vivre.

C'est en prenant ces données, telles que les avait conçues le génie du peuple, que Dante et Gœthe ont créé chacun un poëme d'une originalité inimitable, dont on peut prédire, à coup sûr, qu'il ne cessera jamais d'intéresser les esprits, à moins que, par impossible, les hommes ne cessent un jour de s'intéresser à ce qu'il y a ici-bas de plus divin tout ensemble et de plus humain : au mystère même de l'art dans ses rapports avec cet insatiable désir de l'infini, qui repose au plus profond de la nature humaine.

Voulez-vous que nous nous arrêtions un moment à considérer ce travail d'appropriation qui s'accomplit de la même manière dans la généreuse intelligence de nos deux poëtes, et que nous nous remettions sous les yeux ce qu'étaient les temps où ils vécurent ?

VIVIANE.

Assurément. Je suis tout oreilles.

DIOTIME.

Je m'engage là bien témérairement, et je crains que ma mémoire ne me fasse défaut.

ÉLIE.

De ceci, ne vous mettez point en peine ; vous nous avez maintes fois prouvé qu'elle ne se fatigue pas plus que votre imagination.

DIOTIME.

Eh bien, soit ! Lorsque Dante ou Durante des Allighieri (la coutume florentine voulait qu'on s'appelât tantôt d'un sobriquet, tantôt d'un diminutif : Dante pour Durante ; Bice pour Béatrice) naissait à Florence, au mois de mai de l'année 1265, les peuples italiens, comme vous savez, devançaient en culture tous les autres peuples.

Ils vivaient d'une vie pleine de trouble, mais forte et passionnée, où leur génie inventif s'essayait, sous les formes les plus variées, aux arts de la guerre et de la paix, aux institutions civiles et politiques. L'Italie était alors le centre et comme la force motrice de la civilisation. Il y avait à Rome un pape et un peuple qui tenaient de leur antique et noble origine le droit de faire des empereurs, et qui avaient restauré ce grand nom d'empire romain, le plus grand, dit Fauriel, qui eût été donné à des choses humaines ; dans les Deux-Siciles, un royaume féodal, une dynastie florissante qui cherchait la gloire et la gaieté des lettres ; à Venise, une oligarchie opulente, et profonde déjà dans sa politique ; à Milan, une seigneurie nouvelle, tyrannique, mais remplie d'habileté ; à Florence enfin, une démocratie vive et hardie, exercée aux affaires par un gouvernement électif et de courte durée, et chez qui s'éveillaient ces nobles curiosités dont la satisfaction allait prendre dans l'histoire le nom de *Renaissance* ; partout, sous l'action opposée des ambitions papales et impériales, des soulèvements, des ligues, des conjurations, des guerres civiles où se trempait dans le sang italien le tempérament italien ; des chocs violents d'où jaillissait la flamme d'un patriotisme exalté ; des haines sauvages, des vertus héroïques, tous les excès, tous les emportements d'une société sans règle et sans frein, où se produisaient aussi, par contraste, chez un grand nombre d'âmes, le dégoût des choses d'ici-bas, l'amour contemplatif, mystique et visionnaire des choses éternelles.

Les dissensions civiles ne faisaient pas de trêves sur les bords de l'Arno. Au dire des chroniqueurs, le sang étrusque de Fiesole et le sang romain de Florence n'avaient jamais pu ni se mêler ni s'accommoder. Fondée sous l'invocation du dieu Mars, qui devait à jamais la rendre inexpugnable, l'antique cité païenne n'avait subi qu'en frémissant la loi tardive de saint Jean-Baptiste, et l'idole offensée du dieu, chassé de son temple, se vengeait en soufflant au cœur des Florentins le feu des discordes. Sur les rives d'un fleuve tranquille, entre des collines charmantes où l'abeille faisait son plus doux miel, sous un ciel d'une incomparable sérénité, Florence, retranchée derrière ses murs épais, toute hérissée de tours, de châteaux crénelés qui se défiaient l'un l'autre et provoquaient l'ennemi du dehors, apparaissait au loin dans la campagne, fière et dominatrice.

Après une longue suite de fortunes diverses, favorable un jour au parti guelfe, un jour au parti gibelin, la cité, vers cette époque, restait aux guelfes. Ils y avaient établi le gouvernement populaire. La commune, organisée en corporations armées, souveraine en ses délibérations, mais ombrageuse à l'excès et pleine de ressentiments, avait exclu les grands de presque toutes les magistratures. Elle infligeait, comme un châtiment, la noblesse aux familles qui encouraient sa disgrâce. On devenait noble ou *Magnat, Sopra Grande*, comme on disait, pour cause d'empoisonnement, de vol, d'inceste. Toute personne noble, si elle voulait se rendre apte au gouvernement de la chose publique, devait renier son ordre en se faisant inscrire dans les corporations sur les registres des arts.

C'est là, sur un registre des arts majeurs (celui des médecins et des apothicaires), que se lisait, de 1297 à 1300, le nom patricien de *Dante d'Aldighiero degli Aldighieri, poeta fiorentino.*

MARCEL.

Dante médecin! peut-être apothicaire! Voici qui me gâte furieusement ses lauriers et sa Béatrice!

DIOTIME.

Aux temps dont nous parlons, Molière lui-même n'eût pas trouvé là le plus petit mot pour rire. Les apothicaires étaient lettrés. C'est chez eux que l'on achetait les livres, chose alors si rare et si respectée. La médecine était considérée, avec la théologie et la jurisprudence, comme une science à part, au-dessus de toutes les autres. Elle était venue des Arabes avec l'algèbre ; elle en parlait la langue abstraite. Un chirurgien qui remettait un membre, faisait une *équation*, il s'appelait alors, en Italie, comme encore aujourd'hui en Espagne et en Portugal, un *algebrista*. Comme les médecins orientaux, les médecins italiens entourés du prestige de l'astrologie qu'ils pratiquaient presque tous, étaient très-influents dans l'État. Ils devenaient ambassadeurs, évêques. Ils portaient un costume d'une grande richesse, on les comblait d'honneurs. On les persécutait aussi; l'Inquisition avait l'œil sur eux, craignant ce qu'elle appelait les profanations de l'anatomie, sévèrement interdite par le souverain pontife. Le célèbre Pierre d'Abano fut deux fois condamné par les inquisiteurs. Après sa mort, pour sauver ses restes des flammes, il ne fallut rien de moins que les sollicitations du peuple de Padoue et l'intervention directe du pape, à qui Pierre d'Abano avait donné des soins dans une grave maladie.

ÉLIE.

Serait-ce, par hasard, en sa qualité de médecin, que Dante fut menacé et forcé d'écrire son *Credo?*

DIOTIME.

Non. Ce fut pour avoir mis des papes en enfer et des païens en paradis, que, pendant son exil à Ravenne, il fut mandé et interrogé par l'inquisiteur. J'ajoute que ce *Credo* est d'origine suspecte, bien qu'il figure dans quelques éditions très-anciennes des œuvres de Dante. — Mais retournons à Florence. Vous rappelez-vous, Élie, le tableau que fait Dino Compagni de cette période animée qui s'écoule entre la venue de Charles de Valois et la descente en Italie de l'empereur Henri VII? L'historien, plein de colère, nous montre sous un aspect tout à fait dantesque sa ville natale en proie aux factions, à la licence des mœurs. La belle cité où il a vu le jour et qu'il aime d'une tendresse passionnée, devient sous son pinceau la forêt des vices, un enfer...

ÉLIE.

Je croirais qu'il a quelque peu forcé les couleurs. Cet enfer ne paraît pas avoir été trop horrible. On s'y divertissait passablement, si je m'en rapporte à Villani, qui a vu les choses d'aussi près que Dino Compagni.

Que dites-vous de ces fêtes dont il nous fait la description avec tant de complaisance? Que vous semble de ces belles dames, de ces galants cavaliers vêtus de blanc et couronnés de fleurs, qui se réunissaient deux mois durant sous la présidence d'un *Seigneur d'amour*, qui dansaient, chantaient, rimaient, riaient sans fin; s'en allaient cavalcadant par la ville, au son des instruments de musique; tenaient soir et matin table ouverte où venaient, des deux bouts de l'Italie, des baladins, des jongleurs, des gentilshommes, allègres et plaisants à voir?

DIOTIME.

C'était le temps des contrastes. Malgré la fureur des guerres civiles, ou plutôt à cause de ces fureurs, qui faisaient la vie si précaire, on avait hâte de jouir. Chateaubriand a dit sur la Révolution française un mot qui m'a frappée, et qu'on pourrait appliquer à presque tous les moments tragiques de l'histoire : « En ce temps-là, il y avait beaucoup de vie, parce qu'il y avait beaucoup de mort. »

Disons aussi, à l'honneur du peuple florentin, qu'il avait le goût inné des élégances, et que, tout en chassant des conseils de la république une aristocratie oppressive et insolente, tout en fondant une démocratie dont le travail était la loi, il avait su y garder les grâces patriciennes, l'amour du beau parler, des belles manières, l'instinct des plaisirs délicats. Florence, où le commerce amenait la richesse et qui, dès cette époque, surpassait Rome en population, était le lieu privilégié des compagnies agréables. L'amour, la poésie amoureuse, y semblaient, même aux hommes les plus graves, la principale affaire. Selon Dante, qui devait le savoir, la poésie italienne avait pour origine le désir de *dire d'amour* aux femmes qui n'entendaient pas le latin ; Dante ajoute qu'il était malséant d'y parler d'autre chose. La beauté, à qui les chroniqueurs florentins rapportaient la première occasion des guerres civiles, y était, comme dans Athènes, l'objet d'un culte. Les femmes intervenaient partout, même dans les délibérations guerrières. Leurs bonnes grâces étaient le prix suprême ambitionné par la valeur et par le talent. A l'âge de neuf ans, sans étonner personne, Dante tombait éperdument épris d'une enfant de même âge. A dix-huit ans, fidèle et malheureux, il célébrait ses amours dans un énigmatique sonnet qu'il adressait aux poëtes de son temps, en les provoquant à des réponses rimées. Et les artisans de Florence, plus cultivés dans leur petite cité que ne le sont aujourd'hui ceux des plus grandes capitales, charmaient leur travail en récitant ou en chantant ces sonnets, ces *canzoni*, qui les intéressaient à la vie intime de leurs concitoyens fameux.

On aurait peine à se figurer chez nous, où le sentiment de la beauté est le partage d'un si petit nombre de personnes, l'exquise sensibilité de la population florentine pour les arts, et son enthousiasme pour le talent. Quand je lis les récits contemporains, il me semble le voir, ce peuple aimable, transporté d'admiration devant la madone de Cimabue, courir au palais du roi Charles et l'entraîner avec lui, « à tumulte de joie, » *a tumulto di gioja*, aux jardins solitaires, à l'atelier du peintre ; puis, quelques jours après, porter en triomphe cette Vierge d'invention nouvelle, telle qu'on n'en avait point encore vue, disent les chroniqueurs, et la placer sur l'autel, dans l'église qui porte son nom, avec le plus gracieux et le plus florentin des attributs : *Sainte Marie de la fleur, Santa Maria del fiore*. C'est pour plaire à cette démocratie magnifique, qui voulait la gloire et savait la donner, qu'Arnolfo Lapi construisait, non loin des nobles maisons des Uberti, renversées par le courroux populaire, un édifice qu'on nommait le *Palais du Peuple*. C'est pour elle encore qu'il bâtissait *Santa-Croce*, ce panthéon italien qui devait un jour abriter les monuments funèbres de Machiavel, de Galilée, de Dante, de Michel-Ange, d'Alfieri, de Cavour. C'est sur l'ordre des marchands de laine que le grand architecte avait jeté, pour l'église de *Santa Maria del fiore*, des fondements solides à ce point que, deux siècles plus tard, Brunelleschi n'hésitait pas à leur faire porter cette coupole fameuse dont Michel-Ange, en ses rêves de gloire, désespérait de surpasser la hardiesse. C'est pour enlever les suffrages de ce peuple épris du beau que la sculpture, l'art des mosaïstes et des enlumineurs, la musique, dans les cloîtres et hors des cloîtres, parmi les disciples d'Épicure et la gaie milice des *frati Gaudenti*, célébraient à l'envi l'amour divin et l'amour profane, et, dans leur élan juvénile, rivalisaient d'inventions charmantes.

Les études aussi, les études graves et fortes se poursuivaient dans les Universités de Bologne, la *Mater Studiorum*, de Padoue, de Naples, d'Arezzo, de Crémone. C'était partout, de ville à ville, de contrée à contrée, une émulation passionnée de savoir et de gloire. La science était petite encore et peu expérimentée; mais elle était bien vivante et promettait beaucoup. Elle n'enseignait pas tristement, le front penché sur les livres; elle parlait de bouche à bouche, de cœur à cœur, dans de belles enceintes sonores, en plein air, à une jeunesse ardente, qui, de loin, à travers mille dangers, accourait l'épée au poing comme pour la bataille. La science voyageait, elle s'offrait à tous généreusement. Elle donnait des franchises et des immunités; elle décernait avec magnificence des palmes et des couronnes. Elle aimait. Plutôt que de quitter leurs élèves, des professeurs refusaient la souveraineté. Le premier qui fut docteur à Florence, le jurisconsulte Francesco da Barberino, fut gradué après avoir écrit les Documents d'Amour : *I Documenti d'Amore*.

Des hommes éloquents, des orateurs, vous imaginez s'il en devait naître là où chaque jour, à toute heure, pour le salut de la république ou pour le triomphe de son parti, il fallait s'efforcer de convaincre ou d'entraîner le peuple !

Les écrivains non plus, en vers et en prose, ne manquaient pas. Ils ne s'étaient pas laissé devancer par les artistes. La poésie chevaleresque, venue de la Provence dans les cours de Sicile où elle avait jeté un vif éclat, la *trovatoria*, comme on disait alors, s'était répandue dans l'Italie entière. Elle y avait rencontré une poésie populaire qui se dégageait du latin et s'essayait en de nombreux dialectes (Dante n'en compte pas moins de quatorze principaux). A ce contact, elle s'était modifiée, italianisée. On rapporte à saint François d'Assise l'honneur d'avoir un des premiers chanté dans l'italien naissant son hymne au soleil, que les « Jongleurs du Christ, » *Joculatores Christi*, s'en allaient disant par toute l'Italie. Après lui, on nomme Guido Guinicelli, de Bologne, que Dante, en l'accostant dans le *Purgatoire*, appelle *Padre mio*, et qui fut bientôt suivi de Cino da Pistoia et du grand Florentin Guido Cavalcanti. Aussitôt que la poésie a touché le sol toscan, y trouvant à la fois le plus beau des idiomes et ce génie si subtil que le pape Boniface l'appelait le cinquième élément de l'univers, elle s'épanouit et l'on voit rapidement fleurir un groupe nombreux de poëtes dont les œuvres, écrites dans le *vulgaire illustre* (c'est l'expression de Dante), assurent à la patrie dans les lettres la prééminence qu'elle avait conquise déjà dans la politique. C'étaient, entre autres, Guittone d'Arezzo, Dino dei Frescobaldi, Dante da Maiano qui correspondait en vers avec une poétesse sicilienne qu'il appelait « sa noble panthère, » et qui s'était éprise de lui ou de sa gloire jusqu'à se faire appeler la *Nina di Dante*.

VIVIANE.

Eh quoi ! cette Nina n'est pas la Nina du grand Dante ?

DIOTIME.

Le grand Dante, Viviane, c'était alors Dante da Maiano. Il était très-fameux, tandis que Dante Allighieri n'avait encore qu'une très-humble part dans la gloire. L'illustre Sicilienne, dont le monument se voit à Palerme, entre celui d'Empédocle et celui d'Archimède, ignorait peut-être jusqu'à l'existence du futur auteur de la *Vita Nuova*.

La renommée fait souvent de ces méprises. J'ai ouï conter à M. de Lamartine que, arrivant à Paris, jeune et plein de respect, il aspirait, sans trop oser y prétendre, à l'honneur d'approcher, mais d'un peu loin, dans quelque salon, le poëte fameux dont s'entretenaient alors la cour et la ville, l'auteur de *Ninus II*, M. Brifaut. Lamartine se rappelait, non sans sourire, son émotion lorsque l'auteur tragique avait daigné lui faire, de son front couronné, une inclination distraite. Il en allait ainsi à Florence, Viviane. Ni plus ni moins que Dante da Maiano, Cino Sinibaldi et les autres « maîtres du doux style nouveau, » comme parle Dante, se sentaient assurément fort au-dessus de lui dans l'estime publique. Quant à Guido Cavalcanti, on ne lui reconnaissait point d'égaux; on l'appelait « le Prince de la poésie amoureuse. »

VIVIANE.

Est-ce lui de qui Boccace raconte que le peuple de Florence, en le voyant passer rêveur, solitaire et dédaigneux, disait qu'il s'en allait ainsi par les chemins, « fantastiquant, » *fantasticando*, spéculant, et cherchant si l'on ne pourrait pas prouver que Dieu n'existe pas?

DIOTIME.

C'est lui-même ; seulement Boccace, en ceci, fait une confusion. Guido était platonicien ; c'est son père, Cavalcante dei Cavalcanti, qui professait certaines opinions peu favorables à l'existence de Dieu, et qu'on désignait alors sous le nom un peu vague d'épicurisme.

ELIE.

Parmi tous ces écrivains fameux, amis ou émules de Dante, vous ne nous avez pas nommé Brunetto Latini ?

DIOTIME.

J'allais y venir. Celui-ci mérite une place à part ; son importance est extrême. C'était un homme de grande race, de grand caractère et de grand esprit. Tout en s'adonnant aux affaires d'État, tout en menant pendant près de vingt années le parti guelfe, envoyé tour à tour en ambassade et en exil, secrétaire ou notaire de la République florentine, Brunetto Latini trouva le temps, néanmoins, d'approfondir toutes les sciences alors connues, de traduire les classiques latins dans une prose italienne originale et pure, d'enseigner la jeunesse, de composer dans la langue française un ouvrage encyclopédique qu'il appela le *Trésor*.

et auparavant dans son idiome natal, réputé indigne encore de matières si hautes, *il Tesoretto*, recueil de sentences morales, qui mettait à la portée de tous le fruit de l'expérience de son auteur, et qui est encore à cette heure pour le dictionnaire de la Crusca ce que celui-ci appelle un *texte de langue*. Ajoutons, pour couronner la gloire de Brunetto, qu'il fut très-véritablement le maître de Dante.

VIVIANE.

Est-ce que la prose italienne a précédé la poésie?

DIOTIME.

En Italie, comme ailleurs, elle ne vient qu'après. Pendant quelque temps elle lutte avec désavantage contre le latin qui restait la langue officielle, contre le provençal et le français qui semblaient être plus élégants, et, comme parle Brunetto, plus *délitables*. Mais à Florence, dans une population de 160,000 âmes, où chaque année dix mille enfants recevaient gratuitement l'instruction, dans une démocratie fière et libre qui savait se gouverner elle-même, l'idiome natal et populaire devait rapidement l'emporter. Les ordres mendiants qui démocratisaient l'Église, parlaient et écrivaient l'italien. Le goût très-vif du peuple toscan pour les récits romanesques suscitait des conteurs et des chroniqueurs en langue vulgaire. On conserve, du temps de Frédéric II, un recueil, *il Novellino*, ou *Fleur du parler gentil*, dont le style est déjà plein de grâce. Dans le *Journal* de Matteo Spinelli, le latin, le provençal, le sicilien, se confondent encore; mais les *Histoires florentines* des deux Malaspini (tirées en grande partie de ces registres nommés *Ricordanze* où les chefs de maisons patriciennes se transmettaient de père en fils, selon l'usage du patriciat romain, les événements dont se composait la tradition domestique) et la chronique piquante de Villani sont des œuvres italiennes. Enfin paraît Dino Compagni, appelé tour à tour le Salluste ou le Thucydide de la Toscane, plein de force et de douceur, d'élégance et de précision, et dont l'œuvre tout entière est animée des deux grands sentiments qui pénètrent de part en part la Comédie dantesque, l'indignation et la pitié.

C'est du milieu de ce groupe d'hommes éminents, dont les uns le précèdent et les autres lui survivent, que se détache et vient à nous en pleine lumière la figure sculpturale de Dante Allighieri.

Tout annonce à ses contemporains un homme extraordinaire. Un songe symbolique a promis à sa mère enceinte un fils glorieux. Il naît sous la constellation des Gémeaux. Le sang du patriciat romain qui coule dans ses veines donne à son visage un caractère de force et de fierté. Il a, de la race toscane, le front vaste, le nez aquilin, les yeux grands. Son visage est allongé; sa démarche et son geste sont graves; sa parole est rare et réfléchie. Le charme même de l'enfance et de la jeunesse revêt en lui quelque chose de solennel, qui semble comme la muette expression d'un grand destin. C'est ainsi que nous le montre son ami et son condisciple Giotto, dans la fresque du *Bargello*.

MARCEL.

Pardon, pardon! Il me semble que vous poétisez quelque peu les choses. Il était fort laid, votre Dante. Je ne sais plus dans quel auteur j'ai lu qu'il avait la lèvre inférieure affreusement épaisse et débordant l'autre, et qu'on le trouvait de son temps un *philosophe mal gracieux*.

VIVIANE.

Le portrait de Giotto est là pour te répondre.

ÉLIE.

La fresque de Giotto ne prouve rien, Viviane. Le portrait comme nous l'entendons, la physionomie, la ligne caractéristique, telle que l'a faite, un des premiers, Masaccio, personne n'y songeait alors, et je crois que Marcel pourrait bien avoir raison.

MARCEL.

Mais j'en suis sûr; le vrai Dante, c'est celui de qui les femmes de Vérone, en regardant son teint jaune, sa barbe, ses cheveux noirs et crépus, disaient qu'il avait été ainsi tout enfumé par le feu d'enfer.

VIVIANE.

Quelle belle érudition!... Ne faites pas attention à ce qu'il dit, chère Diotime, et continuez. Vous m'intéressez au plus haut point.

DIOTIME.

« Tout conspire, tout concourt, tout consent » au développement de cette organisation exquise : la naissance et les biens qui ouvrent tous les accès; l'influence maternelle (le père de Dante mourut qu'il avait dix ans à peine) qui plane doucement sur la liberté de l'enfant pour la protéger, tandis que, trop souvent, le pouvoir paternel pèse sur elle et l'opprime; le haut enseignement de Brunetto Latini, qui fortifie le caractère en même temps que la pensée de Dante; l'école de Cimabue, les leçons de Casella, qui l'initient aux arts du dessin et à la musique; des émules, des amis, tels que Giotto, Guido Cavalcanti, Oderisi d'Agubbio; avant tout, par-dessus tout, le rayon soudain de l'amour, qui le touche à cet âge de candeur première où rien ne trouble encore l'effet de la grâce divine, et qui le consacre pour l'immortalité.

MARCEL.

Avec la permission de Viviane, je vous dirai que vous abordez là un point de la vie de Dante qui m'a toujours paru incroyable, inexplicable...

DIOTIME.

C'est un cercle très-étroit, Marcel, que le cercle de l'explicable, et ce n'est pas l'orbite des grandes destinées. Faites attention, d'ailleurs, que nous voici en présence d'un fait. Si vous ne pouvez pas l'expliquer, vous pouvez encore moins le supprimer. Concluez donc modestement, avec l'écolier de Wittenberg : « Qu'il y a plus de choses dans le ciel et sur la terre que n'en rêvent nos philosophies; » ce sera plus raisonnable que de prétendre déterminer exactement l'action divine dans ces êtres pleins de mystère que nous n'appelons pas sans motif des hommes de *génie*, c'est-à-dire des hommes possédés d'un *démon* supérieur, révélé à nos perceptions grossières seulement par l'éclat et la puissance des œuvres qu'il inspire.

MARCEL.

Nous voici en plein mysticisme.

DIOTIME.

Je vous défie bien d'y échapper en parlant de Dante ou de Gœthe. Mais votre maître lui-même, le très-sensé Voltaire, n'a-t-il pas confessé, à sa façon gauloise, l'inexplicable, le mystère, au commencement de toutes choses, aussi bien de la vie physique que de la vie morale?

MARCEL.

« Les hommes ne savent point encore comme ils font des enfants et des idées. » C'est à cette boutade que vous faites allusion?

DIOTIME.

Boutade plus profonde encore qu'humoristique, et qui devrait vous rendre moins prompt à rejeter l'inexplicable; car elle vous montre que les plus grands actes de la création divine dans l'humanité restent absolument incompréhensibles à l'homme qui paraît les vouloir, et qui les accomplit.

ELIE.

Y a-t-il quelqu'un de vous qui se rappelle le beau passage d'Arago sur la naissance des idées?

DIOTIME.

Je ne crois pas le connaître.

VIVIANE.

Ni moi.

ELIE.

Je ne le connaissais pas hier; mais j'en ai été si frappé, en feuilletant ce matin, par hasard, la notice sur Ampère, que je l'ai aussitôt transcrit sur mon calepin... Écoutez : « Eh! grand Dieu! que savons-nous du travail intérieur qui accompagne la naissance et le développement d'une idée? Ainsi qu'un astre à son lever, une idée commence à poindre aux dernières limites de notre horizon intellectuel. Elle est d'abord très-circonscrite; sa lueur incertaine, vacillante, semble nous arriver à travers un brouillard épais. Ensuite, elle grandit, prend assez d'éclat pour qu'il soit possible d'en entrevoir toutes les nuances, ses contours se distinguent avec précision de ce qui n'est pas elle. A cette dernière période, mais alors seulement, la parole s'en empare avec avantage, la féconde, lui imprime la forme hardie, pittoresque, socratique, qui la gravera dans la mémoire des générations. »

DIOTIME.

Voilà qui est admirable, et cette belle prose, à la fois scientifique et imagée, est d'inspiration tout à fait gœthéenne... Mais revenons à notre jeune Dante. Il a neuf ans. On est aux premiers jours du mois de mai. Il accompagne son père dans la maison voisine de Folco Portinari, magnifique patricien, qui célèbre, selon la coutume florentine, par des danses et des festins, le retour du printemps. Dans cette maison, ouverte à la joie et aux bruyants plaisirs, Dante aperçoit, pour la première fois, la fille de Folco, Béatrice. Elle est plus jeune que lui de quelques mois à peine. Elle est, comme lui, grave et noble en son air enfantin. Elle porte un vêtement couleur de pourpre que retient une ceinture, « telle qu'elle convenait à son extrême jeunesse. »

« Elle avait, dit la *Vita Nuova*, une attitude et une démarche si pleines de dignité, de grâce céleste, qu'on aurait pu dire d'elle ce qu'Homère dit d'Hélène : « qu'elle paraissait fille, non d'un mortel, mais d'un dieu. » A sa vue, l'enfant poëte sent à ces profondeurs qu'il appellera plus tard le foyer le plus secret de l'âme, l'esprit de vie tressaillir. Son cœur a des palpitations terribles. Il subit l'empire du Dieu. Il s'y soumet. « Ecce deus fortior me! »

En ce moment solennel, qui passe inaperçu au milieu du tumulte de la fête domestique, et dont notre raison ne saurait pénétrer le mystère, la *Divine Comédie* naît en germe dans l'esprit de Dante. Béatrice est vouée à l'immortalité. Tous deux, sans que jamais aucun lien apparent les unisse dans la vie réelle, ils sont unis d'un lien idéal et que rien ne saurait rompre dans la mémoire des siècles. — Neuf années s'écoulent. Durant cet intervalle, Dante ne voit plus Béatrice que de loin. D'enfant, elle est devenue jeune fille. Un jour, comme elle passait, vêtue de blanc, entre deux nobles dames d'un âge un peu plus avancé que n'était le sien, on se rencontre; Béatrice se tourne vers Dante, le salue, lui adresse la parole avec une ineffable courtoisie, et ce salut le remplit d'une joie si vive, elle le jette en de tels transports, qu'il court se renfermer dans sa chambre pour se recueillir et penser tout à l'aise à son bonheur. Bientôt, comme accablé par l'émotion, il s'endort. Béatrice lui apparaît en songe, portée sur une nuée de feu, et ravie par l'amour jusqu'aux sphères célestes. A cette époque, Dante, c'est lui qui nous l'apprend, s'était déjà exercé dans « l'art de rimer des paroles. » Il met en vers sa vision; il l'adresse aux plus fameux rimeurs de son temps, aux *fidèles d'amour*, en leur demandant de l'expliquer. La réponse qu'il reçoit de Guido Cavalcanti donne naissance à cette amitié glorieuse à laquelle toute sa vie il demeure aussi fidèle, aussi dévot qu'à l'amour de Béatrice. Une autre réponse de Dante da Maiano le traite de fou, et charitablement lui conseille l'ellébore.

C'est ce que vous auriez fait apparemment, Marcel;

c'est ce que font d'ordinaire les personnes sensées, lorsqu'elles sont consultées par les hommes de génie.

MARCEL.

Le trait est sanglant.

VIVIANE.

Il a touché juste.

DIOTIME.

Ces sortes de bons avis, ces opinions du sens commun sur les premiers essais du génie, formeraient un curieux chapitre dans l'histoire des vocations contrariées. Il est bon quelquefois de se rappeler, pour se tenir en garde contre les jugements téméraires, que le contrôleur général Silhouette, par exemple, conseillait à Montesquieu de jeter au feu le manuscrit de l'*Esprit des lois*; que le petit Michel-Ange fut battu comme plâtre, « stranamente battuto, » par son père et par ses oncles, pour avoir dessiné; qu'un des plus grands musiciens de notre temps s'est vu contraint par ses parents à disséquer des cadavres; que Herder trouvait à redire aux études de Gœthe, et demandait, impatienté, « s'il n'y aurait donc pas moyen de lui faire lire autre chose que l'Éthique de Spinosa. »

Le conseil est œuvre de prudence. La prudence est négative de sa nature, d'où il suit que généralement les faibles font bien de suivre l'avis des conseillers, mais que les forts font mieux de passer outre...

Vous n'avez pas oublié, Viviane, ce passage de la *Vita Nuova* où notre poëte rappelle, dans une prose digne de Platon, l'effet que produit sur lui le salut gracieux de Béatrice?

VIVIANE.

Je n'en ai pas souvenir.

DIOTIME.

Il me revient si souvent à la pensée que je crois bien l'avoir retenu : « Lorsque je la voyais paraître quelque part, écrit Dante, tout entier à l'espoir de son salut ineffable, je ne me connaissais plus d'ennemi; tout au contraire, je me sentais embrasé d'une flamme de charité telle, que j'avais hâte de pardonner à quiconque m'avait offensé. Et mon unique réponse à qui m'aurait alors demandé quoi que ce fût, c'eût été *Amour!* »

VIVIANE.

Que cela est singulier d'expression!

DIOTIME.

Et plus singulier encore si l'on songe dans quelles circonstances cette *flamme de charité* s'allumait au cœur de Dante; combien était insolite et prodigieux le besoin de pardonner dans cette Florence des guelfes et

des gibelins, des noirs et des blancs, barricadée, tendue
de chaînes, semée d'embûches, où la vengeance criait
à tous les angles des rues, où l'honneur commandait le
meurtre.

Convenez qu'il faudrait avoir l'esprit bien mal fait
pour ne voir là que les jeux d'une imagination oisive, et
pour ne pas reconnaître dans ces accents inimitables la
simplicité des affections profondes. Mais continuons.
Dante, comme la plupart des Florentins de son temps,
était possédé tout ensemble d'un grand désir de savoir
et d'un grand besoin d'agir. Les conjonctures étaient
très-propices à ce complet développement de la personnalité, qui fait l'homme à la fois propre à l'action et
capable de contemplation. On a beaucoup trop dit que
la paix fait fleurir les arts; que les temps calmes, que
les gouvernements réguliers favorisent l'éclosion des
talents. Cela est faux comme la plupart des sentences de la sagesse vulgaire. La Grèce, l'Italie, l'Angleterre, la Hollande, toute l'Europe enfin, aux époques
révolutionnaires : Eschyle, Sophocle, Socrate, l'exilé
Phidias, le condamné Galilée, le régicide Milton, Lavoisier sur l'échafaud, Condorcet qui n'échappe à l'échafaud que par le suicide, sans parler de tant d'autres,
montrent assez que le génie se plaît aux orages. Ce
qu'il faut à ses créations, comme aux créations de
la nature, c'est la chaleur et le mouvement; ce sont
ces grands courants de la vie publique, qui, dans
les démocraties, plus que dans tous les autres États,
mêlent et combinent l'élément populaire, c'est-à-dire
l'instinct, le sentiment, l'imagination spontanée, avec

l'élément aristocratique par excellence, le goût, la réflexion, la délicatesse.

Jamais, peut-être, plus qu'au temps de l'Allighieri, ces courants de chaleur, de lumière et d'électricité n'avaient pénétré ce que nous appellerions aujourd'hui le corps social, ce que l'on appelait alors en Italie la patrie, la cité : grands mots dont nous avons perdu le sens. Tout le monde se connaissait, se jalousait, s'aimait ou se haïssait fortement dans cette vivante Florence où le peuple enthousiaste et railleur, prenant part à tous les progrès, convié à toutes les études, véritablement souverain même dans les choses de l'esprit, déversait en acclamations, en ostracismes, en attributs, en sobriquets, honorifiques ou ironiques, la gloire ou l'ignominie sur les citoyens, nobles et riches, chevaliers, artistes ou artisans, qui combattaient pour lui ou contre lui sur la place publique. Il y avait assurément dans cette vie florentine bien des périls ; il s'y commettait bien des injustices. On y voyait de rapides extinctions de familles. Les maisons, à peine édifiées, étaient rasées de fond en comble ; aucune propriété n'était assurée contre la confiscation ou le pillage ; d'iniques persécutions abrégeaient l'existence ; mais la chaleur et le mouvement étaient partout, réparaient tout, entretenaient la fécondité des cœurs et des esprits. Et toute cette guerre intestine, cette lutte acharnée des instincts et des passions, produisait dans les régions de l'art quelque chose d'analogue à ce qui se voit dans les grandes scènes de la nature : au-dessus du combat, de la destruction, du carnage, au-dessus du *struggle for life*, dirait Darwin.

une majestueuse et calme apparence de douceur, d'harmonie et de sérénité.

ÉLIE.

Je voudrais croire avec vous à ces effets merveilleux de la turbulence démocratique. Athènes et Florence en sont des persuasions assez vives. Mais chez nous, sous nos yeux, quel flagrant démenti à votre opinion ! Voyez ce qu'elle inspire aux arts, cette démocratie que vous vantez ! Regardez les édifices qu'elle se construit ! Quelle pauvreté de l'esprit et quelle ostentation de la matière dans ces masses monotones, symétriques et froides, sans caractère et sans vie, dont on ferait indifféremment, à l'occasion, des églises ou des théâtres, des casernes ou des maisons de ville ! Que diraient nos reines florentines, si elles étaient condamnées à voir ce que, d'année en année, deviennent, sous la main de nos *embellisseurs*, les palais du Luxembourg, du Louvre et des Tuileries ? Et notre grand Le Nôtre, le plus vraiment français entre les artistes français, par la clarté, la logique, la mesure, par l'art suprême de la composition, qu'aurait-il à répondre, ce Racine des jardins, à vos démocrates affairés qui se plaignent que les magnificences de son architecture végétale sont une gêne à la circulation ? Comment obtiendrait-il grâce pour ces solennels ombrages qui annonçaient la demeure des demi-dieux, des héros, auprès de nos spéculateurs de la Bourse qui voudraient là une rue pavée, afin d'arriver plus vite à la grande bataille des cupidités ? — Et ce présomptueux Palais de l'Industrie qui s'étale sottement, en nous dérobant la vue de la coupole de Mansard, sur un des rares points de Paris où l'on pouvait encore admirer la belle ordonnance d'un massif d'arbres séculaires, ces galeries où la lumière entre à flots contrariés par des ouvertures banales, et qui servent tantôt à l'exposition de l'art étrusque, tantôt à l'exposition des bêtes à cornes, ces statues qui déploient dans le brouillard leurs grands bras stupides, qu'en dirons-nous, je vous prie ?

DIOTIME.

Il ne faut pas rendre la démocratie responsable des circonstances dans lesquelles elle se produit, et qui font qu'elle ne saurait avoir à Paris, au XIXe siècle, le goût et la passion du beau qu'elle avait à Florence au temps de Dante...

Nous l'avons laissé comme accablé sous la puissance de ce *Dieu plus fort*, de cet amour de nature divine qui s'est emparé de lui dès avant l'éveil des sens et de la raison. Mais il ne s'abandonne pas longtemps lui-même dans ce ravissement de tout son être; bien au contraire. Comme il arrive dans les grandes âmes, la passion exalte en lui le sentiment de la personnalité, avec le besoin de l'excellence en toutes choses et le vertueux désir d'une vie glorieuse. Il souhaite la gloire ardemment; et non pas seulement cette gloire abstraite, telle que nous la concevons dans nos sociétés vieillies, et dont le froid éclat ne resplendit que sur les tombeaux; il en veut sentir à son front le rayon vivant.

Avec la naïveté de ces jours de florissante jeunesse où l'esprit se confondait encore avec l'imagination, où toute pensée prenait figure, Dante ambitionnait de ceindre, dans ce beau temple de Saint-Jean où il avait reçu les eaux du baptême, la couronne de lauriers, « l'honneur des empereurs et des poëtes, » comme parle Pétrarque. Pour l'obtenir, il s'efforce de tout apprendre : il veut se mêler à tout, être le premier partout. Dans l'intervalle qui s'écoule entre sa première rencontre avec Béatrice et son exil, on le voit s'attacher à Brunetto Latini qui lui enseigne la science et la philosophie ; visiter les universités ; fréquenter l'atelier des peintres ; rechercher les sociétés élégantes, celle des femmes surtout, la conversation des poëtes et des artistes ; combattre « vigoureusement à cheval, nous dit Léonard Arétin, à la bataille de Campaldino, dans les rangs des guelfes, ses amis et ses proches ; se signaler au siége de Caprona ; participer activement aux affaires de la commune ; s'acquitter avec honneur d'importantes ambassades ; exercer les fonctions de *Prieur* de la république : poëte, soldat, citoyen, ami, amant passionné, homme enfin dans le sens le plus élevé et le plus complet du mot, dans le sens qu'y attachait le poëte antique.

Mais s'il nous importe assez peu de connaître avec détail, selon un ordre chronologique, d'ailleurs très-contesté, les faits dont se compose la carrière extérieure de Dante, il convient de nous arrêter à l'événement qui imprime à l'ensemble de sa vie un caractère religieux ; à ce profond et douloureux ébranlement de son âme d'où devait sortir un jour la *Comédie*, que ses contemporains, et après eux la postérité, ont déclaré *divine* : il nous faut rappeler la mort de Béatrice.

Dante avait alors vingt-cinq ans. Il rentrait dans Florence, après la victoire de Campaldino, où il avait eu tour à tour, et selon les hasards de la journée, c'est lui-même qui l'écrit avec une simplicité antique, « beaucoup de peur et beaucoup d'allégresse. » Il allait déposer ses armes heureuses dans le temple de Saint-Jean, lorsqu'il apprit inopinément la mort de Béatrice Portinari.

ELLE.

Mais, si j'ai bonne mémoire, Béatrice ne portait plus alors le nom de Portinari, que vous lui donnez. La Béatrice de Dante, tout comme la Laure de Pétrarque, était mariée ; et, si elle n'avait pas onze enfants comme l'angélique marquise de Sades, c'est uniquement parce que le temps avait manqué.

DIOTIME.

Le mariage de Béatrice avec un gentilhomme de la maison de Bardi est un de ces faits sur lesquels les commentateurs ont longuement disputé. Il ne paraît plus douteux aujourd'hui qu'elle fut mariée, vers l'âge de vingt-un ans, au chevalier Simon de Bardi. Quoi qu'il en soit, Béatrice était frappée dans la fleur de sa jeunesse et de sa beauté, le 9 juin 1290. Ce coup terrible jette notre poëte à la solitude. Il fuit toute compagnie, il s'absorbe dans sa douleur. Chose grave, dans cette ville des élégances attiques, Dante néglige tout soin de sa personne; il demeure inculte de corps et d'esprit. Son ami Guido lui en fait de tendres reproches.

« Que de fois, lui dit-il dans un sonnet charmant, je viens vers toi dans la journée, et toujours je te trouve dans une attitude abattue; et je déplore ces grâces de ton esprit, ces grands talents qui te sont ôtés. » Les exhortations d'un tel ami et aussi cette forte vitalité qui est propre au véritable génie arrachent Dante à son accablement; il ouvre son esprit à la consolation. Comme plus tard Élisabeth d'Angleterre, blessée dans ses royales espérances par l'abjuration du Béarnais, il lit Boëce. Il étudie le traité de Cicéron sur l'Amitié; il cherche à pénétrer le sens difficile des auteurs latins. Il assiste dans les cloîtres à des discussions théologiques. Il trace sur ses tablettes de belles figures d'anges. Sa douleur s'attendrit, son intelligence se ranime. Il commence, dit-il, « à entrevoir beaucoup de choses. » Enfin, une vision extraordinaire achève de le relever. La grande consolatrice lui apparaît sous les traits de celle qu'il a aimée. « La fille très-belle et très-sage de l'empereur de l'univers, nous dit-il dans le langage hyperbolique du temps, celle à qui Pythagore a donné le nom de Philosophie, » vient à lui et l'exhorte. A peu de temps de là, sous son inspiration, il met la main à cet écrit mystique qu'il a intitulé la *Vie nouvelle*. Il l'écrit tout d'un trait et le termine en annonçant la résolution « de ne plus rien dire de cette bienheureuse (Béatrice), jusqu'à ce qu'il en puisse parler d'une manière plus digne d'elle. » Il confie à ceux qui le liront l'espérance de dire d'elle, un jour, « ce qui n'a jamais été dit d'aucune femme. »

Remarquez, Viviane, ce travail latent, ce progrès de la consolation dans les grandes âmes. Elle commence à naître quand, du sein de l'accablement, de la prostration de toutes les facultés, se produit un vague besoin de laisser couler les larmes, de donner une issue, quelle qu'elle soit, au désespoir. A ce besoin correspond d'ordinaire une circonstance fortuite, une voix du dehors qui nous rappelle à nous-mêmes, un ami, un Guido Cavalcanti qui nous tend la main. L'âme alors se soulève un peu et regarde autour d'elle. Elle cherche dans les douleurs semblables à la sienne un écho sympathique. Elle généralise sa souffrance, et, d'un état personnel, d'une misère en quelque sorte égoïste, elle passe à la considération de la parité des misères humaines. C'est là un grand progrès dans la consolation, parce qu'il élève la tristesse sur les hauteurs de la philosophie. C'est ce progrès que fit Dante en lisant le livre de Boëce. De la méditation des pensées d'autrui, de l'impression reçue, de ce que j'appellerai la consolation passive, qui vient à nous du dehors, par la voix de nos amis, de nos proches dans la vie spirituelle; de ce premier degré d'acceptation philosophique de la douleur, où s'arrêtent la plupart des hommes, les plus doués s'élèvent encore à une région supérieure. Ils se sentent pleins d'un grand désir de *confesser* leur douleur. Ils veulent que son objet soit connu, aimé, admiré de tous; ils le veulent exalté dans la mémoire des hommes. C'est l'éveil de la faculté créatrice; c'est la consolation suprême du génie. C'est, chez Dante, la *Vita Nuova* et la *Commedia*; chez Gœthe, *Werther* et *Faust*.

MARCEL.

Brava, Diotime! j'admire votre éloquence. Mais ne me sera-t-il pas permis de hasarder une observation?... Ne te fâche pas, Viviane, il me semble que je garde depuis assez longtemps le plus humble silence. Je me mords les lèvres de peur qu'il ne leur échappe quelque sottise.

DIOTIME.

Voyons, quelle est l'observation qui vous étouffe?

MARCEL.

Oh, mon Dieu! c'est au fond toujours la même. Votre très-grand esprit prend son vol vers l'idéal, le tout petit mien s'accroche à la réalité. Là où vous voyez Dante consolé par Boëce et la philosophie, adorant à genoux la pure image de la bienheureuse Béatrice, je le vois, moi, qui se distrait et se divertit dans la galanterie; épris en un clin d'œil d'une jolie femme qui le regarde de sa fenêtre; amoureux, perpétuellement amoureux à Florence, à Lucques, à Bologne, à Padoue; et, en fin de compte, acceptant de la main de ses parents la plus bourgeoise des consolations, celle d'une femme légitimement possédée, en vertu du sacrement de mariage, et qui lui donne la bénédiction de six à sept enfants, tant mâles que femelles! Je me rappelle bien avoir lu à sa décharge que, à une des filles qu'il eut de Gemma Donati, il donne le nom de Béatrice; te serais-tu contentée, Viviane, de ce singulier mode de fidélité?

DIOTIME.

Béatrice ne s'en contentait pas non plus. Dans le Purgatoire, elle adresse à Dante de sévères reproches. « Pourquoi t'es-tu éloigné de moi après ma mort? lui dit-elle fièrement. Mon souvenir seul aurait dû te maintenir dans la route de la vertu et t'élever toujours vers le ciel. » Et Dante, les yeux baissés, muet, fait assez voir qu'il se sent coupable. Tous les commentateurs, les uns après les autres, se sont affligés de rencontrer dans un divin génie ces faiblesses humaines. Le premier en date, Boccace, après avoir reproché à Dante ses amours mondaines qu'il appelle sans euphémisme « sa luxure, » le tance vertement au sujet de son mariage avec Monna Gemma. Ce n'est pas moi qui me chargerai de le disculper. Voyons seulement, pour rester équitable, ce qu'étaient alors l'amour et le mariage, et ne tombons pas dans l'erreur commune qui nous ferait juger les hommes d'une époque selon la conscience d'une autre.

MARCEL.

Je vous supplie de croire que je ne m'érige point ici en censeur. Bien que j'aie assez mal profité des leçons du catéchisme, je n'ai pas oublié mon Évangile. Je ne me sens ni le droit ni l'envie de jeter à Dante amoureux la première pierre. Je proteste seulement contre l'hypocrisie de cette désolation immense et de cette religion sévère du souvenir qui, selon vous, enfanta la *Divine Comédie*.

DIOTIME.

L'amour de Dante pour Béatrice fut un amour platonique dans le grand sens que ce mot gardait au moyen âge; dans le sens que lui donne, au banquet de Platon, l'*Étrangère de Mantinée*, cette Diotime, de qui, un jour, dans vos gaietés ironiques, vous m'avez infligé le nom. C'était l'adoration de la beauté éternelle, dans sa plus exquise représentation ici-bas, la femme; c'était le désir de la béatitude divine, exalté dans les âmes par le désir non satisfait d'une béatitude humaine, dont la femme était considérée comme le plus pur miroir; c'était une initiation, un charme médiateur et purificateur; c'était en même temps une sorte de possession séraphique. Mélange presque incompréhensible pour nous d'ascétisme et de sensualité, pieuse équivoque qui donna au culte de Marie une incroyable puissance, amena à Jésus tant d'épouses passionnées, et dont le dangereux attrait ne s'explique que trop lorsque l'on considère le délaissement où restèrent toujours dans le platonisme christianisé à qui l'on a donné le nom de mysticisme, et le Père éternel que l'on se figurait vieux, et le Saint-Esprit qui n'avait pas revêtu la forme humaine ! Ce qu'osaient dire de très-saintes femmes touchant leurs noces spirituelles avec Jésus, cette *montagne de contemplation* dont il est si souvent parlé, où on *languit*, où l'on *meurt*, où l'on *vit d'amour*, ces délectations du souper mystique d'une sainte Claire avec un saint François, ces délires, ces extases, ces violences de l'imagination, ces métaphores hardies renouvelées du Cantique des Cantiques, aujourd'hui scandaliseraient nos timides esprits; alors, elles édifiaient la communauté chrétienne, elles remplissaient le vide, elles animaient la monotonie des cloîtres. Mais chez les hommes de la vie publique, chez un Dante, homme de parti, poëte célèbre et conséquemment recherché de toutes les femmes, un tel amour ne pouvait ni dompter les instincts ni préserver les sens des séductions du siècle. Lorsque Béatrice dit à son amant que son seul souvenir aurait dû régner sur lui sans partage, elle exprime la théorie, l'idée de l'amour platonique, où la beauté de l'âme a plus de part que la beauté du corps. Elle rappelle un vertueux effort vers la perfection spirituelle, un *desideratum* beaucoup plus qu'un précepte qui n'aurait pu être scrupuleusement observé par personne dans la vie réelle.

Quant au mariage, il était d'une mince considération parmi les esprits d'élite, chez les *fidèles d'amour* et les *fidèles de science*. L'esprit chevaleresque des universités le dédaignait comme un lien trop charnel. Rappelez-vous le refus opiniâtre d'Héloïse qui, tout éprise de la gloire d'Abélard, ne saurait souffrir pour lui les embarras du ménage et les tracas de la vie domestique. L'opinion sur ce point était unanime.

L'Apôtre, et avec lui la plupart des théologiens, rangeaient le mariage parmi ces nécessités vulgaires que ne subissent point les grandes âmes. De doctes religieuses enseignaient dans les couvents ce qu'avaient décidé les cours d'amour : à savoir que le véritable amour ne saurait exister entre les époux. On répétait, après Théophraste et Cicéron, qu'il est impossible de donner à la fois ses soins à une épouse et à la philosophie. On estimait glorieux, digne des poëtes et des chevaliers, de célébrer sa maîtresse, sa dame, comme on disait alors; on ne parlait jamais de la mère de ses enfants. Pas une seule fois, dans ses nombreux écrits, Dante ne prononce le nom de Monna Gemma. Il n'a jamais parlé de ses fils, de sa famille, bien qu'il parle constamment de lui-même, de ses amis, de ses proches. Nous ne saurions plus rien comprendre à ces mœurs; mais, dites-moi, les nôtres vaudraient-elles beaucoup mieux? Qu'est-ce donc que l'amour aujourd'hui? Un passager entraînement des sens, une faiblesse. Qu'est devenu chez nous le mariage? Un contrat de vente honteux, qui cherche à s'ennoblir par l'éclat, par l'ostentation des vaines cérémonies dont il s'entoure.

Depuis quelques instants Viviane était entrée en rêverie. Elle prenait, comme au hasard, quelque tige dans la gerbe de fleurs, et l'y remettait aussitôt avec distraction... A ce moment, la couronne qu'elle oubliait de tresser échappait à ses doigts. Elle tombait, elle se flétrissait sur le sable, si, d'un mouvement plus prompt que la pensée, Elie ne l'avait retenue.

DIOTIME.

Qu'avez-vous, Viviane? Vous voici toute pâle.

VIVIANE.

Ce n'est rien... Marcel, donne-moi mon châle. Le temps fraichit un peu. Si nous marchions?

DIOTIME.

Nous ferons sagement. Je crains que le froid ne vous ait saisie. Vous voici *couleur de perle* comme Béatrice; *couleur d'amour*, disait encore l'Allighieri, ajouta Diotime en baissant la voix.

Viviane ne répondit pas. On se mit à marcher sur le sable que la mer, en se retirant, laissait à sec, et qui étincelait comme des paillettes d'or sous les rayons du soleil couchant. Quelque lointain orage, pressenti des mouettes, les poussait vers la rive. Elles arrivaient par bandes, se ralliaient, se pressaient contre le rocher de la *Maure*. Le sombre et rude granit se couvrait ainsi peu à peu d'un duvet blanc de neige. Il prenait l'apparence d'un oiseau fantastique. On eût dit qu'il allait ouvrir ses ailes gigantesques et s'envoler vers de fabuleuses contrées. D'autres mouettes, plus hardies, se berçaient à la cime des vagues. Elles se confondaient avec l'écume, dont elles semblaient, apparaissant et disparaissant dans le mouvement houleux, comme une fugitive métamorphose.

Viviane s'appuyait au bras d'Élie; elle marchait pensive. On pria Diotime de reprendre l'entretien.

DIOTIME.

La *Vita Nuova*, en se répandant, avait fait à Dante une grande renommée. Le parti guelfe en voulut tirer honneur. On lui confia des négociations difficiles où il obtint des succès. On cite plusieurs occasions où les harangues latines, françaises ou italiennes de Dante (il parlait éloquemment ces trois idiomes) persuadèrent, à l'avantage florentin, les princes et les peuples. Vers la fin de l'année 1299, on le nomma prieur de la République.

Ce fut le commencement de ses calamités. A ce moment, Florence était plus que jamais en proie aux factions. L'envie qui couvait depuis longtemps entre deux familles voisines et rivales, les Donati et les Cerchi, avait éclaté. Corso Donati que le peuple, à cause de son antiquité et de sa superbe, appelait le *baron*, comme s'il n'y en eût eu qu'un seul, n'avait pu souffrir l'insolence des Cerchi, gens de petite origine, récemment établis, venus de la campagne, gens *inurbains*, comme disaient les raffinés florentins, sauvages (d'où le nom de *parte selvaggia* donné à leurs adhérents et que nous retrouverons dans la *Comédie*), qui se crénelaient dans leurs palais agrandis et faisaient ostentation de leurs richesses. Aux fêtes de mai, dans une querelle survenue entre deux femmes de ces deux maisons ennemies, le sang avait coulé. Les superstitions populaires étaient entrées en alarme sur cette observation que la statue de Mars, ôtée de la place qu'elle occupait sur le *ponte Vecchio*, au lieu de regarder vers l'orient, comme elle le faisait de temps immémorial, avait désormais la face tournée vers l'occident. De cette volte-face du vieux dieu païen, les chrétiens de Florence pronostiquaient les plus grands malheurs; et, dans cette croyance superstitieuse, le peuple souffrait comme une fatalité les rivalités qui ensanglantaient la place publique.

Sous le prétexte de rendre la paix à la *fille de Rome* (c'était le nom dont Florence se glorifiait), et aussi pour demander réparation d'un grief personnel, le pape Boniface envoyait un légat, un *pacier* à la République. Vers le même temps, il négociait avec Charles de Valois, l'invitait, selon la tradition pontificale, à descendre en Italie, lui promettait ce qu'il n'avait ni le droit ni le pouvoir de donner, la souveraineté de Florence. C'était alors, comme aujourd'hui, la querelle du spirituel et du temporel. Les Florentins repoussaient énergiquement toute immixtion du pontife romain dans leurs affaires. De son côté, le pontife, pour mieux marquer son droit, excommuniait en masse les Florentins. C'est dans de telles circonstances que Dante paraît pour la première fois sur la scène politique avec le grand prestige qui s'attachait au nom de poëte, avec l'autorité d'un caractère éprouvé déjà dans les guerres civiles.

Rien de plus singulier que cette magistrature des prieurs. Comme toutes les autres charges du gouvernement populaire, elle avait subi de fréquentes altérations. A cette heure, les prieurs, au nombre de dix, étaient élus par leurs prédécesseurs et pour deux mois seulement, pendant lesquels ils demeuraient enfermés dans le palais du peuple, sans aucune communication avec le dehors, hormis pour les affaires de la République. En dépit de la jalousie populaire, on n'élevait au priorat que des grands, c'est-à-dire des riches, nobles ou plébéiens d'origine. Les prieurs, ainsi que le capitaine du peuple ou défenseur des corporations, avaient des attributions assez mal déterminées, politiques ou judiciaires, avec l'initiative de toutes les mesures que réclamait le bien public.

En entrant dans cette magistrature suprême, Dante qui appartenait par ses origines au parti populaire, mais dont le génie et le tempérament étaient patriciens, fit voir aussitôt de quelle hauteur il dominerait l'esprit de faction. On lui attribue un décret qui, en vue de la paix publique, frappait d'ostracisme, comme on l'avait fait aux plus beaux temps de la démocratie athénienne, les chefs des *Noirs* et des *Blancs* (c'est le nom qu'avaient pris les guelfes divisés après leur victoire sur les gibelins). Et il n'avait pas hésité à écrire, en tête de la liste des exilés, d'une main impartiale et politique, à côté du nom haï de Corso Donati, le chef des Noirs, le nom de son ami le plus cher, de celui qu'il aimait comme un autre lui-même, le nom de Guido Cavalcanti.

Cependant, l'approche de Charles de Valois que l'on savait d'accord avec le pape pour établir la domination des Noirs, jetait les Blancs en alarme. Dante fut envoyé par eux à Rome pour tâcher d'écarter ce péril. C'est dans la délibération du conseil, au sujet de cette ambassade, que Boccace lui fait dire ce mot fameux.

qui montre assez en quel dédain il tenait ceux de son parti, et quelle opinion il était autorisé à concevoir de lui-même au milieu des médiocrités dont il était forcé de prendre l'avis : « Si je vas, qui reste? et si je reste, qui va? »

Je ne garantis pas l'authenticité du mot, mais il n'en est pas moins historique, en ce sens qu'il caractérise la hauteur de fierté propre à l'esprit du patriciat toscan. Cette hauteur s'est transmise de génération en génération, et j'entendais récemment attribuer à celui que les Florentins appellent, comme jadis Corso Donati, le *baron*, par excellence...

ELIE.

Le baron Ricasoli?

DIOTIME.

Précisément ; je lui entendais attribuer un mot analogue à celui qu'on met dans la bouche de l'Allighieri : « Resterez-vous longtemps dans les conseils du roi? » lui aurait demandé un député piémontais, en 1862. — « Aussi longtemps qu'il en sera digne! » Vous voyez que le vieux sang florentin, étrusque ou romain, ne s'est pas beaucoup christianisé, du moins en ce qui concerne la vertu par excellence du christianisme, l'humilité. Mais passons... Nous avons laissé Dante partant pour Rome. Il y est reçu avec honneur, choyé, caressé, trompé à la manière traditionnelle de la diplomatie cléricale. Pendant ce temps, Charles de

Valois entre à Florence, en compagnie de Corso Donati. Il y rétablit le gouvernement des Noirs; il livre la ville à ses soldats.

Ce ne furent, pendant huit jours entiers, que massacres, incendies, viols et pillages; puis, la soldatesque lassée, on régularisa les choses. Un décret général de bannissement fut prononcé contre les Blancs, et bientôt une sentence particulière, rendue sans jugement, dans un latin barbare, condamne Dante Allighieri, lui onzième, pour cause de baraterie, d'extorsions et de lucre, à être brûlé vif, si jamais il remet les pieds sur le territoire florentin. Dante, qui revenait à Florence, apprend à Sienne que sa maison est rasée, que ses biens sont dévastés, qu'il est ruiné, proscrit. Il va rejoindre ses compagnons d'exil; il commence à trente-huit ans ce long et douloureux pèlerinage qui ne devait finir qu'avec sa vie.

L'exil était alors pour les Florentins, amoureux, idolâtres de la terre natale, ce qu'il avait été dans l'antiquité pour les enfants d'Athènes, une sorte de mort morale. Mais ce qui devait le rendre plus cruel encore pour l'Allighieri, et tout à fait insupportable, c'était, il nous l'apprend lui-même, la compagnie mauvaise et inepte, *malvaggia e scempia*, avec laquelle il s'y voyait envoyé. Au lieu de son cher Guido, dont il pleurait, non sans remords peut-être, la fin prématurée...

VIVIANE.

Pourquoi, non sans remords?

DIOTIME.

Parce que Guido était mort à la suite des fièvres de la *malaria* qu'il avait prises à Sarzana, pendant son exil, sous le priorat de Dante, avec les Cerchi, les Tosinghi, les Bonaparte. Au lieu de son noble ami Guido, il ne voyait à ses côtés que des gens sans valeur, des *insensés*, des *impies* (c'est ainsi qu'il les qualifie), dont il lui fallait entendre et subir les sottises infinies. Ce que les grands hommes ont à souffrir des partis auxquels ils se rangent, même alors qu'ils paraissent les commander, n'est pas croyable. Ce serait un triste, mais salutaire enseignement, de voir quelle puissance malfaisante peut exercer sur les caractères généreux, sur les hommes de génie, la médiocrité enrégimentée sous le drapeau d'un parti. J'en ai vu de nos jours plus d'un exemple. Peut-être avez-vous entendu raconter comment, accouru du fond de sa Bretagne pour défendre des conspirateurs qu'il ne connaissait pas, l'abbé de Lamennais fut raillé, bafoué dans la prison où il venait offrir, avec une naïveté sublime, à ces hommes grossiers, l'appui de son nom et de sa plume illustre. Vous n'avez pas oublié Manin, accusé de trahison pour avoir dit que la maison de Savoie pouvait avancer l'œuvre de l'unité italienne. J'ai ouï dire d'Armand Carrel qu'il avait souhaité de mourir, tant lui était à charge le soin de conduire les républicains infatués et indisciplinables. Elle serait longue et tragique l'histoire de ces âmes fières et justes que la révolution jette en pâture à la vulgarité des partis. Ce serait un martyrologe, la liste de ces grands cœurs méconnus, calomniés, étouffés, navrés, succombant enfin, non sous les coups de leurs adversaires, mais dans les dégoûts dont les accablent leurs prétendus amis politiques. Dante, qui était envoyé en exil sous le prétexte qu'il penchait vers le parti gibelin, se voyait en quelque sorte solidaire des passions gibelines. Il dut participer à des entreprises insensées. Avec les chefs des gibelins, il erra de ville en ville. On le voit tour à tour à Vérone qui était la capitale du gibelinisme lombard, à Padoue, à Bologne, à Pistoïa, dans la Lunigiana chez les Malaspini, à Venise, puis enfin à Ravenne chez les Polentani.

VIVIANE.

Est-il venu à Paris comme on le raconte ?

DIOTIME.

Une fois tout au moins, peut-être deux fois. Cela ne fait pas doute ; on ne varie que sur l'époque. Dégoûté de l'esprit de faction, préoccupé comme il l'était alors de ses Cantiques, il lui fallait approfondir la science de la théologie. L'Université de Paris était fameuse entre toutes, surtout parmi les Italiens. Pierre Lombard, saint Thomas, saint Bonaventure, Remi de Florence, Gilles de Rome, y avaient professé avec éclat. Robert de Bardi en fut chancelier. Le pape Jean XXII y fit ses études. On disait dans le langage du temps que les sept arts y brillaient comme les sept chandeliers de l'Apocalypse, et qu'entre tous y brillait la théologie. On sait avec certitude que Dante y vint lui aussi, comme un peu après Pétrarque et Boccace; qu'il y soutint contre d'habiles et nombreux adversaires un *quod libet*, réputé prodigieux, ce qui valut à l'amant de Béatrice, avec le renom de poëte, le renom de théologien à jamais consacré par la fresque de Raphaël où il prend place parmi les Docteurs, et fit inscrire sur son tombeau ce vers curieux :

Teologus Dantes nullius dogmatis expers.

A part deux ou trois faits comme celui-ci, il n'y a rien, d'ailleurs, de plus controversé que les traditions qui se rapportent à l'exil de Dante. Ce qui est positif, c'est que cet exil douloureux fut sinon consolé, du moins ennobli et animé par les plus belles études et par des travaux glorieux. C'est alors que Dante refait et achève en italien l'Enfer commencé en langue latine; c'est alors qu'il écrit *il Convito*, le *Banquet*. Malgré les préjugés régnants sur l'indignité de l'idiome vulgaire en matière philosophique, malgré la difficulté extrême de rendre des idées abstraites dans une langue populaire à peine formée, Dante écrit *il Convito* en prose italienne, afin de mettre à la portée des humbles, de ceux qui ne se repaissent que d'une *nourriture bestiale*, la nourriture spirituelle, le *pain des anges*, comme il l'appelle, qui fait la joie des âmes d'élite. Il écrit aussi le traité *de l'Éloquence vulgaire, de vulgari Eloquentia*. Dans le même temps, il avance son œuvre suprême : il conduit à bien le Purgatoire et le Paradis.

Le sentiment qui soutenait Dante, qui l'animait dans ses travaux, c'était, avec le grand désir d'excellence en toutes choses et d'immortalité, le désir passionné de rentrer dans sa patrie; de se rendre illlustre à ce point que Florence, l'ingrate Florence, ne pût souffrir de rester plus longtemps privée d'un citoyen dont elle recevrait tant de gloire.

ÉLIE.

Il ne me faudrait, entre toutes les ingratitudes dont est remplie l'histoire des républiques, que cet exil de Dante pour haïr la démocratie.

DIOTIME.

Je vous demande une seule chose avant de vous abandonner à cette haine, mon cher Élie, c'est de relire dans les annales de la royauté les ingratitudes célèbres des princes, et, à l'occasion, dans le premier livre des *Discours* de Machiavel, ce que pense à ce sujet le plus sagace des politiques... il suffit. Dante eut un instant d'illusion. Les guelfes, lassés eux-mêmes de leurs rigueurs, voulurent, après seize années, rappeler quelques bannis. Dans le nombre était Dante. Il fut invité par la commune de Florence à se présenter à l'église de Saint-Jean pour y être offert.

VIVIANE.

Offert! Qu'est-ce que cela signifie?

DIOTIME.

C'était une ancienne coutume. A la fête de saint Jean-Baptiste, *avocat, protecteur, maître de la République*, ce sont les titres que lui donnait encore, deux siècles après, le secrétaire de la République florentine, Machiavel. on graciait d'ordinaire quelques malfaiteurs; on les *offrait* au saint patron de la ville, devant lequel ils devaient paraitre pieds nus, un cierge à la main, dans l'attitude du repentir, et faire amende honorable.

Cette année-là, on eut la pensée d'étendre la grâce à des condamnés politiques, et Dante fut de ceux que l'on désigna pour rentrer dans Florence. Avant de savoir à quel prix, il s'exalta dans la joie. Mais aussitôt que, selon l'usage, un religieux lui eut notifié les conditions de l'amnistie, il entra en grande colère. A ses amis, à ses proches, qui lui conseillaient vivement de subir les conditions imposées, il répond par des accents indignés : « C'est donc là, s'écrie-t-il. la révocation glorieuse par laquelle Dante Allighieri est rappelé dans sa patrie après trois lustres d'exil! C'est là ce qu'a mérité un citoyen dont l'innocence est manifeste! Loin de moi, loin de celui qui s'est élevé au culte de la philosophie, une telle bassesse! S'il n'est pas d'autre chemin pour rentrer dans Florence, je n'y rentrerai jamais. Eh quoi! ne pourrai-je donc, où que je sois, contempler la splendeur du soleil et des étoiles! Ne pourrai-je spéculer sur la *très-douce vérité, dolcissima verità*, n'importe sous quel ciel, plutôt que de reparaitre devant le peuple florentin, *dénué de gloire, nudato di gloria*, que dis-je? couvert d'ignominie ! » Et il rejette, comme une dernière insulte à son malheur, la grâce qu'on lui apporte.

A peu de temps de là, une grande nouvelle, un événement inattendu, rallument dans son cœur, comme une flamme subite, l'espoir de rentrer triomphant dans sa patrie. Henri de Luxembourg est élu roi des Romains; il va passer les Alpes. L'accord des deux puissances impériale et papale promet aux Italiens une ère de paix. La renommée dit merveille de l'empereur d'Allemagne. Guelfes et Gibelins, lassés de combats, attendent sa venue comme celle d'un Messie. L'Italie, toujours trompée, mais toujours facile à tromper, et qui attend toujours du dehors un sauveur, se précipite au-devant de Henri avec des frémissements de joie. Plus que personne, Dante avait droit de se réjouir. Ce qu'annonçait la venue de Henri VII, c'était l'accomplissement de son idéal politique. Dans son traité *de Monarchia*, une de ses dernières œuvres, il venait d'exposer avec une précision parfaite sa doctrine sur le meilleur gouvernement des choses humaines.

ÉLIE.

Vous dites qu'il a exposé ses doctrines avec précision : d'où vient donc qu'il a passé tantôt pour guelfe, tantôt pour gibelin?

DIOTIME.

La doctrine de Dante n'était, à bien parler, ni guelfe

ni gibeline dans le sens étroit du mot, tel que l'avait fait l'esprit de faction ; et c'est pourquoi elle a servi de texte à des assertions opposées. Elle était catholique et particulièrement latine. Dante, en homme qui avait subi les maux auxquels sont exposés, plus que d'autres, les communes, les républiques, les gouvernements populaires, considérait que l'unité et la stabilité des pouvoirs étaient la condition essentielle de l'État.

Un seul empire là-haut, un monarque de l'univers qui réside dans le ciel; un seul empire d'institution divine ici-bas, le saint Empire romain, gouverné par l'empereur, qui représente Dieu dans les choses temporelles, et par le saint pontife, qui représente Dieu dans les choses spirituelles. L'un inattaquable dans sa souveraineté politique, l'autre inviolable dans son Église, tous deux entièrement distincts dans leurs attributions, tel était, selon l'Allighieri, et selon l'opinion la plus répandue de son temps, l'ordre éternel et parfait. Selon ces opinions, le règne d'Auguste, sous lequel voulut naître Jésus-Christ, était le moment idéal de l'histoire. Les usurpations, les querelles des papes et des empereurs, la confusion des pouvoirs spirituel et temporel, avaient tout gâté; mais tout serait un jour rétabli. La paix et la concorde seraient ramenées dans le monde par la réconciliation des deux pouvoirs, à la grande édification de la chrétienté, au plus grand bien des nations, à la plus grande gloire de l'Italie.

Telle était l'utopie de la science politique au moyen âge, où l'on croyait fermement, comme le font encore de nos jours certaines écoles, qu'il appartient aux spéculations des philosophes de régler exactement le cours des choses humaines. Tel était l'avenir rêvé par Dante, et qui tout à coup lui apparut comme réalisé dans la personne de Henri VII, qui, de concert avec le Pontife, venait revendiquer ses droits, imposer aux factions l'obéissance, remettre en Italie l'ordre et la paix, et lui rendre l'unité qu'elle avait perdue.

ÉLIE.

Pardon si je vous interromps. Mais dans cet idéal dantesque de pouvoir absolu, de stabilité, d'ordre et de paix, que devenait la liberté ?

DIOTIME.

Lorsque Dante parlait de l'unité du pouvoir, il n'entendait en aucune façon le pouvoir absolu, croyez-le bien. Dante aimait la liberté par-dessus toutes choses : rappelez-vous ce vers d'un accent si tendre :

Libertà va cercando ch' è si cara!

Son système d'une souveraineté unique ne porte aucune atteinte aux droits des communes et des citoyens. « Les nations ne sont pas pour les rois, mais les rois pour les nations, » dit-il dans sa *Monarchie*. Le héros véritable de son livre, c'est le peuple romain bien plutôt que l'empereur, qui n'est à ses yeux qu'un personnage éloigné, un peu abstrait, et qui n'a pas des attributions plus étendues que celles d'un président de république. Quant au pape, Dante le circonscrit avec rigueur dans ses attributions spirituelles. Ni plus ni moins que le philosophe Gioberti et Camille de Cavour, ce grand homme d'État, Dante voulait l'Église libre dans l'État libre; et, tout gibelin qu'on l'a fait faute de le bien connaître, il maintient dans son système à l'abri de tout empiétement, il croit préserver de toute atteinte la cité, le municipe, cet antique et solide fondement de la civilisation latine.

Il serait difficile, si nous n'en avions des témoignages écrits de sa main, de se figurer l'exaltation de Dante, ses transports à la venue de Henri de Luxembourg. Pour lui, nul doute : ce chevaleresque, ce pacifique Henri, que précède une si haute renommée, c'est le rédempteur attendu. Dans un juste sentiment de son pouvoir intellectuel et de son ascendant sur les esprits, Dante s'adresse aux princes, aux tyrans, aux peuples. Il leur parle d'égal à égal, d'un accent de tribun et de prophète, avec l'autorité du sacerdoce. Il les adjure d'accueillir ce souverain de l'Italie. « Levez-vous, s'écrie-t-il, levez-vous, rois et ducs, seigneuries et républiques, sortez de vos ténèbres! Le fiancé de l'Italie, la joie du siècle, la gloire des peuples, le vrai héritier des Césars, vient au-devant de sa fiancée! » Et il répand à longs flots d'éloquence son espoir, son enthousiasme, ses ardentes illusions. Il se croit si près de leur accomplissement qu'il ne saurait plus tenir en place. Il accourt sur les pas de Henri, se figurant déjà voir s'ouvrir les portes de sa chère Florence. Il s'avance jusqu'à l'extrême frontière ; il est à Pise.

C'est là, tout près de son terrestre paradis, presque à portée d'ouïr les cloches de son beau temple de Saint-Jean, qu'un coup violent du sort l'en repousse à jamais et le rejette désespéré dans l'exil.

C'est à Pise que Dante apprend la mort soudaine de l'empereur Henri VII. C'est de Pise que, navré d'une blessure mortelle, et quittant lui aussi toute espérance, il reprend seul et triste le chemin de Ravenne. Un protecteur généreux, Guido da Polenta, l'y attendait. Il y est reçu avec respect, entouré de soins et d'honneurs. De plusieurs points de l'Italie, on s'empresse, pour distraire ses peines, de lui offrir le triomphe poétique. Giovanni da Virgilio l'appelle à Bologne pour y recevoir la couronne de lauriers. Dante refuse. C'était dans sa ville natale, « dans le doux bercail où il avait dormi agneau, » dans ce temple de Saint-Jean, où il avait reçu le baptême de la foi, qu'il souhaitait de recevoir le baptême de la gloire; il ne voulait pas ceindre son front d'un laurier cueilli sur la terre étrangère. D'ailleurs, il en venait peu à peu à retirer ses esprits des choses de la terre. Comme de nos jours, Lamennais, qui lui était si semblable par les ardeurs de son âme superbe et toujours trompée, Dante était « las de ce qui passe et qui nous déchire en passant. »

VIVIANE.

Quel sombre dédain d'expression! Où donc M. de Lamennais a-t-il écrit cela?

DIOTIME.

Dans une lettre à Mme de Senft, si je ne me trompe. — Dante avait accepté une mission à Venise, où il croyait pouvoir servir les intérêts de son hôte ; il ne réussit pas. Ce lui fut un avertissement de quitter les soucis de ce monde et de tourner désormais toutes ses pensées vers le ciel.

Que de fois j'ai cherché, j'ai cru suivre sa trace sur ces grèves de Ravenne, dans cette forêt désolée où gémit le vent de l'Adriatique, dans cette *pineta* qui mêle au bruit des flots le bruit de ses cimes sonores ! Que de fois j'ai cru entendre le poëte se parler à haute voix, se réciter dans cette vaste solitude les dernières tercines de sa divine cantique, se préparant, s'initiant ainsi lui-même, par l'exaltation de son propre génie, à cette vie en Dieu dont il était tout proche !

Le 14 du mois de septembre 1321, après cinquante-six années d'une existence en proie à tant de trouble, Dante Allighieri exhala son dernier soupir dans cet asile de Ravenne qu'il avait appelé « amica solitudo » et où l'on peut croire, en effet, qu'une noble amitié, le recueillement, la claire vue de son immortalité, donnèrent quelques heures d'une paix suprême à sa grande âme inquiétée.

Sa destinée, nous l'avons vu, avait été étroitement liée aux destinées de sa patrie. Il avait été, avec toute sa génération, profondément agité par de vives curiosités, par d'extrêmes terreurs, par de fortes passions, de grandes joies et de grands désastres. Il avait reçu de son siècle tout ce qu'il était possible d'en recevoir. Il avait su ce que savaient les plus doctes ; il avait rêvé, espéré, agi, pensé, douté, aimé, haï avec les plus vaillants et les plus fiers.

Plus heureux qu'eux tous, il laissait dans une création de son génie, dans une œuvre qui lui appartient en propre, l'image impérissable de ce qu'avaient été son temps, son peuple et lui-même.

Un moment de silence suivit ces mots. Diotime avait parlé longtemps. Les heures s'étaient écoulées. Déjà le soleil, descendu très-bas à l'horizon, plongeait à demi dans les flots.

Le premier, Marcel en fit la remarque : — La nuit vient, dit-il en s'arrêtant brusquement. Nous n'avons pas moins de trois lieues à faire pour regagner Portrieux.

VIVIANE.

Te voilà bien pressé! Moi, je ne quitte pas la grève qu'on n'ait promis d'y revenir demain. Je ne me sentirais pas ailleurs aussi recueillie, aussi bien disposée à entendre ce que Diotime doit nous dire encore.

DIOTIME.

Vous me voyez couverte de confusion. J'ai disserté sans fin, et je m'aperçois qu'à peine j'ai abordé mon sujet.

VIVIANE.

C'est bien pourquoi il nous faudra revenir. Le silence de cette grève m'attire. Le lointain accompagnement des vagues fait merveille quand vous prononcez ces grands noms, Dante et Gœthe.

DIOTIME.

En ceci, comme en toutes choses, qu'il soit fait selon le bon plaisir de la fée Viviane.

Pendant qu'on échangeait encore quelques paroles et qu'on jetait un dernier regard vers les splendeurs du soleil couchant, Marcel était allé chercher les chevaux. De son côté, le cocher, après avoir attendu à Tréveneuc bien au delà de l'heure fixée, venait au-devant des promeneurs. Un moment, Grifagno hésita; il ne savait s'il suivrait la voiture d'où l'appelait Élie, ou bien Viviane qui, du bout de sa cravache, lui montrait le chemin des cavaliers. Mais lorsqu'il vit son ami, le petit cheval breton, partir gaiement au galop en secouant au vent sa crinière, la tentation fut trop forte; Grifagno désobéit à son maître et s'élança de toute sa vitesse vers la rapide Viviane.

A huit heures, les amis s'asseyaient à une table où les attendait un repas frugal de poissons et de coquillages. Un monstrueux homard, que la bonne hôtesse du *Talus*, Mme Évenous, descendante, à en croire son nom, des anciens rois d'Écosse, avait jeté tout vivant, ni plus ni moins que si c'eût été un hérétique, dans la chaudière d'eau bouillante, en était ressorti couleur d'écarlate, les yeux hors de tête, dans une attitude crispée. Pendant que Marcel, aussi bon gastronome qu'il était mauvais métaphysicien, l'accommodait d'un condiment de son invention, fort goûté dans tous les châteaux des Côtes-du-Nord, Viviane était montée à sa chambre où elle avait noué d'un ruban aux trois couleurs italiennes sa guirlande de verveines. S'avançant, sans être vue, derrière Diotime, elle posa doucement sur le front de son amie cette agreste couronne.

C'était le signal. Les verres s'emplirent.

— Vive à jamais Diotime! s'écrièrent Élie et Marcel.

— Vive la Nina du vrai Dante! reprit l'aimable Viviane.

DEUXIÈME DIALOGUE.

DIOTIME, VIVIANE, ÉLIE, MARCEL.

Le lendemain, en se réunissant dans la matinée pour l'excursion projetée au cap Plouha, on s'aperçut que le temps n'y était pas favorable. Le vent soufflait de l'ouest; les nuages s'amoncelaient, bas et lourds; par intervalles, une pluie fine tombait. Les mouettes volaient au ras des flots et poussaient leur cri aigu. On délibéra s'il serait prudent de se mettre en route; et, comme la fatigue du jour précédent se faisait encore sentir, on s'accorda vite sur les motifs de rester à Portrieux, et l'on s'établit dans le pavillon.

Ce pavillon, bâti sur une légère élévation de terrain isolé, abrité d'un bouquet d'arbres, était très en renom dans le pays. On y venait de fort loin, dans les longs jours d'été, respirer la brise de mer et s'égayer au concert des oiseaux qui nichaient en multitude sous l'épaisse feuillée. La bonne Mme Évenous, qui tirait quelque vanité de ce lieu de plaisance où se donnaient les plus beaux repas de la saison, l'avait fait décorer avec beaucoup de soin ; mais pour nos amis son agrément était tout entier dans ses deux fenêtres d'où la vue s'étendait, d'une part, jusqu'à la jetée, de l'autre, jusqu'à un promontoire de roches granitiques que le flot, à la marée haute, recouvre et qu'il laisse en se retirant tout enveloppées de goëmons, ce qui leur donne un air échevelé et pleureur singulièrement pittoresque.

A ce moment, le bateau qui, chaque semaine, vient faire à Portrieux les approvisionnements de l'île de Jersey, était dans le port, prêt à remettre à la voile. De longues files de bœufs s'avançaient sur la plage, lentement, tristement, avertis de je ne sais quel mauvais destin par les mugissements qui partaient de l'extrémité de la jetée, où l'on procédait à l'embarquement des animaux. Quelques-uns s'arrêtaient comme frappés de stupeur, et demeuraient dans un état d'immobilité presque incroyable. Des enfants de pêcheurs suivaient cette procession morne, les plus grands portant les plus petits, tous déguenillés, infirmes, chétifs et hâves, plus hébétés d'aspect que le bétail, et consternants à voir pour qui veut croire à la providence divine et à la bonté humaine. Grifagno, à qui ces enfants et ces bœufs ne plaisaient pas, avait essayé de les poursuivre et de mettre, par ses aboiements, quelque désordre dans cette monotonie ; mais les enfants de la campagne ne s'émeuvent de rien, et le premier d'entre les bœufs à qui s'attaqua le gai lévrier lui ayant fait sentir d'une atteinte de ses cornes qu'il n'entendait pas la plaisanterie, Grifagno s'était résigné. Il regardait à distance et en bâillant ces lenteurs champêtres, que le bruit du fléau aux mains de quatre vieilles femmes qui battaient le blé dans une aire voisine accompagnait de son rhythme pesant et sourd.

Viviane avait pris ses crayons. Assise à la fenêtre, elle essayait de rendre l'effet étrange de ces profils d'animaux qui se découpaient en noire silhouette sur l'immense pâleur de la mer et du ciel. A la prière de sa jeune amie, Diotime était allée chercher son portefeuille et les deux petits volumes dont il avait été question la veille. Après qu'Élie en eut curieusement examiné la reliure romaine en blanc parchemin, quand Marcel, avec l'agrément des deux dames, eut allumé sa longue pipe de cerisier, on fit silence. Puis, selon sa promesse, la *Nina di Dante* reprit ainsi :

DIOTIME.

Si j'ai tenu, avant de vous parler du poëme de Dante, à vous remettre sous les yeux sa vie, c'est que, selon moi, après les innombrables commentaires qui, depuis plus de cinq siècles, s'efforcent d'expliquer la *Divine Comédie*, le plus sûr est encore de s'en tenir à Dante lui-même. La connaissance de sa personne et de sa destinée, voilà le commentaire véritable de son œuvre. C'est la condition première d'une interprétation discrète, à laquelle rien ne supplée, mais qui peut suppléer à tout.

MARCEL.

A la bonne heure! on ne saurait mieux dire, et me

voici délivré d'un grand souci. Il faut bien que je vous le confesse, la vue de ce gros portefeuille, tout bourré de notes, à ce que je suppose, ne me présageait rien de bon ; car je ne connais pas, pour ma part, de peste plus noire que ces cuistres, ces triples pédants qu'on baptise du nom de commentateurs, et qui s'abattent sur les œuvres du génie comme les sauterelles sur les moissons d'Égypte.

DIOTIME.

Vous me louez trop vite, Marcel, de ce que je n'ai point dit. Il s'en faut que j'aie cette haine vigoureuse que vous portez aux commentateurs. A mon sens, ceux de la *Comédie* ont rendu de vrais services. Sans eux, je parle des anciens surtout, nous aurions aujourd'hui perdu toute trace d'une multitude de particularités de la vie florentine, auxquelles Dante fait allusion dans son poëme et qui rompent très-heureusement, par un accent de vérité familière, la solennité de l'ensemble. Selon l'opinion de Fauriel, qui compare les commentateurs de Dante à ceux d'Homère, ils auraient eu un mérite plus grand encore : ils auraient contribué, pour leur bonne part, au maintien de la nationalité littéraire de l'Italie.

ELIE.

Comment cela ?

DIOTIME.

Quand le classicisme grec ou latin menaçait d'étoufter l'idiome national, quand une littérature académique, sans tempérament de race ou de peuple, s'imposait au goût perverti, ces querelles d'érudits ont, à diverses reprises, ramené les esprits égarés à la source vive de poésie que Dante a fait jaillir du sol toscan.

MARCEL.

C'est possible; mais enfin vous l'avez à peu près dit tout à l'heure : s'il fallait, pour comprendre Dante, lire tout ce fatras de dissertations, une vie d'homme n'y suffirait pas.

VIVIANE.

Et puis, tous ces commentateurs ne se contredisent-ils pas l'un l'autre? Il me semble que, bien loin d'éclaircir les textes, ils doivent embrouiller très-fort la cervelle du pauvre lecteur.

DIOTIME.

Il y a du vrai dans ce que vous dites là, Viviane. Durant cette longue controverse qui n'a pas encore pris fin et qui remplirait à elle seule toute une bibliothèque, on a subtilisé, sophistiqué à l'envi sur un hémistiche ou sur un mot, sans parvenir à s'entendre, et les opinions les plus modernes ne sont pas, peut-être, les moins opposées.

VIVIANE.

Et vous avez eu le courage de lire tout cela?

DIOTIME.

Presque tout, et je ne le regrette pas; car c'est précisément parce que ma passion pour Dante m'a fait entreprendre ce dur labeur qu'aujourd'hui, comme je vous le disais quand Marcel m'a interrompue, il me sera facile, je l'espère, de vous faire comprendre de prime abord tout ce qu'il y a d'essentiel et de vraiment beau dans la *Comédie*. Après cela, si vous y prenez goût et que vous souhaitiez d'en apprendre davantage, vous n'aurez plus qu'à consulter les meilleurs entre les commentaires.

VIVIANE.

Malgré toute la clarté de votre esprit, j'ai quelque peine à croire qu'il vous soit facile de dégager la pensée de Dante de ses images. A différentes reprises, j'ai essayé, à moi toute seule, de lire la *Divine Comédie*, je n'ai jamais pu aller jusqu'au bout. Dès les premiers chants, les aspérités du sens et du style se dressaient devant moi; les froideurs de l'allégorie, ces interminables expositions de dogmes et de doctrines, ces arguties scolastiques, toute cette longue suite de visions que ne vient jamais animer une action quelconque, produisaient sur moi un effet de monotonie insupportable. J'étais déconcertée par l'impossibilité de suivre à la fois le sens triple ou quadruple de ces tercines apocalyptiques. Je ne voyais pas comment je pourrais m'intéresser à des personnages énigmatiques à ce point qu'on ne sait jamais, par exemple, si c'est Virgile ou la raison, Béatrice ou la théologie, qui parlent. Je vous assure que j'y ai mis une grande persévérance, mais c'était plus fort que moi; et, chaque fois que je m'y reprenais, le livre me tombait des mains.

DIOTIME.

Nous le relèverons respectueusement, Viviane, et, si vous m'en croyez, nous suivrons l'exemple de ce sage prélat qui un jour, à Oxford, sommé par des théologiens qui disputaient sur la Bible, d'entrer dans leurs querelles, prit de leurs mains les saintes Écritures et y déposa un pieux baiser.

VIVIANE.

Mais la *Comédie* n'est pas la Bible.

DIOTIME.

Elle a été longtemps appelée le poëme sacro-saint, *il sacratissimo poema*, et, assurément, elle est, elle restera toujours le *Livre* par excellence de ce peuple florentin qui, lui aussi, se nommait le Peuple de Dieu.

MARCEL.

Comment! ces Florentins du diable ont eu le front de s'appeler le Peuple de Dieu?

DIOTIME.

Tout comme les Hébreux, mon cher Marcel, qui ne les valaient certes pas. Savonarole, en leur donnant pour roi Jésus-Christ, ne les appelle pas autrement; et, cent ans auparavant, le cardeur de laine Michel Lando, quand triomphait à Florence le tumulte des *Ciompi*, se faisait proclamer, dans la grande salle du Palais de la Seigneurie, *Gonfalonier de la République du Peuple de Dieu*... Mais je reviens à vos objections, Viviane. Avec votre justesse habituelle, vous faites de la *Comédie* une critique qui allège singulièrement ma tâche. D'un trait vous avez marqué les défauts, les grands défauts de la trilogie dantesque; je n'y veux pas contredire. Je ne suis pas de ces idolâtres qui transforment en beautés les défauts du maître. Je ne confonds pas l'obscurité avec la profondeur; je ne pense pas que la monotonie soit un effet de la perfection. Pas plus que vous je ne parviens à ranimer dans mon esprit cette triple orthodoxie théologique, métaphysique et scientifique que saint Thomas, Aristote et Ptolémée imposaient au moyen âge, et dont le génie de Dante lui-même était si bien pénétré, que, à part certaines opinions particulières et quelques idées empruntées aux Arabes et à Platon (au Platon d'Alexandrie s'entend), il ne pouvait rien imaginer en dehors d'elle. J'admire Dante non pas à cause des doctrines et des symboles qui lui sont suggérés par son siècle, mais en dépit de tout cela. Je l'admire pour la merveilleuse puissance de son génie, qui, dans ce monde d'abstractions, dans ces régions d'un surnaturel qui n'a plus aucune prise sur notre imagination, fait palpiter la douleur, la haine, la vengeance, la joie, l'amour, toutes les passions de la vie réelle, et l'éternelle jeunesse d'un cœur héroïque. Songez donc, Viviane, à tout ce que la *Comédie* a inspiré aux arts de chefs-d'œuvre qui nous charment encore! Rappelez-vous ces églises, ces palais de Florence, que nous visitions ensemble l'an passé! ces fresques du Dôme, de Santa Maria Novella, du Bargello, les peintures de Saint-François d'Assise, celles d'Orvieto, de Padoue, du Campo-Santo, les stances du Vatican, la chapelle Sixtine, où la personne et l'œuvre de l'Allighieri ont reçu de la main des Giotto, des Gaddi, des Angelico, des Orgagna, des Masaccio, des Michel-Ange et des Raphaël, une réalité pittoresque et sculpturale qui suffirait à elle seule, à supposer que la *Comédie* eût péri, pour la rendre immortelle! et de nos jours, tout à l'heure, les plus grands artistes, Flaxman, Cornelius, Ingres, Scheffer, Delacroix, y trouvant le sujet de compositions qui deviennent aussitôt populaires! et le culte passionné d'un Alfieri, d'un Gioberti, d'un Giusti pour le *gran' Padre Allighieri*! et l'enthousiasme de la *Jeune Italie* qui fait de la *Divine Comédie* son Évangile! et la piété d'un Manin qui consacre les veilles de l'exil à l'étude et à l'enseignement du poëme dantesque! et les supplications répétées de Florence pour obtenir de Ravenne, qui les veut garder comme un glorieux dépôt, les ossements sacrés de l'Allighieri! et la fête solennelle qui se prépare en ce moment même, à Florence, par les soins de toutes les municipalités italiennes, pour célébrer l'anniversaire du *Grand Italien*! Tout cela, que serait-ce donc, Viviane, si ce n'était le signe manifeste de cette puissance de vie que cinq siècles de durée n'ont point affaiblie, qui nous attire, nous aussi, quoi que nous en ayons, et que vous

allez bientôt sentir, soyez-en sûre, se communiquer à
vous, si vous ne craignez pas de tenter une fois encore
avec moi le voyage dantesque?

VIVIANE.

A vos côtés je ne craindrai jamais ni fatigue ni ennui. Me voici prête à vous suivre de l'enfer au ciel.

DIOTIME.

Mais vous, Marcel, qu'en dites-vous? N'allez-vous
pas faire comme ce *bon monsieur Gervais* dont parle
votre ami Voltaire, à qui l'on proposait le même voyage,
mais qui *recula de deux pas, trouvant le chemin un peu
long?*

MARCEL.

Non vraiment. Par le temps qu'il fait, cette excursion métaphysique me semble fort à propos. Vous me
permettrez bien, d'ailleurs, de loin à loin, pour me ra-
fraîchir l'esprit de tant de sublimités, quelque légère
critique, et vous ne me laisserez pas dans les flammes
de l'enfer pour cause d'incrédulité, n'est-ce pas, Diotime?... Et tenez, avant de nous mettre en route, expli-
quez-moi donc ce titre de *Comédie*, qui, tout d'abord,
me choque; car enfin, à part quelques diableries assez
drôles, je ne vois pas le plus petit mot pour rire dans
cette fameuse *Comédie*.

DIOTIME.

L'intention de Dante ne fut pas un moment de vous

faire rire, mon cher Marcel; il ne prétendait aucunement amuser, il voulait non pas *divertir*, mais *avertir*, et, s'il se pouvait, *convertir* ceux qui le liraient. A la façon des prophètes hébraïques dont il a le génie visionnaire et imprécateur, il veut émouvoir d'une terreur salutaire les âmes endurcies; il cherche à ranimer la foi des croyants en mettant sous leurs yeux les récompenses et les châtiments réservés dans l'autre vie aux fidèles et aux pécheurs, en rendant visible et palpable la vérité des jugements de Dieu. Dans ce poëme extraordinaire, Dante raconte sa propre conversion, de quelle manière son âme, égarée dans les dissipations de la vie mondaine, fut ramenée au bien par l'étude et la contemplation des choses divines. Il veut, à son exemple, retirer ses contemporains du vice et de l'erreur, leur offrir, pour nourrir leur âme, tout l'ensemble des vérités qu'il a acquises, la *somme*, comme on eût dit alors, de son savoir, ce qu'il appelle lui-même, dans son langage métaphorique, le pain spirituel. Il veut aussi, avec toute l'ardeur de son ambition poétique, faire de son œuvre une apothéose de la femme qu'il a aimée, et s'éterniser avec elle. Il veut enfin, comme de nos jours l'auteur de *Faust*, à qui je le compare, unir à jamais, couronner, dans la gloire céleste, les trois aspirations suprêmes de l'homme vers Dieu, la foi, la science et l'amour.

VIVIANE.

Mais alors, je dis comme Marcel : pourquoi ce titre de *Comédie* qui trompe?

ELIE.

Il faut savoir, Viviane, que le mot *comédie* n'avait pas au moyen âge le sens qu'il a pris plus tard. Les comédies ou plutôt les spectacles de marionnettes qui se donnaient dans les foires, sous les porches des églises, et dont le sujet était presque toujours emprunté à la Bible ou à la légende, étaient généralement des pantomimes. Placé sur le devant de la scène, un coryphée récitait ou chantait, en prose ou en vers, l'action que les personnages de bois exprimaient par leurs gestes. On appelait ces explications narratives des *cantiques*.

DIOTIME.

Votre observation est juste, Élie ; et, quant à moi, je ne doute pas que la division du poëme de Dante en *cantiques* et son titre de *comédie* ne vienne de ces représentations scéniques que les Florentins avaient héritées des Romains, leurs ancêtres, et qu'ils aimaient passionnément.

ÉLIE.

Mais j'y songe..., vous rappelez-vous les vers que chantait Trimalcion à ses convives, pendant que passait à la ronde, sur la table du festin, le fameux squelette d'argent décrit par Pétrone ? Ce squelette, qui faisait des gestes et prenait des attitudes expressives, c'était une marionette funèbre, un personnage de comédie ; ces vers étaient un *canticum :*

Heu ! heu ! nos miseros, quam totus homuncio nil est.

Cela n'avait rien de fort gai ni de précisément comique, comme vous voyez, Viviane.

DIOTIME.

Il y a, d'ailleurs, une autre raison encore de ce titre de *Comédie* qui a dérouté même la critique allemande, que Schelling et Gervinus déclarent inexplicable, et dont Schopenhauer s'égaye comme d'une ironie ; selon l'opinion du temps, ce titre convenait aux compositions d'un genre mixte et tempéré, écrites dans un style simple. C'est pourquoi, au vingtième chant de l'Enfer, Dante fait dire à Virgile parlant de l'Énéide *l'alta mia tragedia*, et que, de son propre poëme, il dit, au chant suivant, *la mia commedia*.

ÉLIE.

En cherchant bien, je crois que nous trouverions plus d'un exemple de ce titre de *Comédie* appliqué à des sujets fort graves ; à l'instant, il me revient d'avoir vu, je ne sais plus où, sur un catalogue de livres portugais du xve siècle, *la Comedieta di Ponza*, par le marquis de Santillane, et la préface que j'ai feuilletée appelait ce poëme une allégorie tragique.

MARCEL.

Voilà qui est plaisant ! Mais, si modeste que fût, à l'en croire, l'idée que se faisait Dante du genre et du style de sa *Comédie*, il ne lui en attribue pas moins une qualification fort peu modeste en l'appelant divine.

DIOTIME.

Ce n'est pas Dante, mon cher Marcel, qui a donné à sa *Comédie* l'épithète de divine. Elle ne l'a reçue qu'après sa mort, de la foule qui se pressait dans les églises pour l'entendre lire. Et encore, ce n'a pas été tout de suite. Le décret de la commune de Florence qui institue la première chaire pour l'exposition des Cantiques (c'était, si je ne me trompe, en 1373), ne les appelle encore que *le Livre de Dante*.

MARCEL.

Et on les lisait en guise de prêche! Oh! mais cela change la question. En tant que comédie, je ne les trouve point divertissantes vos cantiques, mais en tant que sermon..... Si M. le curé de Saint-Jacques voulait bien nous lire en chaire quelques chants de l'Enfer de Dante, je serais plus assidu à l'office, car enfin, si les démons de l'Allighieri ne sont pas toujours amusants, il leur arrive du moins, par-ci par-là, de dire de fort beaux vers, tandis que son diable à lui parle une bien méchante prose.

DIOTIME.

Par-ci par-là! quelle indulgence pour ce barbare Allighieri!

MARCEL.

Voltaire comptait dans la *Comédie* une trentaine de bonnes tercines.

ELIE.

Je crois me rappeler que Bettinelli en accorde cent cinquante environ ; M. de Lamartine, qui doit s'y connaître, assure que Dante a écrit soixante très-beaux vers. Mais, dites-moi, cette exposition de la *Comédie*, qui se faisait dans les églises, elle s'accorde mal, ce me semble, avec ce que vous nous disiez hier, que Dante avait été de son vivant suspecté d'hérésie.

DIOTIME.

La *Comédie* a été tour à tour considérée comme un sujet d'édification ou de scandale, selon le sentiment plus particulièrement chrétien ou papiste dans lequel on la lisait. Elle a été recommandée ou prohibée à Rome, selon qu'y soufflait un esprit plus zélé pour les intérêts spirituels de l'Église ou plus jaloux des prérogatives du Saint-Siége. Les prieurs de Florence, en conférant au vieux Boccace le soin d'exposer publiquement dans l'église de San-Stefano la *Comédie*, pensaient que, pour le peuple florentin, elle serait une école de vertu ; et c'était aussi la persuasion du gouvernement national qui restaura en Toscane la liberté, quand, aux premières heures d'un pouvoir en proie aux plus pressants soucis de la politique, il rouvrait avec éclat la chaire dantesque supprimée par les princes étrangers qui auraient voulu imposer à l'Italie jusqu'à l'oubli de son nom et de son histoire. Quant au peuple, qui allait entendre dans les églises le récit de la vision dantesque, il la tenait, non pour fiction, mais pour réalité. Il révérait Dante comme un autre saint Paul. Les Dominicains, non plus, lorsqu'ils expliquaient les cantiques à Santa Maria del fiore et à San-Lorenzo, ne doutaient certes pas de leur orthodoxie. De très-saints personnages les recommandaient comme lecture de carême. Ce fut à la prière du concile qui condamnait Jean Huss, qu'un évêque italien, Giovanni da Serravalle, entreprit une version latine de la *Comédie*. D'autre part, à la vérité, on en jugeait différemment. Nous avons vu Dante mandé devant l'inquisiteur. Après sa mort, on ne saurait laisser en paix ses os. La cour de Rome en voulait à Dante, non-seulement pour avoir jeté en enfer des cardinaux, des papes et jusqu'à un pontife canonisé, mais encore, chose plus grave, pour avoir soutenu, dans son traité *de la Monarchie*, que le pouvoir de l'empereur égale celui des souverains pontifes, et que l'autorité de la tradition est moindre que celle des saintes Écritures (propositions condamnées plus tard par le concile de Trente). Ajoutons que l'Allighieri, lorsqu'il faisait partie du Conseil des Anciens, s'était toujours opposé aux subsides demandés par le pape à sa chère ville de Florence.

ÉLIE.

Atto Vannucci m'a fait voir un jour à la bibliothèque *Magliabechiana*, sur les registres du Conseil des Anciens, ce vote laconique signé Dante Allighieri : *Niente per il papa*.

DIOTIME.

C'était aussi de très-mauvais œil que l'on voyait à

Rome la langue populaire mise par Dante en honneur, au détriment du latin, qui était la langue du parti guelfe et qui gardait inaccessible aux profanes le trésor dangereux de la science et de la philosophie.

ÉLIE.

On aurait voulu à Rome arrêter l'essor de la langue italienne! Et pourquoi?

DIOTIME.

L'essor de cette belle langue, que l'on appelait alors nouvelle, c'était l'essor de l'esprit nouveau d'indépendance et de libre examen. On le sentait instinctivement à Rome. Nouveauté, liberté, deux termes synonymes, également suspects au clergé romain. Sur ce point, jamais il n'a varié. Le souverain pontife condamne l'astronomie nouvelle de Copernic, parce qu'elle est contraire à l'astronomie ancienne de Josué, comme il a blâmé la musique nouvelle, le chant en parties, parce qu'elle est contraire à la musique ancienne, à l'unisson du chant grégorien. Le cardinal-légat Bertrand du Poyet ou del Poggetto, envoyé par Jean XXII à Ravenne pour faire exhumer les os de Dante et jeter aux vents ses cendres, pensait exactement comme de nos jours le cardinal Pacca, chargé par Léon XII d'annoncer à l'abbé de Lamennais la condamnation du journal *l'Avenir*, et qui lui écrivait à cette occasion une phrase dont je me souviens mot pour mot, tant elle exprime clairement la doctrine pontificale touchant les libertés de la société civile et politique. « Si, dans certaines circonstances, dit le cardinal Pacca, la prudence exige de les tolérer comme un moindre mal, elles ne peuvent jamais être présentées par un catholique comme un bien, ou comme un état de choses désirable. » Je cite fidèlement, bien que de mémoire.

ELIE.

Mais, permettez...

VIVIANE.

Ne permettez pas qu'il discute ; vous savez qu'un Breton ne cède jamais. Pour peu que Marcel s'en mêle, nous ne commencerons pas aujourd'hui le voyage dantesque.

DIOTIME.

Pour expliquer, sinon pour excuser la mission du cardinal del Poggetto, il faut dire que l'orthodoxie de Dante a toujours et partout été contestée. Un des plus convaincus entre les réformés du XVIe siècle, Duplessis-Mornay, salue Dante comme un précurseur ; un autre l'inscrit au catalogue des illustres *Témoins de la vérité* ; le concile de Trente se range à cet avis et condamne la *Comédie*. C'est encore aujourd'hui l'opinion de la critique protestante en Allemagne, que le poëme dantesque est tout pénétré de ce qu'elle appelle l'élément réformateur. Lorsque l'inquisition d'Espagne, au XVIIe siècle, prend pied en Italie, elle expurge rigoureusement les Cantiques, puis, au siècle suivant, la Société de Jésus les explique à la jeunesse, en fait une édition qu'elle dédie au souverain pontife, et à laquelle elle ajoute cette version italienne du Magnificat, du Credo et des Psaumes qui mettrait hors de doute, si elle était authentique, la parfaite orthodoxie du poëte. La dispute à ce sujet n'a pas encore cessé de nos jours. Ozanam et Balbo pensent, avec le cardinal Bellarmin, que Dante était bon catholique. Renouvelant les excentricités du Père Hardouin, qui attribuait la *Comédie* à un adepte de Wiclef, un écrivain contemporain voit dans les Cantiques le mystérieux langage d'un sectaire. Ugo Foscolo et Rossetti ont fait de Dante un libre penseur, un révolutionnaire du XIX° siècle. Mazzini, qui l'a étudié avec amour, ne consent à voir en lui qu'un chrétien et non un catholique. Enfin, tout à l'heure, la congrégation de l'Index met sur la liste des ouvrages dont la lecture est interdite aux fidèles, avec *les Mémoires du Diable*, par Frédéric Soulié, et *les Bourgeois de Molinchart*, par Champfleury, une édition nouvelle de *la Divine Comédie*; et le *Calendrier évangélique* qui se publie à Berlin porte le nom de Dante, avec les noms de Joachim de Flore, de Calvin, de Luther, de Coligni. Vous le voyez, Élie, selon les temps, je me trompe, dans le même temps, le poëme de Dante a été revendiqué tout ensemble par les partisans et par les adversaires de Rome.

ÉLIE.

Mais vous, qu'en pensez-vous ?

DIOTIME.

Je pense que la *Comédie* est catholique, et par le milieu où elle a été conçue, et par sa donnée générale, et par l'occasion qui en hâte l'exécution et même par le sentiment moral qui l'inspire, mais que, à l'insu peut-être de Dante, elle est mêlée, comme la société dans laquelle il vivait et comme son propre génie, d'un grand nombre d'éléments étrangers ou contraires à l'orthodoxie, en sorte que l'Église romaine et la critique protestante ou rationaliste n'ont eu ni tout à fait raison ni tout à fait tort quand elles l'ont déclarée non catholique.

VIVIANE.

Expliquez-vous, je vous prie.

DIOTIME.

Par exemple, si nous considérons le lieu et le moment où la *Comédie* se produit, hésiterons-nous à donner au xive siècle italien l'épithète de catholique? Et pourtant, quelle licence effrénée de mœurs et d'opinions dans Florence! quelle incrédulité railleuse dans le peuple, quel dédain de la cour de Rome dans le gouvernement de la République, quelle rébellion incessante aux décrets pontificaux! Au sein des universités, en plein enseignement, quelles infiltrations des idées arabes, quel excès d'enthousiasme pour l'antiquité païenne, quelles témérités de l'astrologie et de l'alchimie, quel matérialisme de la médecine et de l'anatomie qui commence! Parmi les grands et les riches, que d'épicuriens et de libertins, que d'esprits forts, et qu'on était voisin du temps où Boccace, devançant de trois siècles un Lessing et un Voltaire, allait comparer, en les égalant, les trois religions juive, chrétienne et musulmane! Et cet horoscope hardi que Pierre d'Abano tirait de leurs destinées futures, et cet *Évangile Éternel* qui annonçait une troisième révélation supérieure à celle du Christ et qui, du fond de la Calabre, agitait toute l'Italie, ne cachaient-ils pas en germes cette question que nous croyons née dans notre siècle : *Comment les dogmes finissent!* Et ce *Millenium* annoncé qui n'était pas venu! Quel ébranlement de la foi, quel trouble dans les consciences! Et ces vertus héroïques dont Florence était si fière, ces vertus fatalistes, superbes et vindicatives des Farinata, des Cavalcanti qui ne s'humilient pas même dans l'enfer, n'étaient-elles pas formées sur le modèle stoïcien bien plus que sur l'idéal de la sainteté chrétienne? et les grands hommes ne pratiquaient-ils pas l'imitation de Caton, bien plutôt que l'imitation de Jésus-Christ? Il s'en faut, Viviane, que ces temps de foi que pleurent les dévots et qu'ils voudraient ramener, aient été exempts d'incrédulités et de doutes. Dans un vaste horizon catholique, ces siècles, tout comme le nôtre, renfermaient une infinité de choses, d'idées et de personnes qui n'étaient point du tout catholiques. Ne soyons donc pas surpris de retrouver dans le génie de Dante et dans son œuvre les contradictions de son siècle.

ELIE.

Vous venez de nous dire que l'occasion de la *Divine Comédie* avait été catholique. Comment l'entendez-vous ?

DIOTIME.

Cette occasion fut le grand Jubilé célébré à Rome dans la première année du xivᵉ siècle. C'est la date que Dante assigne à sa vision. On ne sait pas avec certitude s'il assista à cette solennité extraordinaire qui vit pendant quelque temps arriver au siége de la catholicité deux cent mille pèlerins par jour, mais cela paraît bien probable ; en tous cas, Villani, qui se trouvait à Rome, dut lui en faire une vive peinture, et plusieurs comparaisons des cantiques qui s'y rapportent montrent que l'imagination du poëte avait reçu du moins le contre-coup de l'exaltation universelle produite par la pompe et la nouveauté d'un tel spectacle. Je ne voudrais pas omettre non plus cette autre occasion, quoique secondaire, dont je vous parlais hier, cette représentation de l'enfer sur le pont *alla Carraia*, qui eut pour dénoûment, le pont s'étant rompu, l'engloutissement d'une foule immense accourue, comme elle y était conviée, « pour apprendre des nouvelles de l'autre monde. » Quant au sentiment moral qui inspire la *Comédie*, il est presque toujours catholique ; c'est la foi dans la purification du péché par la vertu de la confession et de l'expiation volontaire, c'est un humble et amoureux espoir du salut par l'intercession de la Vierge et des saints...

ÉLIE.

Sans doute, j'ai bien entrevu tout cela dans la *Comédie*; mais j'y ai vu d'autres sentiments aussi qui ne me paraissent pas du tout catholiques, l'orgueil qui éclate partout, la passion de la gloire, la colère, la vengeance... une opinion de soi la plus éloignée qui se puisse de l'humilité chrétienne.

DIOTIME.

Je vous disais à l'instant, mon cher Élie, que Dante avait été, avec toute sa génération, en proie à des influences diverses où le paganisme grec et latin avait autant de part que la révélation chrétienne. Bien des éléments opposés entraient comme en fusion dans son tempérament ardent, bien des passions contraires étaient entraînées ensemble dans le généreux essor de son génie. Nous allons voir tout à l'heure comment il introduit, sans scrupule, dans cette donnée légendaire de la vision et dans cette trilogie catholique que lui impose la foi du moyen âge, une foule de personnages, dieux, démons, héros de l'antiquité polythéiste, absolument étrangers à la mythologie chrétienne.

VIVIANE.

Vous disiez que cette donnée de la vision est imposée à Dante?

DIOTIME.

Imposée serait trop dire. Elle était familière aux imaginations, elle s'offrait d'elle-même au poëte.

VIVIANE.

Mais c'était une raison, ce me semble, pour un homme de génie, d'écarter, puisqu'elle était si banale, une forme si ennuyeuse.

DIOTIME.

Vous êtes trop artiste, Viviane, pour ne pas sentir quel avantage c'est pour le poëte de trouver un cadre tout fait, accepté par l'imagination populaire. De tous les poëtes modernes, celui qui a le plus réfléchi sur les lois de l'art, Gœthe, en jugeait ainsi lorsqu'il choisissait pour cadre à une invention entièrement originale quant aux sentiments et aux idées, une vieille pièce de marionnettes qui traînait depuis deux cents ans sur tous les théâtres de la foire. Avant lui Lessing avait eu la même pensée et voulait également faire un drame du docteur Faust. Dante qui sentait s'agiter en lui un esprit tout nouveau, Dante qui avait tout à créer, jusqu'à cette langue hardie, personnelle à ce point qu'on en a pu dire qu'elle était dantesque avant d'être italienne et que certains mots créés par lui n'ont servi qu'à lui seul, Dante était trop heureux de prendre en quelque sorte des mains du peuple cette donnée de la vision, devenue pour nous une convention inanimée comme le songe de la tragédie classique, mais qui alors, dans la vivacité des croyances populaires, avait une réalité sensible.

Faire accepter des formes nouvelles, c'est, pour les poëtes, une tension de l'esprit où s'use beaucoup de la force créatrice qu'ils appliqueraient plus heureusement à la composition intime du sujet. Quel privilége pour les artistes grecs et italiens de sculpter ou peindre des sujets connus de tous! L'émotion était instantanée; l'intérêt pour les personnages, l'adoration pour les divinités représentées, se confondaient avec l'enthousiasme pour le talent qui les figurait aux yeux. Il n'y avait pas d'hésitation; il n'était besoin d'aucune recherche de l'esprit pour admirer la *Minerve* de Phidias ou le *Jugement dernier* de Michel-Ange. Mais voyez ce qui arrive aujourd'hui! Les lettrés seuls comprennent la plupart des sujets traités par les arts. Que sait la foule touchant l'*Orphée* de Delacroix, l'*OEdipe* de M. Ingres, ou la *Mignon* de Scheffer? Et lorsqu'il lui faut lire dans le livret de nos expositions un long argument qui lui explique un sujet d'histoire ou de sainteté qu'elle ignore, comment éprouverait-elle ces frémissements, ces transports, ce « tumulte de joie, » dont je vous rapportais hier un effet si charmant, à propos de la *Madone* de Cimabuë!

VIVIANE.

Je le crois comme vous. L'indifférence du peuple pour la plupart des sujets traités par nos artistes doit être pour beaucoup dans la froideur publique dont ils se plaignent.... Ces visions si populaires, ne nous avez-vous pas dit qu'elles étaient originaires des cloîtres?

DIOTIME.

Elles étaient naturelles à des hommes qui renonçaient à tous les attachements de la vie présente, pour s'absorber dans la contemplation des choses de la vie future, et c'est là, en effet, dans les cloîtres, qu'elles ont pris commencement. Mais, à son tour, le peuple, quand il crut que le monde allait finir, s'inquiéta fort de ce qui l'attendait par delà. Les traditions autorisées par l'Église admettaient des communications surnaturelles entre le ciel et la terre. Quelques textes de saint Pierre, commentés par les Pères des premiers siècles, l'Apocalypse, l'Évangile de Nicodème, la Vision de saint Paul, celle d'Hermas que l'on croyait écrite sous l'inspiration divine, celle que le pape Grégoire VII avait eue et qu'il se plaisait à raconter en chaire, ne laissaient à cet égard aucun doute. Les descriptions de l'autre vie abondaient dans une multitude d'ouvrages qu'on lisait avidement. Les chansons populaires étaient remplies de peintures de l'enfer; la fiction d'un trou, d'un puits par lequel on y descendait, était généralement répandue. Pour satisfaire les curiosités de Clément V, un nécromant y transportait son chapelain. Ces sortes de visions ou de voyages dans l'autre monde n'étonnaient guère plus d'ailleurs que les voyages entrepris par de hardis navigateurs et par des missionnaires dans les contrées inconnues de notre globe, d'où l'on rapportait alors tant de prodiges. C'était le temps des *Mirabilia*.

VIVIANE.

Les *Mirabilia?* Qu'est-ce que cela?

DIOTIME.

C'était le nom de toute une classe de livres consacrés à la description des choses *émerveillables* qui se voyaient aux pays lointains. Il y avait les *Mirabilia* de l'Orient, les *Mirabilia* de l'Irlande, les *Mirabilia* du monde. En ces temps d'ignorance, les récits véridiques ne semblaient pas moins prodigieux que les fictions. L'océan Atlantique et les mers polaires excitaient presque autant de curiosité et d'effroi que les régions infernales. Quand Marco Polo, revenant à Venise après vingt ans d'absence, raconta à ses compatriotes les choses qu'il avait vues sur l'océan Indien, lorsqu'il publia son *Livre des choses merveilleuses*, ce ne fut qu'un cri d'étonnement. La première carte géographique, où un autre Vénitien, Marco Sanuto, avait situé, d'après les cartes arabes, le continent africain au milieu des eaux, causa une indicible surprise. Beaucoup plus tard, dans la légende de Faust, on trouve encore de vives traces de la passion populaire pour ces voyages merveilleux à travers les mers et les airs, dans l'ancien et le nouveau monde. La vie elle-même était alors considérée comme un voyage. Selon le tour métaphorique que l'on prenait dans la lecture habituelle des Livres saints, l'homme, ici-bas, était un pèlerin, un fils égaré dans la vallée des larmes, qui cherchait son chemin pour rentrer dans la maison du Père céleste... Et vous auriez voulu, Viviane, que Dante ne tînt pas compte d'une préoccupation, d'une passion universelle des esprits? qu'il écartât cette forme de la vision et du voyage qui rencontrait dans le peuple une croyance naïve, que l'Église autorisait, et que les esprits les plus cultivés acceptaient sans hésitation? Il eût fallu pour cela qu'il ne fût pas ce qu'il était dans toutes les fibres de son être, un grand, un véritable artiste.

VIVIANE.

J'ai parlé sans réflexion; ce que vous dites est de toute évidence.

DIOTIME.

Nous allons voir de quelle manière notre poëte prend possession de cette donnée banale, comment il la transforme, la fait servir à l'expression de ses sentiments, de ses idées propres, et lui imprime le sceau de son génie.

VIVIANE.

J'écoute de toute mon attention.

DIOTIME.

La composition de la trilogie de Dante, c'est-à-dire la représentation qu'il s'est faite des trois royaumes où s'exerce la justice finale de Dieu, est d'une précision parfaite. L'Enfer, le Purgatoire et le Paradis, avec leurs divisions et leurs subdivisions, sont construits selon la rigueur des lois mathématiques et se suivent dans un ordre savamment combiné, en formant un parallélisme exact, de telle sorte que l'on a pu tracer au compas des cartes topographiques de ces lieux imaginaires, et planter de jalons la route que le voyageur y a parcourue en rêve. J'ai ici la copie de l'une de ces cartes. C'est celle que Philaléthès, le roi Jean de Saxe, a jointe à son excellent commentaire. Jetons-y un coup d'œil. Ma mémoire y trouvera un peu d'aide, et mes explications vous paraîtront moins obscures.

MARCEL.

Quelle invention bizarre, et véritablement de l'autre monde !

DIOTIME.

L'Enfer de Dante a pour origine la chute des anges rebelles. Leur chef, le beau et resplendissant Lucifer, précipité du ciel, tombe la tête la première sur notre planète, qui est, selon l'astronomie du moyen âge, le centre du monde. Il s'y abîme, en creusant un vide qui prend la forme de cône renversé, jusqu'au milieu de l'hémisphère de terre ferme, c'est-à-dire, d'après les géographes du temps, jusqu'aux antipodes de Jérusalem.

ÉLIE.

Ista est Jerusalem; in medio gentium posui eam et in circuitu ejus terram.

DIOTIME.

C'est cela. Mais comment savez-vous si couramment votre Ézéchiel ?

ÉLIE.

Parce que la passion que vous avez pour l'Allighieri, je l'ai, moi, pour les prophètes.

DIOTIME.

Cela n'est pas si différent qu'il semblerait. Le génie de Dante est tout à fait biblique. A chaque pas, dans sa *Comédie*, nous rencontrerons des réminiscences des prophètes, en particulier d'Ézéchiel et de Jérémie. — Lucifer, dont la rayonnante beauté devient laideur horrible, et qui va désormais se nommer Satan ou Dité, demeure éternellement fixé dans un lac de glace qui fait le fond du séjour de la damnation. La terre qui occupait l'espace où s'est creusé l'abîme, est poussée au dehors, vers l'hémisphère austral, que l'on se figurait alors couvert d'eau ; elle y forme, au sein de la mer du Sud, une montagne isolée. Cette montagne, qui correspond exactement, dans son élévation conique, au puits conique de l'enfer, est le séjour de l'expiation et de la purification, le purgatoire. A son sommet est le paradis terrestre, qu'entoure le fleuve Léthé, et au centre duquel s'élève l'arbre de la science du bien et du mal. Au-dessus de ce paradis, dans la lumière éthérée, est le paradis céleste. Il se compose de neuf sphères ou cieux qui ont pour centre la terre, et qui tournent, d'un mouvement épicyclique, de plus en plus rapides et lumineuses, à mesure qu'elles s'éloignent de leur axe. Par delà ces neuf sphères, et les enveloppant toutes, est l'empyrée, qui est la demeure suprême de Dieu. Là il siége, entouré de sa cour séraphique. Là sont assis, sur des milliers de trônes qui figurent les pétales d'une immense rose mystique, les esprits bienheureux, tout rayonnants d'une candeur éblouissante. Tel est l'ordre, telle est la forme générale de la trilogie dantesque.

Suivons maintenant le poëte dans le chemin qu'il se fraye, de cantique en cantique, à travers les épouvantements de l'enfer et les mélancolies du purgatoire, jusqu'à la béatitude céleste.

Un jour, au sortir du sommeil, Dante se trouve égaré, sans qu'il sache comment, au fond d'une vallée déserte, dans une forêt obscure. En en cherchant l'issue, il arrive au pied d'une colline éclairée à son sommet des premiers rayons du soleil levant. Comme il s'apprête à gravir cette riante colline, trois bêtes féroces, une panthère, une louve, un lion, lui barrent le passage. Effrayé, il recule, il va retomber aux ténèbres de la forêt, quand soudain une ombre lui apparaît qui le rassure et l'invite à le suivre. Cette ombre est Virgile. Le chantre de l'*Énéide* annonce à Dante qu'il lui est expressément envoyé pour le tirer de la forêt périlleuse et pour le guider dans les commencements d'un grand voyage aux mondes invisibles. Et comme Dante s'étonne, il s'explique davantage. Trois dames célestes, lui dit-il, ont eu de lui compassion. L'une, il ne la nomme pas; l'autre, il l'appelle Lucie; la troisième est Béatrice. C'est cette dernière qui, avertie par les deux autres du péril où est Dante, descend des hauteurs suprêmes pour venir trouver Virgile dans les limbes de l'enfer où il demeure banni avec Homère et les autres grands poëtes antiques qui n'ont point connu le vrai Dieu. C'est Béatrice qui prie Virgile de voler au secours de Dante et de le conduire aux royaumes douloureux que, par grâce spéciale, il lui sera permis de visiter. A l'entrée du royaume de la béatitude où Virgile n'a point d'accès Béatrice réapparaîtra; et, à sa suite, Dante montera jusqu'au pied du trône de l'Éternel. En entendant le nom de Béatrice, Dante, qui s'était effrayé, qui doutait, « n'étant ni Énée ni Paul, » qu'une faveur extraordinaire lui permît la vue des choses éternelles, s'incline, Et le cœur enhardi, il entre avec Virgile dans un cheun sauvage et profond qui va les conduire jusqu'aux portes de l'enfer.

MARCEL.

Vous expliquez tout cela avec une clarté parfaite; mais dans ce qui vous semble si bien ordonné je ne vois, moi, que confusion. Quel baroque amalgame que ce puits, cette montagne et cette rose blanche! Qu'ont affaire ensemble, je vous prie, Virgile et Béatrice, le Léthé et le paradis terrestre? D'honneur, je ne saurais m'étonner beaucoup que Voltaire ait qualifié toutes ces belles choses de salmigondis!

DIOTIME.

En effet, mon cher Marcel, tout ce mélange de paganisme et de christianisme, de personnages de la Bible et de héros latins, semble bizarre, si nous le considérons avec notre savoir et notre goût modernes. Ces inventions se ressentent de la barbarie du moyen âge et de l'incohérence qu'un ensemble de notions superstitieuses et de connaissances fragmentaires jetaient dans les meilleurs esprits. Fausse astronomie imposée par Ptolémée, confirmée par saint Thomas, et dont l'autorité ne devait rencontrer un premier doute qu'à deux siècles et à trois cents lieues de là, dans le cerveau d'un Copernic, lequel, notez-le bien, a été excommunié par l'Église et frappé d'une sentence de réprobation qui n'a été levée formellement que de nos jours! — Fausse classification des sciences et des arts, dans le *trivium* et le *quadrivium* des écoles. — Fausse cosmogonie, sur la foi d'un Aristote latin altéré par les Arabes, christianisé par Albert le Grand et saint Thomas. — Fausse histoire envahie par la légende, écrite en vue de l'édification bien plus que de la vérité, et qui tourne les événements à la démonstration perpétuelle des justes jugements de Dieu. — Fausse histoire naturelle tirée des *Bestiaires*. — Fausse mathématique qui cherche la quadrature du cercle. — Fausse antiquité où l'on entrevoit à peine Homère, où l'on ne sait de Virgile que ce qu'en donnent des manuscrits et des traductions pleines d'erreurs. — Fausse morale, enfin, à la fois astrologique et théologique, qui croit à l'influence des planètes sur les passions de l'homme, et qui ne repose que sur la crainte servile d'un maître jaloux. Il n'était pas possible que de toutes ces notions fausses sortît spontanément un art pur. Et nous devrions nous étonner, Marcel, non pas de ce que le poëme de Dante renferme beaucoup de ces choses qui blessent le goût de Voltaire, mais de ce qu'on y rencontre en si grand nombre des traits d'une simplicité homérique, des sentiments, des images d'une vérité si vivante, d'une grâce si naturelle, que rien n'a pu, ne pourra jamais en altérer la force et l'inimitable beauté. Et voyez, tout d'abord, dès le début de la *Comédie*, dans cette première scène par qui s'ouvrent les deux chants les plus obscurs peut-être, les plus allégoriques de tout le poëme :

> Nel mezzo del cammin di nostra vita
> Mi ritrovai per una selva oscura
> Che la diritta via era smarrita...

MARCEL.

Ah ! de grâce ! pitié pour les ignorants. Un peu de bon français, pour l'amour de Dieu ; car, mon italien appris, s'il vous en souvient, de notre vetturino sur la route de Sienne à Pérouse, ne saurait me servir beaucoup à l'intelligence des Cantiques.

DIOTIME.

Avec quelque attention, votre latin y pourrait suffire ; mais je ne veux pas vous imposer un tel effort, et je vais risquer de traduire.

ÉLIE.

De quelle traduction vous servez-vous?

DIOTIME.

De toutes et d'aucune ; souvent de la mienne. C'est présomptueux, peut-être ; mais que voulez-vous? En cette circonstance, je dis avec Gœthe : « La passion supplée le génie. » D'ailleurs, je ne saurais quelle version préférer, n'ayant de choix que dans l'insuffisance. Notre vieux français, dans sa vive allure, le français que parle Grangier, se prêtait à la tâche du traducteur qui consiste, comme le dit si bien Rivarol, à « marcher fidèlement et avec grâce sur les pas d'un autre, » mais le français moderne est absolument impropre, il faut bien le dire, à cette pénétration du génie d'une autre langue, sans laquelle toute traduction d'une grande œuvre poétique n'est qu'impertinence et mensonge.

Quand un traducteur français vise à l'exactitude, il devient aussitôt tendu, inintelligible; lorsqu'il cherche l'élégance, il ne garde de l'original ni séve, ni saveur, ni essor, ni vibration, il tombe dans la platitude. Il serait temps que l'on renonçât à la prétention de faire passer dans notre langue sans hardiesse, sans naïveté, sans mystère, ces créations primitives des grandes poésies nationales qui ne sont que hardiesses, naïvetés, mystères.

MARCEL.

Mais à ce compte, vous condamneriez la plupart d'entre nous à ignorer ces cinq ou six grandes œuvres dont tout le monde parle et qu'il semble honteux de ne pas connaître.

DIOTIME.

Je me fais mal comprendre, Marcel. Je voudrais, au contraire, qu'on les connût beaucoup mieux en les lisant dans l'original. A la rigueur, je puis vous accorder que les langues orientales, le sanscrit ou l'hébreu, restent l'objet d'un luxe ou d'une vocation particulière de l'esprit; mais je n'admets guère, je l'avoue, que l'on ne prenne pas la peine, chez nous, d'apprendre l'idiome vivant des quatre nations modernes qui ont exprimé leur génie dans une grande littérature.

MARCEL.

Cela vous plaît à dire; mais, apparemment, cela ne serait pas si aisé;

DIOTIME.

Ce devrait être un jeu pour un Français, qui a étudié pendant tout le cours de son éducation universitaire le grec et le latin, que d'apprendre par surcroît les deux langues sœurs de la sienne, comme elle filles de Rome. Resterait donc l'étude des langues germaniques, l'allemand et l'anglais. Je reconnais qu'il y a là quelque difficulté. Mais, pour peu que l'on réfléchisse sur les conditions nouvelles de la vie européenne, on verra que, indépendamment des joies intellectuelles qui nous attendent dans l'intimité d'un Shakespeare, d'un Milton, d'un Gœthe, les études philosophiques, scientifiques et politiques, les affaires industrielles et commerciales elles-mêmes qui jouent un si grand rôle dans l'existence moderne, ont déjà beaucoup à souffrir et souffriront de plus en plus, chez nous, de notre infériorité dans la connaissance des langues.

ELIE.

J'ai eu dans les mains un livre curieux du xiv° siècle, un traité sur le commerce, dont l'auteur, un certain Baldinucci, abonde dans votre sens. Il recommande aux négociants italiens la connaissance d'une langue orientale, qu'il appelle le *Coman*, et dont il ne reste plus d'autre trace. Il y a cependant un inconvénient réel à cette culture des idiomes étrangers : c'est que, à force de parler et d'écrire en d'autres langues, on parlera et on écrira beaucoup moins bien dans la sienne.

DIOTIME.

Il y aura certainement, lorsqu'on parlera un grand nombre de langues diverses, un effort à faire pour rester fidèle au génie de la sienne propre, et pour éviter la banalité cosmopolite qui déjà envahit le journalisme européen. A mesure que notre domaine intellectuel s'étend, il nous devient moins facile de le posséder et de le fertiliser. Voyez de nos jours l'histoire! Elle embrasse un champ si vaste et si encombré de matériaux, elle exige dans l'écrivain une telle force de contrôle et d'appropriation, la composition, la proportion, l'ordre et la suite y paraissent si impossibles, que les plus excellents artistes, les maîtres en l'art d'écrire, un Thucydide, un Salluste, un Machiavel, un Bossuet, s'y pourraient sentir troublés. Mais un tel état n'est pas pour durer, et l'ordre renaîtra bientôt en toutes choses : un ordre supérieur dans une société qui saura mieux user de ses richesses et au sein de laquelle se produiront de nouveaux génies créateurs. Ceux-là, d'une science plus vaste, feront jaillir une poésie plus vraie et qui des profondeurs mieux pénétrées de la nature et de l'humanité s'élèvera plus haut vers Dieu.

ÉLIE.

Vous croyez qu'un jour un poëte viendra qui pourrait surpasser Homère ou Virgile?

DIOTIME.

Je pense, avec le philosophe allemand, que les destinées de l'art dépendent des destinées générales de l'esprit humain. Comment donc, ayant une persuasion si vive des progrès de la civilisation, douterais-je que d'une société renouvelée doive sortir un jour un art nouveau?

MARCEL.

« O grand poëte qui naîtrez! » vous voilà parlant comme Amaury!

DIOTIME.

On pourrait parler plus mal. — Mais où en étions-nous donc de mon grand poëte et de mon petit commentaire?

MARCEL.

A la première tercine de l'enfer, que je vous priais de me traduire.

DIOTIME.

Au milieu du chemin de notre vie,
Je me trouvai dans une forêt obscure,
Ayant perdu la droite voie.

Quelle simplicité dans ce début, Viviane, quel mouvement rhythmique! Et comme aussitôt l'artiste se déclare dans la manière tout imagée dont il expose l'action! Rien d'abstrait, un chemin, une forêt, un voyageur. Avec quelle franchise Dante entre tout d'abord en scène! Comme cela est personnel et vivant, familier et solennel tout ensemble ! C'est le grand secret d'Homère.

VIVIANE.

Assurément, si l'on voulait bien me laisser prendre les choses comme elles semblent dites. Mais voici les commentateurs qui m'étourdissent, dès ces premiers pas, de leurs sens quadruple et de leurs allégories.

DIOTIME.

L'allégorie est ici presque aussi simple que le sens littéral. La voie droite, le vrai chemin, sont les images familières de la vie chrétienne. « Celui qui me suit ne marche point dans les ténèbres, » dit le Sauveur. Les litanies comparent la Vierge à l'étoile qui guide le voyageur dans ce chemin, dont la moitié est l'âge de trente-cinq ans qu'avait Dante dans l'année 1300 où il suppose avoir commencé son voyage.

MARCEL.

Mais voilà qui est fort arbitraire. Pourquoi prendre trente-cinq ans, plutôt que trente ou quarante, pour le milieu de la vie ?

DIOTIME.

Au temps de l'Allighieri, mon cher Marcel, on avait sur toutes choses des idées dogmatiques. Nourri, comme il l'était, des saintes Écritures, Dante n'ignorait pas les années comptées à l'homme par David et Jérémie : *Dies annorum nostrorum septuaginta anni.* Et déjà, dans son *Convito*, il avait dit que l'âge de trente-cinq ans est le point culminant de la vie pour les hommes bien nés, *ai perfettamente naturati*.

ELIE.

Nos paysans de l'Ouest disent encore *vivre son droit âge*, et ils entendent par là ne pas mourir avant soixante-dix ans.

DIOTIME.

Quant à la forêt sauvage, c'est la forêt des vices et de la barbarie, cela ne peut pas faire question. La société du moyen âge, à peine policée dans les villes et dans les cours, charmée et comme surprise de cette civilisation urbaine, figurait sous l'image de la forêt, du désert, toutes les passions brutales et anarchiques. La cité, au contraire, était prise comme emblème des vertus et des grâces. Urbanité, courtoisie, étaient les attributs par excellence des nobles esprits; les mœurs rustiques étaient en grand dédain à Florence; on y appelait la noblesse nouvelle, que l'on détestait, le parti sauvage. Dans le Purgatoire, la France est qualifiée de *trista selva*; dans le livre *de l'Éloquence*, c'est l'Italie tout entière aux mains des guelfes qui prend ce nom de réprobation.

VIVIANE.

Et cette colline, éclairée des rayons du soleil levant, que Dante veut gravir pour s'arracher aux ténèbres de la forêt, comment la faudra-t-il entendre dans votre interprétation?

DIOTIME.

N'y reconnaissez-vous pas la montagne sainte dont s'approche le prêtre au sacrifice de la messe, la montagne de vie et de *délectation* qui apparaît si souvent dans les livres mystiques? Ne vous rappelez-vous pas cette belle mosaïque du dôme de Sienne où Socrate et Cratès sont représentés gravissant avec effort la *montagne escarpée de la vertu?*

ÉLIE.

Il faut croire que c'est une image bien naturelle à l'esprit humain, car on la trouve partout. Je l'ai vue dans Hésiode, et on l'emploie jusque dans le style le moins mystique des temps les plus modernes. Souvenez-vous de cette ellipse de Mirabeau qui parle de *gravir au bien public*. Évidemment il y sous-entend la *montagne* de Dante.

DIOTIME.

Pour Mirabeau, cette montagne est celle de la vertu civique. Pour tout le moyen âge, elle est l'emblème de la vertu contemplative, et le soleil qui l'éclaire n'est autre que Dieu lui-même, le soleil des intelligences, comme dit l'Ecclésiaste, l'astre de vérité qui éclaire tout homme venant en ce monde.

MARCEL.

Cet astre-là ressemble furieusement au roi soleil de mon cher empereur Julien ; ne trouvez-vous pas ?

DIOTIME.

Je ne dis pas non.

L'alto sol che tu disiri.

Le suprême soleil que tu désires,

dira Virgile parlant à Sordello dans le Purgatoire. Selon Ptolémée, le soleil, qu'il tient pour une planète, est le foyer ardent d'où émanent les clartés prophétiques et l'inspiration des poëtes.

VIVIANE.

Et ces animaux furieux, qui m'ont fait autant de peur qu'à Dante lui-même, cette panthère, ce lion, cette louve, qui le menacent et le font redescendre vers la forêt, trouvez-vous que l'explication en soit si facile ?

DIOTIME.

Ces bêtes féroces, qui ont tant tourmenté les commentateurs, Dante les a prises tout simplement dans Jérémie. Il n'a fait que transcrire. Tenez, voici le passage : *Percussit eos* LEO *de silva;* LUPUS *ad vesperam vastavit ;* PARDUS *vigilans super civitates eorum.*

VIVIANE.

Mais cela ne me dit pas du tout la signification allégorique de ces animaux.

DIOTIME.

N'en déplaise aux commentateurs, je la trouve très-simple. Dans la Bible, qu'il ne faut pas ici perdre de vue, car elle forme avec les Pères de l'Église et Aristote le fond même du savoir à cette époque, la panthère est légère et dissolue. Le lion est un roi terrible, dévorateur des peuples.

ÉLIE.

Saint Paul, qui emprunte à Ézéchiel cette métaphore, rend grâces à Dieu de l'avoir délivré du *lion Néron*.

DIOTIME.

Un autre auteur que Dante lisait beaucoup, Boëce, prend le lion comme emblème de l'orgueil et de l'ambition. Quant à la louve, partout la Bible lui donne l'épithète d'avide, de rapace. Ainsi donc, la panthère, le lion et la louve figurent trois péchés capitaux : la luxure, l'orgueil, l'avarice, qui s'opposent à ce que l'homme en général, ou Dante plus particulièrement ici, s'avance dans la voie du salut. Mais notre poëte nous avertit lui-même que, selon l'usage, son allégorie est susceptible de plusieurs interprétations, et que sa *Comédie* est *polisensa*.

VIVIANE.

Et c'est bien ce qui me décourage. Comment se décider à chercher quatre ou cinq sens différents à un seul vers ?

ÉLIE.

Vous manquez de l'esprit rabbinique, ma chère Viviane. Selon les rabbins, il n'y avait pas moins de soixante et dix sens légitimes pour un seul verset de la Bible.

DIOTIME.

Et les docteurs chrétiens étaient entrés à l'envi dans cette voie, ouverte par les Juifs, de l'interprétation mystique, anagogique, tropologique, que sais-je encore ? Et les commentateurs de Dante ne font rien que de conforme à l'esprit du temps en voyant dans la forêt l'emblème des calamités politiques de l'Italie; dans la panthère, cruelle et pleine de grâce, au pelage tacheté, à laquelle les rimeurs comparaient souvent les belles femmes, la démocratie des Noirs et des Blancs, ces Florentins inquiets et injustes qui semblaient nés, comme Thucydide le dit du peuple d'Athènes, « pour ne jamais connaître le repos et pour le ravir aux autres. »

Le lion, selon cette interprétation historique, c'est l'emblème des rois de France, et en particulier celui de l'ambitieux Charles de Valois qui entre à Florence, dans cette première année du siècle, furieux et dévastateur, et qui en chasse tous les amis de Dante.

VIVIANE.

Et la louve ?

DIOTIME.

La louve, qui « paraît, dans sa maigreur, toute chargée de convoitises, » qui, « s'étant repue, a plus faim qu'auparavant, » c'est l'Église romaine, insatiable de richesses, de qui le Méphistophélès de Gœthe dira un jour que « elle a l'estomac assez vaste pour dévorer des provinces et pour se repaître du bien mal acquis sans qu'il lui cause jamais d'indigestion. » La louve, chez les Latins, synonyme de prostituée, s'applique également à cette épouse adultère de Jésus-Christ, accusée par notre poète et par tant d'autres de s'unir à tous les princes étrangers. Partout dans la *Comédie*, les guelfes, qui servaient les intérêts temporels de l'Église, sont appelés loups et louveteaux, *lupi, lupicini*. Vous voyez donc bien, Viviane, que le sens historique n'est pas ici plus difficile à saisir que le sens moral.

VIVIANE.

Me voilà presque réconciliée avec ces terribles animaux. Mais le lévrier, je vous prie, ce *Veltro* qui doit, à ce que dit Virgile, chasser la louve en enfer, et qui sera le salut de l'Italie, qui est-il ?

DIOTIME.

Les ennemis de la louve, les chiens, c'étaient au temps de Dante les gibelins, les *Mastini*, les *Cane della Scala*, etc. A mon avis, ce lévrier, ce grand chien libérateur, n'est autre que *Can Francesco*, seigneur de Vérone, le puissant gibelin sous l'invocation de qui notre poëte a mis sa troisième cantique; d'autres voient dans le lévrier Uguccione della Faggiola; d'autres encore l'empereur Henri VII. Au commencement de ce siècle, Troia a publié tout un gros volume sur le *Veltro allegorico*. De nos jours, de naïfs adorateurs de Dante, voulant à toute force faire de lui un prophète au sens le plus strict du mot, ont appliqué l'allégorie du lévrier sauveur, les uns à l'empereur des Français, Napoléon III, pendant la campagne de 1859 (avant Villafranca, comme bien vous pensez), les autres, à Victor-Emmanuel roi d'Italie. Cette prédiction du lévrier, j'en conviens, est, comme toutes les prédictions, extrêmement vague; mais bien qu'elle intéresse vivement les imaginations italiennes, elle n'est pour nous qu'un accessoire, un détail, une curiosité qui se peut négliger dans une exposition générale du poëme.

MARCEL.

En admettant et en expliquant, comme vous le faites si bien, toutes ces allégories chrétiennes de la voie droite, de la forêt des vices, de la montagne de contemplation, du soleil spirituel, de la panthère, du lion et de la louve, que ferons-nous, je vous prie, dans cet ensemble mystique, de ce grand païen Virgile?

DIOTIME.

Le Virgile du xiiie siècle, ne l'oublions pas, ne ressemble guère à notre Virgile du xixe. Une auréole de sagesse, presque de sainteté, entoure son front. On lui attribue la chasteté parfaite, et l'on tire son nom de sa virginité. On fait de lui une sorte de médiateur entre le monde païen et le monde chrétien, entre la raison et la foi. En ce siècle, l'*Énéide* compte tout autant de lecteurs et d'aussi pieux que l'Ancien Testament. On lui fait l'honneur de l'interprétation allégorique et mystique, tout comme à la Bible.

VIVIANE.

Mais cela ne se comprend pas.

DIOTIME.

L'enthousiasme qu'inspirait le beau et lumineux génie de l'antiquité à une génération encore tout *enténébrée* (passez-moi cette expression dantesque), élève à l'égal, au-dessus des plus grandes gloires du christianisme, Aristote, Platon, Virgile. L'Église, qui avait vu d'abord d'un œil jaloux une telle exaltation du paganisme, avait fini, ne l'osant trop combattre, par s'en accommoder. Elle qui devait, plus tard, en haine de l'antiquité, proscrire jusqu'au mot *Académie*, elle admettait avec saint Jérôme, saint Augustin, saint Ambroise, saint Justin, saint Clément d'Alexandrie, qu'un souffle précurseur de la révélation dans le monde ancien avait ému les âmes vertueuses. Un cardinal osait dire qu'il eût manqué quelque chose à la perfection du dogme si Aristote n'avait point écrit. L'Église adoptait l'application des vers de la quatrième églogue à la venue du Messie et la supposition que le poète Stace avait été converti à la foi chrétienne par ces vers mystérieux. Elle laissait s'accréditer une légende selon laquelle saint Paul aurait visité, à Naples, le tombeau de Virgile; elle souffrait qu'à Mantoue, le jour de la fête du saint, on chantât, pendant la messe, une hymne où l'apôtre du Christ pleurait de regret de n'avoir pas connu le chantre d'Auguste. Ce que je vous dis là est de toute exactitude. Un de mes amis qui était à Mantoue, il n'y a pas très-longtemps, m'a dit avoir encore entendu cet hymne à l'office de saint Paul. Quant au populaire, il n'avait pas manqué, non plus, de se faire un Virgile à sa mode. Par le même procédé qui lui fait changer les divinités de la mythologie païenne en fées et en démons, il habille Virgile en magicien; il en fait un nécromant, un *miraculier*, comme on disait alors. L'auteur de l'*Énéide* fait ses études à Tolède, ce foyer de magie; il bâtit pour l'empereur Auguste un vaste édifice qu'il nomme *Salvatio Romæ*. Il plante des jardins enchantés où règne un printemps éternel. Il s'en va vers Babylone où il épouse la fille du Sultan; il revient avec elle à Naples sur un pont qu'il jette à travers les airs. Il fabrique une mouche d'airain et une sangsue d'or qui délivrent la ville de grands fléaux; il creuse, à la requête de l'empereur, dans les flancs du Pausilippe, une grotte immense. On le voit paraître à la cour du roi Artus. Et ces légendes populaires n'étaient pas absolument rejetées des esprits sérieux. Villani semble croire que Virgile exerçait la magie; Boccace ne doute pas qu'il n'ait été un grand astrologue; un peu plus tard, Pétrarque se plaindra que le pape le tient pour sorcier, « parce qu'il lit Virgile! » Cependant, au récit de ses prodiges et de ses bienfaits se mêlent des anecdotes moins favorables, inventées peut-être dans les cloîtres, pour discréditer la sagesse antique. On suppose Virgile, comme on a imaginé Aristote, oubliant la sagesse aux pieds d'une courtisane, et celle-ci, en grande malice et dérision, le suspendant tout au haut d'une tour, dans un panier, où, un jour de procession publique, toute la ville de Rome le voit et le raille.

ÉLIE.

Que dirons-nous du bonhomme Virgile
Que tu pendis, si vray que l'Évangile,
Dans ta corbeille jadis en ta fenestre
Dont tant marry fut qu'estoit possible estre.

C'est le motif d'une des plus jolies gravures de Lucas de Leyde.

VIVIANE.

Est-ce que vous l'avez dans votre collection?

ÉLIE.

Non. Je l'ai vue dans l'*Histoire des Peintres*, de Charles Blanc.

DIOTIME.

Lucas de Leyde paraît s'être préoccupé beaucoup de nos deux poëtes, car il a fait une autre composition qui représentait Dante au moment fatal où il apprend la mort de Henri VII.

VIVIANE.

Cette composition est-elle aussi dans l'*Histoire des Peintres* ?

DIOTIME.

Je ne l'ai vue nulle part, et je ne sais si elle existe encore. En dépit de ces récits malveillants et sarcastiques, le peuple, qui aime assez que les grands hommes soient amoureux et qui ne se laisse pas troubler par le ridicule, continuait, avec les érudits, d'adorer Virgile. Vous voyez, Viviane, par quelle heureuse concordance notre poëte trouve dans toutes les imaginations un Virgile en quelque sorte national, transformé à la fois par les docteurs de l'Église et par le génie populaire, et qui entrait sans difficulté dans une fiction catholique. J'ajoute que, dans la *Comédie,* Virgile subit une autre transformation encore, et qu'il y devient, non pas tant un prophète, un précurseur de Jésus-Christ, qu'un précurseur de Dante lui-même.

VIVIANE.

En quelle manière?

DIOTIME.

Je vous disais que la *Comédie*, si vaste en son dessein, est une œuvre très-personnelle, une sorte d'histoire intime de la conversion de Dante, le voyage, le progrès, nous dirions aujourd'hui l'évolution de son âme, des ténèbres à la lumière, de la vie mondaine à la vie en Dieu. Eh bien, dans ce voyage dont le dernier terme est la céleste Rome où Béatrice promet à Dante, que, avec elle, il sera citoyen dans l'éternité.

> E sarai meco senza fine cive
> Di quella Roma onde Cristo è Romano

Virgile ne joue qu'un rôle secondaire. Malgré la déférence avec laquelle Dante lui adresse la parole, ne l'appelant jamais que son maître et son seigneur, bien qu'il le consulte et lui obéisse en toutes choses, Virgile n'a d'autre mission néanmoins que de le conduire à travers les régions inférieures où Béatrice ne saurait descendre. Du moment que l'on touche aux régions de la pure lumière, à l'entrée du paradis terrestre, Virgile s'en retourne aux limbes d'où il est venu. Une autre *plus digne*, c'est lui-même qui parle, va mener Dante là où le plus grand des païens ne saurait être admis, au pied du trône de l'Éternel. Et, ce qui semble bien étrange, dès que Béatrice se montre, Virgile disparaît soudain, sans que Dante s'en aperçoive, sans qu'il lui dise une parole d'adieu; et Béatrice ne souffre même pas qu'il donne un regret, une larme, à ce guide si cher.

Dante, perchè Virgilio se ne vada
Non piangere anco; non piangere ancora,
Che pianger ti convien per altra spada.

Et, sur cette parole presque dédaigneuse, sur cette défense de le pleurer, nous quittons le chantre de l'*Énéide*. Dante ne fait pas plus de façons pour congédier le poëte magicien qui vient de traverser avec lui les flammes de l'enfer, que n'en fera Gœthe pour congédier le démon Méphistophélès, lorsque l'âme de Faust, après avoir traversé toutes les misères de la vie humaine, entre dans l'immortalité. Cette analogie m'a beaucoup fait songer. Mais nous y reviendrons. J'ai encore à vous rendre attentifs à la remarque d'un grand critique, qui concorde avec ce que je vous disais de la subordination de Virgile à Dante. Fauriel observe que, sans avoir égard aux champs Élysées ni à l'enfer, tels que Virgile les a décrits dans son *Énéide*, Dante place celui-ci dans les limbes, et, par deux fois, le fait descendre dans l'enfer catholique : une première fois, pour y assister à la venue triomphale de Jésus-Christ, une seconde fois sans aucun autre but que celui d'y conduire notre poëte. Si vous voulez bien tenir compte aussi de l'opinion de Rossetti, qui attribue le choix que fait Dante de Virgile à l'importance qu'avait au point de vue personnel de l'auteur du *de Monarchia* le chantre de l'empire romain, et si vous considérez que Dante fait parler et penser ce grand Latin en Italien du XIIIe siècle, qu'il lui prête ses propres pensées avec la connaissance des choses de son temps, vous ne mettrez plus guère en doute ce qui vous a tant surpris d'abord, ce que Fauriel appelle la *négation audacieuse* de Virgile, c'est-à-dire cette transformation dantesque que subit, dans la *Comédie*, le Virgile déjà transformé à trois reprises différentes par les érudits, par l'Église, et par le peuple du moyen âge.

MARCEL.

Et transformé en ce moment, pour la cinquième fois, par le poëte Diotime!...

VIVIANE.

Mais, avec tout cela, je ne me vois pas dispensée de tenir ce Virgile pour une allégorie. Je n'y aurais, quant à lui, qu'une demi-répugnance, et je consentirais encore à le prendre pour la raison naturelle ou pour la sagesse profane, comme le veulent les commentateurs; mais, si je leur fais cette concession, ils ne me tiendront pas quitte; me voici condamnée à ne plus voir dans cette belle et touchante Béatrice, que la froide, l'insensible, l'ennuyeuse théologie.

DIOTIME.

Ne vous tourmentez pas, Viviane; et, comme nous le disions en commençant, prenez-en tout à votre aise avec les allégories. Il n'y a d'indispensables et aussi d'évidentes que les premières : celles de la voie droite, de la forêt, de la colline et des animaux sauvages. Le sens allégorique dans la figure de Virgile est déjà moins nécessaire et aussi moins certain; arrivés à Béatrice, nous pourrons le négliger presque entièrement. Bien que la description de son apparition, et ce que disent d'elle les bienheureux, ne puisse pas s'entendre au sens réel et ne s'applique qu'à la science des choses divines, la femme que le poëte a aimée garde dans son poëme une vie, une grâce, un charme ineffables, et qui permettent heureusement d'oublier qu'elle figure la théologie. Le vieux Fauriel, tout épris de Béatrice, s'emporte, en cette occasion, contre les commentateurs, et les traite de stupides. Sans entrer en colère, comme il le fait au sujet de cette Béatrice abstraite, nous l'oublierons souvent pour nous attacher de préférence à cette douce enfant dont la vue causait à Dante des « palpitations terribles, » à cette Florentine sitôt ravie par la mort, à cette Béatrice Portinari, dont la vie ne fut en quelque sorte qu'un éclair de beauté, mais tel qu'il alluma au plus profond d'un cœur de poëte et de héros un foyer inextinguible d'amour. Lorsque nous en serons à sa venue au paradis terrestre, vous verrez que la peinture du char sur lequel elle descend du ciel, ne peut s'appliquer qu'à une idée symbolisée. Mais nous n'en sommes pas là. Pour le moment, nous arrivons, avec Virgile et Dante, aux portes de l'enfer, où nous lisons l'inscription tragique :

Per me si va nella città dolente.

Par moi l'on va dans la cité dolente.
Par moi l'on va dans l'éternelle douleur.
Par moi l'on va chez la race perdue.
La justice fut le mobile de mon grand Facteur;

Me firent la divine puissance,
La suprême sagesse et le premier amour.
Avant moi il n'y eut point de choses créées,
Sinon éternelles ; et éternellement je dure :
Laissez toute espérance, vous qui entrez.

VIVIANE.

Cette inscription est vraiment sinistre.

MARCEL.

Mais quelle idée bizarre a eue Dante d'inscrire le mot amour sur les portes de l'enfer ! Que la puissance divine ait créé des tortures sans fin pour la pauvre créature d'un jour, admettons-le ; la sagesse et la justice..., passe encore, quoique cela devienne assez peu compréhensible ; mais l'amour!... convenez que c'est là une licence poétique par trop forte.

DIOTIME.

Dante fait comme vous, Marcel ; trouvant difficulté au sens de ces paroles, il s'adresse à Virgile pour qu'on les lui explique. Mais Virgile n'éprouve pas à cet égard l'embarras que j'aurais aujourd'hui. Le chantre d'Énée répond selon saint Thomas. L'enfer créé, comme nous l'avons vu, à la chute des anges, est l'œuvre du Dieu en trois personnes, de ce Dieu qui est amour autant que sagesse et puissance. Le Saint-Esprit, l'amour du père pour le fils, qui gouverne et vivifie la création tout entière, l'enfer y compris, ne pouvait être écarté ni par la théologie, ni conséquemment par le poëte théologien Allighieri, au seuil de son poëme sacré. Quoi qu'il en soit, Virgile et Dante franchissent la porte fatale. Ils arrivent sur les bords de l'Achéron, où le vieux nocher Caron passe dans sa barque les âmes damnées. L'Achéron traversé, ils entrent au premier cercle de l'enfer, où sont les limbes. C'est de là que Virgile est venu vers Dante. C'est là qu'ils rencontrent la belle compagnie des poëtes de l'antiquité, Horace, Ovide, Lucain, à la tête desquels s'avance, l'épée à la main, le chantre de l'*Iliade*.

MARCEL.

Ne nous disiez-vous pas tout à l'heure, et je le croyais aussi, qu'au temps de Dante on connaissait à peine Homère?

DIOTIME.

Dans le midi de l'Italie, l'étude des lettres grecques n'avait jamais été abandonnée. Mais, dans le nord, en Lombardie, et même en Toscane, on ne s'en occupait guère. Avant Pétrarque il n'est jamais question de textes grecs, et Dante ne cite rien que sur les versions latines; je doute fort qu'Homère ait été pour lui plus qu'un grand nom, un nom presque symbolique, le nom d'un *clerc* merveilleux, tel à peu près qu'il figure dans notre *Roman de Troie*.

ÉLIE.

L'Homère grec, en effet, ne fut révélé à l'Italie qu'après la mort de Dante. Ce fut un moine de Saint-Basile, envoyé par l'empereur Andronic, en 1339, si je ne me trompe, qui l'apporta et le fit connaître à Pétrarque. La première édition de l'*Iliade*, publiée à Florence par le Grec Chalcondyle, est de l'année 1488, par conséquent près de deux siècles après que l'Allighieri avait cessé d'exister.

DIOTIME.

Dante reçoit d'Homère et de ses illustres compagnons, dans les limbes, un accueil plein d'honneur. On le salue poëte. Il est admis, lui sixième, nous dit-il avec cette simplicité fière qui est un attribut de son génie, à ces nobles entretiens, et Virgile sourit à son triomphe. On entre dans un lieu ouvert, lumineux et haut, où Dante voit passer des personnages à l'air majestueux. Ce sont les ombres des grands guerriers et des sages hellènes, troyens et latins, les ombres de ces Arabes fameux de qui l'on apprenait les sciences dangereuses : Hector, Énée, l'ancien Brutus, César « armé de ses yeux de proie, » Aristote « le maître de ceux qui savent, » Socrate, Platon, Euclide, Ptolémée, Hippocrate, Avicenne, Averroës; avec eux des femmes héroïques dans la cité, dans la famille, dans l'État, amazones, reines, filles, épouses, amantes illustres : Penthésilée, Lucrèce, Cornélie; puis, seul, à l'écart, Saladin, le loyal et généreux sultan de Babylone : toute une école de vertus guerrières, civiles et politiques, réunies par le grand sens moral de Dante et par la tolérance naturelle à l'Église romaine avant qu'elle eût ouï gronder le rigorisme farouche des Savonarole et des Calvin. La peinture de ces limbes au quatrième chant de la première cantique est, selon moi, un des morceux les plus captivants de la *Comédie*. Cette lumière éthérée qui éclaire de vertes prairies tout émaillées de fleurs et qu'arrose une rivière limpide ; ces nobles ombres au regard lent et grave, de grande autorité dans leur aspect, qui ne paraissent ni joyeuses ni tristes, dont la parole est rare et la voix mélodieuse ; la suavité, la fraîcheur de cette atmosphère de paix que l'on respire un moment avant d'entrer au tumulte ténébreux des cris de l'abîme, tout cet ensemble d'une harmonie sereine et tempérée produit un effet de contraste que je n'ai vu surpassé ni peut-être même égalé dans aucun art. Écoutez la musique enchanteresse de quelques-unes de ces tercines :

>   Genti v' eran con occhi tardi e gravi,
> Di grande autorità ne' lor sembianti :
> Parlavan rado con voci soavi.
>   Traemmoci così dall' un de' canti
> In luogo aperto, luminoso, e alto,
> Sì che veder si potean tutti quanti
>   Colà diritto sopra 'l verde smalto.
> Mi fur mostrati gli spiriti magni,
> Che di vederli in me stesso m' esalto.

VIVIANE.

C'est un bien grand charme que d'entendre les modulations si douces de votre voix virile, et je ne sais quelle vibration qui semble venir de votre âme à vos lèvres, quand vous dites ces beaux vers dans cette belle langue toscane.

DIOTIME.

Sortis des limbes, Dante et Virgile descendent au second cercle où ils se trouvent en présence de Minos, juge des crimes et distributeur des châtiments. Mais regardez encore une fois la disposition de ces cercles infernaux, Viviane; voyez, ils vont toujours se rétrécissant. Des supplices de plus en plus horribles, selon une loi du talion assez rigoureusement observée et selon des catégories conformes en général à la doctrine de l'Église, mais avec des particularités propres à Dante, et bien des ressouvenirs de l'*Éthique* d'Aristote, y punissent des âmes de plus en plus réprouvées. A chaque cercle préside un démon. Les sept péchés capitaux, la luxure, la gourmandise, l'avarice, la colère, l'orgueil, l'envie, la paresse, et tous leurs dérivés et tous leurs contraires vont nous faire descendre de spirale en spirale jusqu'au neuvième et dernier cercle où Dante a châtié le crime le plus exécrable à ses yeux, le plus opposé à sa nature magnanime, la trahison. A mesure que l'on descend, la fumée, les brouillards, les vapeurs des lacs fétides et des fleuves de sang obscurcissent davantage l'air plus épais. Le tourbillon du premier cercle, où sont emportées les âmes qui ont failli par amour, celles que l'Église appelle luxurieuses, et parmi lesquelles Dante voit passer rapides, éperdues, Sémiramis, Cléopâtre, Hélène, et cette Francesca, sœur de Juliette, qui l'émeut d'une compassion si vive qu'à l'entendre gémir il tombe évanoui, ce tourbillon où notre poëte met ensemble le grand Achille et Pâris avec Tristan, le preux des *chansons de geste*, est trop connu pour nous y arrêter. Lorsqu'il sort de sa défaillance, Dante est entouré de nouveaux tourments et de nouveaux tourmentés.

> Nuovi tormenti e nuovi tormentati
> Mi veggio intorno.

Nous sommes avec lui au troisième cercle où tombe sur les pécheurs par gourmandise une pluie froide et lourde, mêlée de grêle et de neige. Notre poëte y est reconnu par un Florentin que ses compatriotes avaient surnommé Ciacco, pourceau, à cause de sa gloutonnerie. C'était un parasite de la maison Donati, *uomo ghiotissimo quanto alcun fosse giammai*, mais agréable, *pieno di belli e piacevoli motti*, dit Boccace, et de qui il raconte, dans une de ses plus gaies nouvelles, un tour fort plaisant. C'est dans la bouche de ce Ciacco que notre poëte met une première satire de ses concitoyens à laquelle il reviendra. C'est là qu'il est question pour la première fois aussi de ce *parti sauvage*, dont nous parlions tout à l'heure, et qui a pour chef Vieri de' Cerchi, venu avec avec les siens des forêts du val de Sieve. C'est ce Ciacco qui, répondant aux questions de Dante sur sa patrie, lui dit que la superbe, l'envie, l'avarice (nos trois bêtes féroces du commencement), y règnent, et que Florence ne compte que deux hommes justes.

MARCEL.

Deux justes! moins qu'à Sodome! Oh! quel peuple de Dieu!

DIOTIME.

Et ils n'y sont pas compris, ajoute le satirique Ciacco,

Giusti son due, ma non vi sono intesi.

Plusieurs croient que, parlant de ces deux justes, Dante entend Guido Cavalcanti et s'entend lui-même. Cela semble vraisemblable, car, plus loin, Dante va faire encore une allusion à sa propre gloire, à propos de Cavalcanti, lorsqu'il dira que celui-ci a ravi l'honneur des lettres à un autre Guido (Guido Guinicelli), mais qu'un troisième est né qui, peut-être, les éclipsera tous deux.

MARCEL.

Décidément, il n'est pas modeste, votre Dante.

DIOTIME.

Il n'est pas modeste, Marcel, selon qu'il nous est recommandé de l'être dans les rapports extérieurs de cette vie tout artificielle que nous nous sommes faite aujourd'hui; il l'est selon l'instinct naturel des hommes bien nés. Il est surtout équitable, hiérarchique, comme le sont généralement les grands esprits. Il s'incline devant Virgile qu'il reconnaît son maître; il lui parle « d'un front rougissant; » il confesse qu'il tient de lui « ce beau style qui lui a fait honneur, avec l'art de chanter les hommes et les dieux. » Malgré le grand privilége qui lui permet de visiter les royaumes inconnus aux mortels, il n'y marche qu'avec révérence, à la suite de Virgile et des autres ombres. Dante est humble envers Béatrice, par qui il se laisse reprendre et lancer comme un enfant. Il s'assigne à lui-même, sans présomption, mais sans fausse pudeur, la place qui lui revient dans l'ordre spirituel, absolument comme Gœthe lorsque, parlant de je ne sais plus quels écrivains en vogue de son temps, il disait : « Je suis au-dessus d'eux de toute la distance qui met au-dessus de moi Shakespeare. »

ÉLIE.

Si Dante a pris ce beau sentiment de la hiérarchie morale à la démocratie florentine, il faut croire qu'elle ne ressemblait guère à la démocratie française, qui ne sait ce que c'est que respect et tradition ; qui souffre de toute supériorité ; qui ne veut rien recevoir et ne sait rien transmettre ; où chacun enfin n'est occupé qu'à rabaisser autrui et à se hisser soi-même, de telle sorte que le niveau égalitaire repose bien d'aplomb sur la tête du plus triste sot et sur le front d'un homme de génie ! Car c'est là, vous n'en disconviendrez pas, l'idéal démocratique de vos républicains prétendus et parvenus !

VIVIANE.

Que voilà bien le gentilhomme breton !

ÉLIE.

Le gentilhomme breton, étant de sa nature indépendant, désintéressé, prêt à donner sa vie pour ce qu'il croit juste, pourrait bien, ma chère Viviane, être de trempe plus républicaine que tel de vos républicains envieux, qui trouvent plus commode de tirer en bas la grandeur que de gravir (je parle comme votre cher Mirabeau) à la vertu et au bien public.

DIOTIME.

La démocratie florentine ne valait peut-être pas beaucoup mieux que la nôtre, Élie. Elle était entachée, elle aussi, de ces deux vices funestes, l'ingratitude et l'envie. Mais elle avait beaucoup d'esprit avec beaucoup d'enthousiasme. — Je reprends. Dans le quatrième cercle où règne Plutus, le démon de l'avarice que Virgile apostrophe en l'appelant « loup maudit, » les prodigues et les avares, chargés de poids énormes, courent l'un sur l'autre et se frappent mutuellement. Là sont en très-grand nombre des papes, des cardinaux, des clercs, des tonsurés de tous grades, qui, selon la dédaigneuse expression de Dante, se sont laissé tromper par « la courte moquerie des biens de la fortune. »

> La corta buffa
> De' ben, che son commessi alla Fortuna.

Un peu plus bas, le Styx forme un marais stagnant que Dante traverse dans la barque de Phlégias, et où l'on voit, plongées sous les eaux fangeuses, les âmes des hommes colères et violents. Là, notre poëte est accosté par ce Florentin bizarre,

> Lo fiorentino spirito bizzarro,

par ce dédaigneux et irascible Filippo, « di molto

spesa et di poca virtute, » que ses concitoyens surnommaient *argentieri*, parce qu'il passait, comme un peu plus tard chez nous Jacques Cœur, cet autre *argentier*, pour faire mettre, par grande bravade, à tous les chevaux de son écurie des fers d'argent. Filippo, de ses bras fangeux, embrasse Dante et s'écrie : « Bénie soit celle qui l'a porté dans ses flancs ! *Benedetta colei che in te s'incinse !* »

MARCEL.

Toujours la même modestie !

DIOTIME.

Le sixième cercle et les trois inférieurs où sont punis les superbes, c'est-à-dire les mécréants, les hérésiarques, les impies, est appelé par le poëte la cité de Dité.

VIVIANE.

Qu'est-ce que ce nom de Dité ?

DIOTIME.

Il vient probablement du *Dis* des Latins qui était le Jupiter infernal. Dans cette cité qu'entourent les eaux du Styx, s'aggravent les tourments et commencent les flammes. Les trois furies, voulant en interdire l'entrée à Dante et à son guide, les menacent de la tête de la Gorgone, mais un envoyé du ciel vient à leur secours. La porte de Dité leur est ouverte. Une vaste et lugubre plaine s'offre alors aux yeux de Dante. Elle est parsemée de sépulcres entourés de flammes ardentes. Dans ces sépulcres sont couchés les hérésiarques, les partisans d'Épicure, « qui font mourir l'âme avec le corps, » dit Virgile à Dante :

> Che l' anima col corpo morta fanno.

Là est l'empereur Frédéric II, ce grand lettré, excommunié par l'Église, de qui un écrivain presque contemporain disait naïvement : *Seppe latino, greco, saracinesco; fu largo, savio, lussurioso, soddomita, epicureo.* C'est là que nous allons entendre ce dialogue sublime entre Dante et le grand gibelin Farinata degl' Uberti, interrompu par Cavalcante Cavalcanti, et, selon mon opinion, un des plus beaux morceaux et des plus vraiment dantesques de toute la *Comédie*. Voulez-vous que je vous le dise ?

VIVIANE.

Assurément.

DIOTIME.

Pour voir ce phénomène étrange, un homme vivant dans l'enfer, Farinata s'est dressé dans son sépulcre :

> O Toscan qui, par la cité du feu,
> Vivant, t'en vas, ainsi parlant discrètement,
> Qu'il te plaise t'arrêter dans ce lieu.
> Ton langage te déclare manifestement
> Citoyen de cette noble patrie
> A laquelle, peut-être, je fus trop rigoureux.

Il faut savoir qu'après une bataille gagnée sur les guelfes, Farinata exerça dans Florence des représailles cruelles.) Ainsi parle le gibelin à Dante qui s'effraye et se serre contre son guide. Mais Virgile le pousse des deux mains vers la tombe où Farinata se tient, le front et la poitrine haute, « comme s'il avait l'enfer en grand dédain. »

Com' avesse lo 'nferno in gran dispitto.

Après qu'il a jeté sur notre poëte un regard hautain : « Qui furent tes ancêtres ? » lui dit-il. A peine quelques paroles sont échangées entre les deux Toscans que, d'une tombe voisine, une ombre qui semble s'être levée sur ses genoux, surgit. Elle regarde tout autour d'elle, comme pour s'assurer si personne n'est avec Dante, et le voyant seul : « Si, dans ce sombre cachot, tu viens par la puissance de ton génie, dit-elle en pleurant, mon fils où est-il? et pourquoi n'est-il pas avec toi? » Cette ombre inquiète, qui garde dans l'enfer la sollicitude et les illusions de l'amour paternel, et qui ne connait pas à son fils de supérieur en génie, c'est Cavalcante Cavalcanti, le père de Guido. Je ne viens pas ici de moi-même, lui répond l'Allighieri, qui le reconnait aussitôt à son langage et à la nature de son supplice. J'y suis conduit par celui qui attend là (montrant Virgile), et que votre Guido eut peut-être à dédain. (Dante ici semble faire un reproche à son ami Guido d'avoir négligé l'étude des poëtes classiques.) « Comment dis-tu, s'écrie Cavalcanti en se dressant tout droit dans sa tombe : *il eut?*... Aurait-il donc cessé de vivre?

Ses yeux ne verraient-ils plus la douce lumière ? » — Et comme Dante tarde à répondre,

Il retombe en arrière et ne reparait plus.

Supin ricadde, e più non parve fuora.

ELIE.

Il me semble que Dante a, plus qu'aucun autre poëte, de ces ellipses hardies de la pensée. Quand Francesca, par exemple, dit ce mot si simple :

Et ce jour-là nous ne lûmes pas davantage,

on se sent frissonner de la tête aux pieds. La passion terrible, le meurtre, la colère divine, le châtiment éternel, tout est là, dans ce livre qui tombe à terre, et dont on ne lit pas davantage.

DIOTIME.

Après cette interruption tragique, le dialogue avec Farinata reprend. *Cet autre magnanime,* « quell' altro magnanimo, » c'est ainsi que le désigne Dante (ailleurs il appellera Florence, *mère des magnanimes*), sans changer de visage, sans se mouvoir, s'informe de sa ville natale et du *doux monde des vivants.* Il voudrait savoir pourquoi le peuple florentin se montre si cruel envers les siens dans toutes ses lois. Il explique à Dante qui, à son tour, l'interroge, comment il se fait que les damnés qu'il a rencontrés lui ont prophétisé les temps futurs, mais paraissent, comme Cavalcanti, ignorer le temps présent. Dante charge Farinata de dire au père de Guido que celui-ci existe encore. Puis, rappelé par Virgile, ils descendent ensemble au septième cercle, où sont punis d'autres catégories de pécheurs par violence d'âme.

Je me suis arrêtée à cet épisode, parce que rien dans la *Comédie* ne me paraît plus caractéristique du génie de Dante, à la fois si tendre et si fier. Cet orgueil paternel du vieux Cavalcanti, sa désolation à la pensée que son fils ne jouit plus de la douce lumière du jour, aussi chère aux Florentins qu'aux héros d'Homère, l'amour que gardent pour leurs proches, leurs amis, leur patrie, ces héros désintéressés d'eux-mêmes, insensibles à leurs propres tourments, et cette admirable mise en scène, comme nous dirions aujourd'hui, ces tombes ardentes d'où sortent des gémissements, que cela est tragique et grand ! Enfin la facilité avec laquelle notre poëte admet que ces *magnanimes*, ces héros de la vie civile, sont en enfer, est un trait qui marque le temps et ce singulier état des esprits, soumis aux décisions de l'Église touchant le dogme, mais d'une manière extérieure, en quelque sorte, et qui n'atteignait point, au fond, le sentiment moral. L'enfer de Dante est tout rempli de ces contradictions; le rigorisme du théologien s'y allie à l'humanité, à la tendresse, au respect, à l'admiration de l'homme pour ces grands réprouvés qu'il est contraint de damner avec l'Église. Et ce n'est pas là un des moindres attraits de cette mystérieuse *Comédie*, où nous voyons en conflit la loi acceptée et le sentiment révolté contre la loi. Nous allons trouver un exemple frappant de cette opposition dans la catégorie de ceux qui, selon les paroles de l'Allighieri, « font violence à la nature, » dans ce cercle des sodomites où il rencontre son maître vénéré, Brunetto Latini.

MARCEL.

Mais voilà une ingratitude abominable !

DIOTIME.

Pas le moins du monde, mon cher Marcel. En mettant Brunetto dans le cercle des « violents contre nature, » Dante ne croyait assurément faire aucun tort à son honneur. La compagnie qu'il lui donne est celle des hommes les plus lettrés, les plus en renom de son temps.

> Tutti fur cherci,
> E letterati grandi e di gran fama.

Dans le vingt-sixième chant du Purgatoire, il fait expier ce même vice à Guido Guinicelli qu'il appelle *il padre mio e degli altri miei miglior*. On avait alors à ce sujet des euphémismes étranges. Villani, qui donne à Brunetto les louanges les plus grandes, lui attribuant l'honneur d'avoir, le premier, enseigné aux Florentins l'art de bien parler et les règles de la politique, l'accuse seulement d'avoir été mondain, *un poco mondanetto*. C'est aussi ce que Brunetto dit de lui-même dans son *Tesoretto*.

ÉLIE.

Et puis, l'enfer de Dante n'est-il pas assez semblable à cet enfer de Florence dont nous avons parlé hier, tout mêlé de choses atroces et charmantes, de saccages, de meurtres, de festins, d'amours et de musique?

DIOTIME.

En effet. Le peuple, en ses chansons, parle très-gaiement de l'enfer, où il suppose très-nombreuse et très-bonne compagnie.

> Son' andato all' inferno, e son' tornato.
> Misericordia, la gente che c'era!

Les amoureux s'y donnaient de tendres baisers :

> Ora caro mio ben, bacciami in bocca
> Bacciami tanto ch' io contenta sia !

Le Callimaque de Machiavel, lorsqu'il s'exhorte à n'avoir ni peur ni vergogne d'aller en enfer, se dit qu'il y rencontrera tant de gens de bien !

> Sono là tanti uomini da bene!

Et certainement, en mettant dans l'enfer, avec les plus grands caractères et les plus grands génies de l'antiquité, avec des trouvères illustres et avec les plus touchants personnages des romans de chevalerie, Cavalcanti, Farinata, Brunetto, Il Tegghiaio, « qui furent si dignes, » et qui mirent à faire le bien tout leur esprit, *che a ben far poser l'ingegni*, Dante ne croyait porter la moindre atteinte ni à la haute estime où les tenait Florence ni à leur part de gloire dans la postérité. Cela semble incompréhensible à notre logique rationaliste. En ce temps de jeunesse d'âme, c'était une manière poétique de tourner le dogme de la damnation éternelle, inacceptable pour tous les grands cœurs.

MARCEL.

Mais aujourd'hui personne ne prend plus cette peine. Personne ne croit à l'enfer.

DIOTIME.

C'est absolument comme si vous disiez que personne n'est plus catholique. Sur ce point, il n'y pas de composition possible. La grande raison de Bossuet n'hésite pas à punir des châtiments éternels un Socrate, un Scipion, un Marc-Aurèle. Le grand cœur de Pascal est moins surpris de la sévérité de Dieu envers les damnés que de sa miséricorde envers les élus. Il se plaît à conjecturer que les tourments des hérésiarques s'aggravent de siècle en siècle, à mesure que leurs doctrines séduisent des âmes nouvelles.

MARCEL.

Vous ne répondez pas tout à fait à ma proposition. J'ai dit que, aujourd'hui, personne ne croyait plus aux flammes éternelles.

DIOTIME.

Rappelez-vous donc, c'est d'hier, le concile de Périgueux décrétant que l'enfer doit être l'objet d'une foi très-ferme, tout à fait immuable, et que, si quelqu'un en doute, il a encouru *ces mêmes peines dont il nie l'existence!* Plus récemment encore, dans une instruction synodale, un évêque, très-grand docteur, ne dénonce-t-il pas à toute la catholicité la *conspiration qui se produit partout à cette heure contre le dogme de la damnation éternelle?* L'Église reste en cela invariable, Marcel. Le catholicisme théologique ayant rejeté de son sein l'interprétation progressive de l'Évangile, ne peut pas céder aux exigences de la conscience moderne, excitée par l'esprit de la réformation et par les découvertes de la science.

Quoi qu'il en soit, la rencontre de Dante avec Brunetto est extrêmement touchante. Brunetto s'exclame : *Qual mariaviglia!* en reconnaissant son cher disciple. Il tend vers lui les bras; il le prie de permettre qu'il fasse quelques pas à ses côtés, et Dante baisse la tête en signe de révérence.

> Il capo chino
> Tenea, com' uom che riverente vada.

Et alors Brunetto l'interroge avec un accent de tendresse paternelle, sur lui-même, sur Virgile; puis il lui prédit sa gloire future : « Si tu suis ton étoile (vous vous rappelez que Dante est né sous le signe des Gémeaux, tenu en astrologie pour favorable aux lettrés et aux savants), tu ne saurais manquer le port glorieux. (Toujours, vous le voyez, la figure de voyage, l'étoile, le port, appliquée à la vie.) Et si ma mort n'avait été si hâtive, le voyant le ciel si favorable, à l'œuvre je t'aurais encouragé. » Mais, ajoute Brunetto, cet ingrat et méchant peuple qui descendit de Fiesole aux temps anciens, et qui tient de la montagne et de la pierre, se fera, à cause de ta vertu, ton ennemi.

Ti si farà, per tuo ben far, nimico.

Remarquez, Viviane, cette façon pittoresque de parler : pour exprimer que les Florentins sont durs et hautains, ils tiennent de la montagne et de la pierre, dit Brunetto. « Race avare, envieuse, superbe ! fais en sorte de te nettoyer de leurs mœurs ! »

Da' lor costumi fa che tu ti forbi.

C'est la même censure amère des mœurs florentines qui se retrouve dans le titre primitif que Dante avait écrit de sa main sur son manuscrit, et qui a été retranché de toutes les éditions, hormis de l'édition faite par Mazzini sur le manuscrit d'Ugo Foscolo :

LIBRI TITULUS EST :
INCIPIT COMŒDIA
DANTIS ALLAGHERII
FLORENTINI NATIONE
NON MORIBUS.

Sans s'étonner à l'annonce de sa gloire future, Dante exprime à Brunetto la gratitude qu'il lui garde en son cœur pour lui avoir enseigné comment l'homme s'éternise, *come l' uom s'eterna*. Avec une touchante simplicité, Brunetto recommande à son disciple, son Trésor, *il mio Tesoro*, dans lequel, il vit encore, dit-il. La croyance à l'immortalité dans les œuvres est dominante dans tout le poëme de Dante; elle y prévaut très-manifestement sur le sentiment de l'éternité des peines ou des récompenses célestes; elle y est plus vivement exprimée et de manière à nous émouvoir davantage.

Descendons, avec Virgile, sur les épaules de *Géryon*, monstre ailé qui figure la fraude, au huitième cercle nommé *Malebolge*. Dante y voit châtiés tous ceux qui ont trompé leurs semblables : les séducteurs, les adulateurs, les simoniaques, parmi lesquels il met le pape Nicolas III; les faux monnayeurs, les faux alchimistes (car il y avait alors la vraie et la fausse alchimie); les calomniateurs, les devins, la face tournée vers les talons; les hypocrites, le front chargé de chapes de plomb, écrasantes sous l'éclat menteur de leur revêtement doré.

MARCEL.

Des chapes de plomb, au milieu des flammes! Elles ne devaient pas durer longtemps.

DIOTIME.

Dante n'a pas inventé ce supplice. Plusieurs souverains, Frédéric II entre autres, punissaient de la sorte le crime de lèse-majesté.

Enfin, de crime en crime, d'épouvante en épouvante, de tourment en tourment, nous arrivons au neuvième et dernier cercle de l'abîme infernal. Ce cercle est divisé en quatre zones : Caïna, Anténora, Tolomèa, Guidecca, où sont châtiées quatre manières de trahir dans l'humanité : la trahison envers la famille, celle envers les amis, celle envers la patrie (c'est dans cette catégorie qu'est le terrible épisode du comte Ugolin), et enfin la haute trahison divine et humaine, le plus grand de tous les attentats selon la conscience de Dante, la trahison à l'empereur de la terre et à l'empereur du ciel, à César et à Dieu. Là, dans une sorte d'enfer de l'enfer, du milieu d'un lac de glace où les cris mêmes ont cessé, où règne l'épouvante suprême pour l'imagination italienne : le froid et le silence, sortent les épaules gigantesques aux ailes de chauves-souris et la tête monstrueuse de celui qui fut le premier des traîtres : de Lucifer, le plus beau des anges devenu l'empereur du royaume douloureux,

Lo Imperador del doloroso regno.

Dans ses trois gueules énormes il broie éternellement les trois plus grands traîtres qui furent sur la terre : Judas, Brutus et Cassius.

VIVIANE.

Brutus et Cassius avec Judas! voilà ce que je ne saurais comprendre; car enfin, pour bien des historiens, n'est-ce pas, c'est César qui est le grand traître envers le droit et la liberté, et non Brutus qui veut et croit être leur vengeur?

DIOTIME.

La lecture la plus attentive de la *Comédie* ne saurait, en effet, ma chère Viviane, nous rendre raison d'une assimilation qui blesse toutes nos idées du juste et de l'injuste. Il faut lire, pour comprendre ce *Juge-*

ment *dernier* de l'Allighieri, tout l'ensemble de ses œuvres, *la Vita nuova*, *il Convito*, le *de Monarchia*, les *Lettres* surtout. Il faut savoir que Dante, dans sa *Comédie*, a voulu, comme il l'a dit, *chanter le droit de la monarchie*, c'est-à-dire l'ordre universel, tel qu'il le croyait institué de toute éternité dans les conseils de Dieu. Dante, ma chère Viviane, ne fut pas seulement un grand poëte épique, lyrique ou tragique; sa pensée, comme celle des plus grands philosophes de l'antiquité et des temps modernes, comme celle d'un Pythagore et d'un Spinosa, concevait toutes choses d'une manière synthétique. Toutes, et au-dessus de toutes ici-bas, la personne humaine, la famille, la société naturelle, civile et religieuse, il les considérait à leur place, dans leur relation mutuelle, au sein de l'immensité, dans la *grande mer de l'Être*.

> Per lo gran' mar dell' Essere :

toutes, il les voyait, dans leur évolution sidérale, morale ou politique, surgissant, se développant, s'élevant, par une réciproque influence, des ténèbres à la lumière, de l'inertie à la liberté, à l'amour, c'est-à-dire à la conformité de plus en plus libre et parfaite des esprits et des destinées aux lois de la sagesse éternelle,

> Io che era al divino dall' umano,
> Ed all' eterno dal tempo venuto,
> E di Fiorenza in popol giusto e sano.

dit-il au trente et unième chant du Paradis.

C'est la grande pensée des temps modernes; c'est

la pensée qui pénètre de part en part l'œuvre de Gœthe. Eh bien, Viviane, cette union parfaite de toutes choses, cet ordre éternel au sein de Dieu, Dante les symbolise sous l'image d'une double cité, d'un double empire céleste et terrestre, entrés dans l'immuable paix où le citoyen par excellence, le justicier, le pacier (c'est ainsi qu'on parlait au moyen âge), est, dans le paradis invisible, dans la Rome céleste, Jésus; dans le paradis visible, sur la terre, en Italie, dans la sainte Rome d'ici-bas, César. Le génie de Dante, éminemment sacerdotal comme le génie de Gœthe, ramène toutes choses à ce qu'il appelle, dans son *Convito, la religion universelle de la nature humaine*. Dans sa conception vaste et puissante d'une civilisation philosophique, la trahison à Jésus et la trahison à César, c'est tout autre chose que l'attentat contre une personne, si auguste qu'elle soit; c'est la main portée sur l'édifice de la création divine; c'est une sacrilége atteinte à l'ordre politique et religieux de l'univers. Dans le Purgatoire et dans le Paradis, nous trouverons de cette grande conception de notre poëte les plus belles évidences.

Et, Dieu soit loué! voici que notre voyage parmi la *race perdue* touche à sa fin; voici que nous touchons au seuil des régions lumineuses. Parvenus au fond du cône infernal qui est le centre de la terre, Virgile et Dante changent de pôle. Ils tournent transversalement sur eux-mêmes et commencent à remonter vers l'autre hémisphère; ils revoient enfin les étoiles.

E quindi uscimmo a riveder le stelle.

C'est ainsi, sur ce mot mélodieux qui nous rend à l'espérance, que Dante a voulu terminer sa première cantique.

Je ne sais si, dans ma sèche analyse, à travers les timides *à peu près* que me permettait notre français abstrait et morne, vous avez pu entrevoir les splendeurs poétiques de ce chant de l'abîme. Je crains bien de ne vous avoir pas fait sentir, comme je m'en étais flattée, la grâce ineffable, la piété, l'amour que Dante n'a ni pu ni voulu éteindre, tant son âme en était remplie, dans cet affreux séjour des vengeances éternelles. J'aurais voulu insister sur l'art accompli avec lequel, dès les premiers chants, le poëte tempère les horreurs d'un tel séjour, par l'expression répétée de sa tendresse pour Virgile et par l'apparition de Béatrice dans les limbes. J'aurais dû vous peindre cette douce Francesca, avec l'amant « qui jamais d'elle ne sera séparé, » venant vers Dante, à travers les airs, d'une aile ouverte et ferme, ainsi que vers leur nid deux colombes pressées par le désir.

> Quali colombe dal disio chiamate,
> Con l' ali aperte e ferme, al dolce nido.

Il eût fallu, d'une main plus délicate, m'essayer à vous rendre tant d'images fraîches et gracieuses, tirées de la lumière du jour, de l'attitude des plantes, des mœurs des animaux, que Dante avait observées tout ensemble en naturaliste et en poëte. Il eût fallu vous faire voir ces fleurettes inclinées sous la gelée nocturne, qui se redressent et s'entr'ouvrent aux premiers rayons du matin; ces dauphins et leurs jeux, soudain rappelés au milieu des vapeurs de l'étang de poix bouillante; ces cigognes, ces grues qui s'en vont « chantant leur lai; » ces ruisselets limpides qui descendent des vertes collines du Casentin vers l'Arno. — Et cette manière charmante de marquer les heures du jour d'après l'aspect du ciel et le lieu des constellations, ce tendre désir d'être rappelé aux siens et de vivre dans la mémoire de ses semblables, cette profonde humanité du poëte qui le fait pâlir, frissonner, pleurer, s'évanouir au récit des malheurs d'autrui, tout cet art incomparable, quel art il m'eût fallu pour vous le rendre sensible ! — Comme Dante a bien tenu la promesse de l'inscription tracée sur le seuil de son enfer, et comme il a pénétré d'amour son royaume des vengeances !

VIVIANE.

Je ne me lasserais jamais de vous entendre; mais je sens que nous abusons de votre bonté; vous devez être fatiguée. Voici près de deux heures que nous vous laissons parler presque seule.

DIOTIME.

Je ne me sens pas lasse, Viviane, mais plutôt comme un peu étonnée. Notre entretien a tourné, sans que je m'en doutasse, en leçon. Et j'ai peur maintenant d'avoir occupé bien mal cette chaire dantesque, à laquelle votre amitié m'élève. Nous autres Françaises, nous ne sommes pas habituées, comme l'étaient les dames italiennes, au professorat. Et si, au lieu d'être à Portrieux, nous étions à Paris, et si, au lieu de quatre, nous étions seulement dix ou douze, je m'intimiderais tout à fait; il me semblerait faire quelque chose de malséant, pis que cela, de ridicule.

ÉLIE.

Voilà une chose que la simplicité bretonne ne saurait comprendre. Pourquoi donc semble-t-il ridicule à nos Français que les femmes enseignent ce qu'elles savent? Pourquoi leur serait-il malséant de dire, dans une salle d'université par exemple, avec un peu plus de soin et d'enchaînement, ce qu'on trouve très-naturel et très-agréable de leur entendre dire dans les salons, où l'on prétend qu'elles règnent et gouvernent les opinions en toutes choses?

VIVIANE.

Où elles *régnaient*, Élie.

DIOTIME.

A la bonne heure; mais enfin, même au temps où elles régnaient, on eût trouvé extravagant que Mme de Staël, je suppose, ce grand orateur, qui, chaque soir, haranguait dans son salon les hommes d'État, les publicistes, les diplomates des deux mondes, fût montée à la tribune de l'Assemblée pour y exposer, avec sa vive éloquence, ses vues et ses idées politiques. Et, pourtant, elle eût été là véritablement à sa place, belle, de la beauté de Mirabeau, portant comme lui la conviction dans l'éclair de son regard, dans son geste, dans sa voix virile; tandis que (je l'ai ouï dire à ma mère qui l'a beaucoup connue, et c'était aussi l'avis de Gœthe), dans les bals, dans les réunions mondaines, les bras nus, son turban aurore sur la tête, à la main sa branche de laurier, déclamant à l'angle d'une cheminée d'interminables tirades sur l'impôt, sur le crédit, elle paraissait quelque peu théâtrale, et déplaisante à voir.

ÉLIE.

Ce qu'il y a de bizarre, c'est que ce préjugé contre l'intervention directe des femmes dans l'enseignement et dans la politique n'existe nulle part ailleurs que chez nous, qui nous croyons de bonne foi le peuple le plus chevaleresque du monde. Les étrangers n'y comprennent rien. Je me rappelle (c'était en 1848, au moment que s'ouvrait à Paris un club de femmes) que le moraliste Émerson, nous voyant rire, et moi tout le premier, de ces dames orateurs, me demandait, avec son sérieux du Massachusetts, ce qu'il y avait donc là de si risible?

DIOTIME.

C'est l'opinion aux États-Unis, en effet, et particulièrement dans le plus cultivé de tous, dans ce Massachusetts où la religion a fait une si heureuse alliance avec la philosophie, que le talent, le *don de Dieu*, comme ils disent dans leur langage puritain, ne doit jamais demeurer inutile. *Faculty demands fonction*, c'est la formule concise du pasteur Henri Ward-Beecher et du grand orateur Wendell-Philipps, lorsqu'ils réclament pour les femmes l'égalité des droits et des devoirs.

VIVIANE.

Vous disiez, Diotime, que les dames italiennes avaient l'habitude du professorat ?

DIOTIME.

Elles se sont illustrées dans l'enseignement universitaire. Tout récemment, en Italie, on s'entretenait encore de la docte Mme Tambroni, qui, en 1817, à Bologne, occupait la chaire de lettres grecques. A la même université au siècle précédent, Gaétana Agnesi avait été désignée par le souverain pontife lui-même pour enseigner à la jeunesse les hautes mathématiques. Dans le même temps à peu près, Maria Amoretti était acclamée docteur en droit civil et en droit canon à l'université de Pavie.

MARCEL.

Une femme en robe et en bonnet de docteur ! voilà qui ne me plaît guère.

DIOTIME.

J'ignore quel était au juste le costume de ces dames, mais il paraît bien qu'il ne portait aucun préjudice à leur beauté. La tradition garde le souvenir des grâces pleines de noblesse d'Andrea Novella, qui suppléait son père dans la chaire de droit canon. On se rappelle aussi Olympia Morata, enflammant d'enthousiasme la studieuse jeunesse de Ferrare. Relisez, Élie, ce que raconte à ce sujet votre compatriote Renan dans ses *Essais de Morale*. Il a vu, dans l'église de Saint-Antoine à Padoue, le buste de la philosophe Hélène Piscopia, en robe de bénédictine, et il affirme qu'elle devait être d'une grande beauté. Lorsque Dante met sur les lèvres de Béatrice l'enseignement de la théologie, il ne néglige pas de nous apprendre que ses yeux rayonnent comme des étoiles, et que son sourire le consume d'amour...

Mais où m'avez-vous entraînée, bon Dieu! En quelles digressions je m'égare encore! et que, tout en célébrant les vertus de mon sexe, je donne prise à ses plus ironiques détracteurs! Vous savez comment nous traite Polybe : *Sexe bavard et panégyriste*... C'est bien cela, n'est-il pas vrai, Marcel? On croirait qu'il m'avait en vue.

VIVIANE.

Rien ne me plaît comme cette manière d'apprendre. Vous nous menez par le sentier qui côtoie le grand chemin et qui, tout en faisant mille circuits, semble moins long dans sa diversité que la voie droite.

DIOTIME.

Vous avez toujours l'interprétation aimable des défauts de vos amis, Viviane pleine de grâce! Mais rentrons-y au plus vite, dans cette voie droite que j'ai perdue; revenons à Dante, et, avec lui, montons les degrés de la montagne sainte où le péché s'expie.

Nous revoyons le ciel. Sa douce couleur de saphir oriental rend la joie aux yeux de Dante.

> Dolce color d'oriental zaffiro,
> Che s'accoglieva nel sereno aspetto
> Dell' aer puro infino al primo giro,
>
> Agli occhi miei ricominciò diletto.

Les astres reparaissent à sa vue ; mais ce sont les astres d'un autre hémisphère où brille d'un éclat merveilleux la *Croix du Sud, il Crociero*. Dante salue avec transport cette constellation inconnue aux hommes du Septentrion.

> O settentrional vedovo sito
> Poiché privato se' di mirar quelle!

ELIE.

Comment Dante a-t-il pu parler de la Croix du Sud, découverte plus de trois cents ans après sa mort?

DIOTIME.

C'est le souci des commentateurs, mon cher Élie. Car, en effet, les quatre étoiles de la Croix du Sud, que Dante décrit avec cet étonnement naïf qui donne aux peintures homériques un si grand charme, n'ont été introduites par les astronomes dans la sphère céleste que vers la fin du XVIIe siècle. Au temps de l'Allighieri, aucun Européen ne les avait encore vues. Mais les Arabes les connaissaient et on suppose que par eux les Italiens pouvaient en avoir eu quelque idée. D'autres croient que Marco Polo, qui avait passé les tropiques, avait parlé du *Crociero* à ses compatriotes. Beaucoup de commentateurs ne voient dans ces quatre étoiles qu'une allégorie des quatre vertus cardinales, et ils se fondent sur ce vers où le poëte parle des quatre lumières saintes :

Li raggi delle quattro luci sante.

Quoi qu'il en soit, à peine Dante a-t-il poussé son exclamation de joyeuse surprise, qu'il se trouve, avec Virgile, sur des rivages doucement éclairés, en présence d'un vieillard vénérable, Caton d'Utique.

MARCEL.

Caton d'Utique, à l'entrée du purgatoire !

ÉLIE.

L'évêque Synésius met bien, dans un de ses hymnes grecs, le chien Cerbère aux portes de l'enfer catholique.

DIOTIME.

Cela n'avait rien alors d'offensant, ni pour le goût, ni pour la foi. Dante a dit de Caton dans le *Convito* que jamais créature terrestre n'avait été plus digne de servir le vrai Dieu. Nous avons vu qu'il était considéré comme type de la vertu profane et que l'Église admettait à cette époque le salut des justes de l'antiquité. Elle avait adopté de cette croyance une très-poétique expression ; elle reconnaissait trois baptêmes : le baptême d'eau, le baptême de sang (le martyre), et le baptême de désir.

ÉLIE.

Cela est beau ; mais pourtant, mettre Caton dans le purgatoire, c'est y mettre en quelque sorte l'apologie du suicide, ce qui n'est guère catholique.

DIOTIME.

Rappelons-nous ce que nous avons eu occasion déjà de reconnaître au sujet de cette disposition bienveillante du catholicisme primitif. Caton, en quittant volontairement la vie mortelle, croyait à l'immortalité. Pour s'affermir dans sa résolution, il se faisait lire Platon, le divin. On pouvait hardiment le ranger parmi ces hommes que vante saint Paul et qui, « n'ayant pas connu la Loi, ont été à eux-mêmes leur loi ; » et puis il était mort pour la liberté, cet idéal des grandes âmes. Dans le *de Monarchia*, Dante loue Caton d'avoir voulu librement mourir plutôt que de vivre asservi. Et ici je voudrais revenir encore avec vous à ce que nous disions des opinions catholiques et monarchiques de Dante. Avec son *droit de la monarchie*,

> Jura Monarchiæ, superos, Phlegetonta, lacusque
> Lustrando, cecini, voluerunt fata quousque.

avec son empire céleste et son empire terrestre, son césar et son pontife, Dante n'en garde pas moins pour idéal suprême la liberté. En ses commencements, c'était aussi l'idéal de l'Église chrétienne qui considérait le péché comme un esclavage de l'âme. C'est librement, du plein consentement de l'âme coupable, c'est avec amour que le péché s'expie dans le Purgatoire de Dante; et c'est pourquoi il fait luire sur le seuil la belle planète qui invite à aimer, *lo bel pianeta ch' ad amar conforta*, l'étoile de Vénus. C'est avec une liberté joyeuse que l'âme purifiée, maîtresse d'elle-même, s'élève dans le ciel jusqu'à la claire vue de Dieu. *Libero, dritto, sano è tuo arbitrio*, dira Virgile à Dante en le quittant à l'entrée du paradis terrestre. Lorsqu'il explique à Caton, le vieillard juste et vénérable, comme il l'a fait à cet autre vieillard, le démoniaque Caron, aux abords de l'enfer (il y a dans toute la *Comédie* de ces parallélismes), par quel ordre et dans quel dessein Dante vient en ces lieux, le chantre de l'*Énéide* dit ces beaux vers souvent cités :

> Libertà va cercando, ch'è si cara,
> Come sa chi per lei vita rifiuta.
>
> Il va cherchant la liberté, qui est si chère,
> Comme sait celui qui pour elle a quitté la vie.

C'est au nom de l'amour encore, en rappelant les chastes yeux de Marcie,

> ... gli occhi casti
> Di Marzia tua,

que Virgile, associant ainsi les deux idées saintes de l'amour et de la liberté, implore de Caton l'accès de la montagne purificatrice. C'est la plus belle doctrine religieuse et morale qui se puisse concevoir, et jamais elle ne sera dépassée.

La montagne du Purgatoire, située au milieu des eaux, est divisée, comme l'enfer, en neuf cercles ou plates-formes, où règne un clair-obscur mélancolique, et présidés chacun par un ange céleste. Là, plus de cris, plus de hurlements, mais les soupirs, les larmes, les chants pieux des humbles et amoureuses espérances :

> Luogo è laggiù non tristo da martiri
> Ma di tenebre solo, ove i lamenti.
> Non suonan com guai, ma son sospiri.

Au premier cercle ou anté-purgatoire sont les âmes négligentes et tardives au repentir. Puis, ainsi que dans l'Enfer, nos poëtes passent en revue les sept péchés capitaux. De degré en degré, avec une fatigue moindre, ils montent jusqu'au sommet où s'offrent à leur vue les ombrages délicieux du paradis terrestre :

> Questa montagna è tale
> Che sempre al cominciar di sotto è grave.
> E quanto uom più va su, e men fa male:

> Cette montagne est telle
> Que toujours au commencement, en bas, elle est plus pénible;
> Et plus l'homme monte, moins il a de peine à monter.

dit Virgile, exprimant ainsi, avec une simplicité naïve, une des plus hautes doctrines de l'éthique chrétienne.

ÉLIE.

C'était une doctrine connue de la plus haute antiquité. Dans *les Travaux et les Jours*, il est dit que la route de la vertu est escarpée et d'abord hérissée d'obstacles, mais que, en approchant du sommet, on la trouve facile.

DIOTIME.

Dans cette seconde cantique, comme dans la première, l'inspiration poétique et l'idée morale sont à la fois très-personnelles et très-générales. L'expiation du purgatoire comme la réprobation de l'enfer se rapportent symboliquement à Dante, à l'Italie, à la société. La liberté que le poëte retrouve sous les traits de Caton, en quittant les fatalités de l'abîme; les vertus primitives dont la sainte lumière illumine le sentier au sortir des ténèbres sataniques; l'humble jonc baigné de la rosée du matin qui rafraîchit les tempes du voyageur fatigué et qui en enlève toute trace de la fumée infernale; la barque légère qui glisse sur les ondes, conduite par un céleste nocher, et qui retentit du chant de délivrance *In exitu Israël*; les différents degrés de la purification par le repentir, par le détachement des convoitises d'ici-bas, par la contemplation et le désir de la sagesse divine; ces eaux salutaires où, en perdant la mémoire des maux passés, on se retrempe pour une vie nouvelle, tout cela n'est que figure, allégorie, images tour à tour bibliques, chrétiennes, pythagoriciennes ou platoniciennes, du progrès de l'homme vers Dieu. Dans cette cantique, dont la diction et le mode s'assouplissent et se rassèrenent, se font suaves et pénétrants comme le sujet dont le poëte s'inspire, Dante a prodigué les fraîches images, les apparitions charmantes de femmes et d'artistes.

C'est là qu'il rencontre son ami Casella, qui lui chante une de ses propres *canzoni :*

> *Amor che nella mente mi ragiona,*
> Cominciò egli allor si dolcemente
> Che la dolcezza ancor dentro mi suona.

Et les ombres, attirées par ce chant délicieux, s'assemblent autour de Casella, s'y oublient, ainsi que des colombes autour de l'oiselier.

> Come quando, cogliendo biada o loglio,
> Gli colombi adunati alla pastura,
> Queti, senza mostrar l'usato orgoglio.

Un peu plus loin, Belacqua, le fameux guitariste, Sordello, le troubadour aimé des femmes, Arnaldo Daniello, *gran' maestro d'amor ;* puis aussi ce doux complice de la vie mondaine, que Dante chérit au point de souhaiter mourir pour le rejoindre bientôt, Forese Donati; et cette mystérieuse Pia, à peine entrevue à travers le voile funèbre des vapeurs de la Maremme, qui prie Dante de se souvenir d'elle, et de qui la postérité se souvient à jamais;

> Ricorditi di me, che son la Pia.

Et cette Sapia, qui ne fut pas sage, dit-elle avec une grâce charmante,

> Savia non fui, avvegna che Sapia fossi chiamata.

Car, exaltée par la victoire des siens, elle défia le sort, comme le merle affolé qui, dans les beaux jours d'hiver, croit le printemps venu, et s'en va sifflant par les bois.

> Come fe il merlo per poca bonaccia.

Et cet Oderisi, le miniaturiste, l'*enlumineur* célèbre, l'*honneur d'Agubbio*, qui proclame la gloire de Giotto au-dessus de Cimabue! Comment choisir entre tant de tableaux enchanteurs! entre ces entretiens rapides, entre ces murmures bienveillants qu'échangent les ombres dans une atmosphère azurée, toute pénétrée déjà du souffle de la grâce divine, dans cette admirable cantique que Balbo appelle si bien *un crescendo d'amor!*

ÉLIE.

Mais, si mes souvenirs ne me trompent, il y a aussi dans le Purgatoire des passages satiriques, des invectives terribles contre la démocratie florentine et la cour de Rome.

DIOTIME.

Le ton général de la seconde cantique est une sérénité plaintive, mais Dante est trop artiste pour ne pas en sauver la monotonie par de hardis contrastes. Ainsi, par exemple, l'apostrophe de Sordello :

> Ahi serva Italia, di dolore ostello.
> Nave senza nocchiero in gran tempesta!

> Hélas serve Italie, asile de douleur,
> Nef sans nocher dans la grande tempête.

et la description du cours de l'Arno par Guido del Duca; ainsi encore, au vingt-troisième chant, la menace aux dévergondées Florentines qui, si elles savaient ce qui les attend dans l'enfer, « ouvriraient déjà la bouche pour hurler. »

>Ma se le svergognate fosser certe
>Di quel ch'el ciel veloce loro ammanna,
>Già per urlare avrian le bocche aperte.

MARCEL.

Les Florentines avaient donc de bien mauvaises mœurs?

DIOTIME.

Dès cette époque elles s'insurgeaient contre la sévérité des mœurs antiques et se jetaient dans le luxe et les plaisirs. Les magistrats faisaient contre elles des lois somptuaires, mais en vain. Villani nous apprend que, dans l'artifice et l'extravagance de leurs parures, il entrait plus de choses étrangères qu'il n'en restait leur appartenant en propre. Pas plus que les femmes dévergondées, les prêtres gourmands ne sont épargnés au Purgatoire; le pape Martin IV y expie dans le jeûne et l'amaigrissement son goût excessif pour les anguilles du lac Bolsena. La maison royale de France aussi y est en butte à l'animosité du poëte, qui met dans la bouche de Hugues Capet toute une généalogie aussi peu historique que peu flatteuse de ses ancêtres et de ses descendants. Il lui fait dire qu'il est fils d'un boucher:

>Figliuol fui d'un beccaio di Parigi.

MARCEL.

Voilà qui passe permission!

DIOTIME.

Tout ce passage a fort scandalisé les commentateurs français, d'autant que l'erreur de Dante, volontaire ou involontaire, se retrouve ailleurs, dans les poésies de Villon par exemple, dans un ouvrage d'Agrippa, etc. Bayle raconte que le roi François Ier, se faisant lire la Comédie par « un bel esprit réfugié d'Italie, » quand on en vint à ces vers, commanda « qu'on ôtât le livre, et fut en délibération de l'interdire en son royaume. » Le chanoine Grangier, qui le premier a traduit en vers les Cantiques, excuse son auteur en supposant que le terme de boucher n'est ici qu'une métaphore pour dire un prince « grand justicier de gentilshommes et autres malfaiteurs. » Etienne Pasquier rejette également la faute de Dante sur le ton métaphorique d'un passage « escrit à la traverse, et comme faisant autre chose. »

Dans son Purgatoire comme dans son Enfer, Dante mêle les deux mythologies polythéiste et monothéiste. Le paradis terrestre lui rappelle le Parnasse; la comtesse Mathilde cueillant des fleurs sur les rives du Léthé est semblable à Vénus et à Proserpine. Dante donne à Jésus le nom de *Sommo Jove*. De longues expositions de dogmes selon saint Thomas, saint Augustin, saint Victor: le libre arbitre, le péché originel, la responsabilité, l'âme triple, la théorie physique et métaphysique de la génération, le développement continu de l'âme humaine avant et après la mort (idée que nous retrouverons dans Faust), l'efficacité de la prière, les suites funestes de la confusion des pouvoirs spirituel et temporel, prennent une large place dans cette seconde cantique. On y rencontre de fréquentes allusions aux hypothèses scientifiques du temps et aux propres expériences du poëte. Il y parle de la circulation de la séve dans les végétaux, de l'action de la lumière sur la maturation des fruits et sur la coloration des feuilles, de la scintillation des étoiles. Quant à l'allégorie, elle y maintient ses droits dans la personne de Lucie, la grâce, *gratia præveniens*; dans Mathilde, la piété généreuse; dans Lia et Rachel, la vertu active et la vertu contemplative; dans la vision finale où Dante symbolise obscurément les choses futures. Mais c'est surtout dans la description du char de Béatrice, que Dante, troublé sans doute par le désir passionné de glorifier celle qu'il aime, multiplie sans mesure et presque sans goût, en amant plus qu'en artiste, les images apocalyptiques. Ce char descend du ciel. Une lueur soudaine resplendit dans les airs d'où se dégage une douce mélodie.

> Ed una melodia dolce correva
> Per l' aer luminoso.

Sept flambeaux, radieux comme les sept étoiles du char de David, vingt-quatre vieillards vêtus de blanc, quatre animaux ailés, tels que les a peints Ézéchiel, nous dit le poëte, ouvrent un céleste cortége.

> Ventiquattro seniori, a due a due,
> Coronati venian di fiordaliso.
> Tutti cantavan : Benedetta tue

Nelle figlie d'Adamo: e benedette
Sieno in eterno le bellezze tue!

Mais il faut que je vous lise ce passage dans la traduction en vers de Louis Ratisbonne. Il l'a faite avec beaucoup de soin, aidé des conseils de Manin, et avec un don très-rare de souplesse dans l'art des rimes. Je ne crois pas qu'il soit possible de mieux faire:

> Sous ce beau ciel paré comme pour une fête,
> Vingt-quatre beaux vieillards, de lis ceignant leur tête,
> S'avançaient deux à deux en ordre régulier.
>
> Ils chantaient tous en chœur : « O toi, fille choisie
> Entre les filles d'Ève, à jamais sois bénie!
> Sois bénie à jamais dans tes belles vertus! »
>
> Puis, quand le gazon frais et la flore irisée,
> Qui brillaient devant moi sur la rive opposée,
> Ne furent plus foulés par ce troupeau d'élus,
>
> Comme au ciel un éclair après l'autre flamboie,
> Vinrent quatre animaux après eux dans la voie,
> Tous quatre couronnés de rameaux verdoyants.
>
> Et chacun d'eux avait six ailes admirables
> Que parsemaient des yeux aux yeux d'Argus semblables,
> Si les mille yeux d'Argus pouvaient être vivants.
>
> Mais je ne perdrai plus de vers à les décrire,
> O lecteur! il me faut répandre ailleurs ma lyre,
> Et force m'est ici de me restreindre un peu.
>
> Mais lis Ézéchiel qui nous dépeint ces bêtes,
> Comme il les vit du fond du nord et des tempêtes
> Venir avec le vent, la nuée et le feu.

DEUXIÈME DIALOGUE.

MARCEL.

Voilà, ne vous déplaise, une fort belle traduction et qui me dispense de prendre un professeur italien.

DIOTIME.

Cette traduction a quelque chose de surprenant par sa fidélité et son allure naturelle. Mais pourtant le traducteur fait un sacrifice qui doit lui coûter beaucoup, étant poëte. Il ne reproduit pas (et cela n'était guère possible) la mesure tout italienne du vers de onze syllabes, qui, avec sa rime alternée de trois en trois, son enjambement, son accent variable, tantôt à la dixième et à la sixième syllabes, tantôt à la quatrième et à la huitième, forme l'admirable tercine de la Divine Comédie. Entre les quatre animaux vient un char triomphal traîné par un griffon aux ailes immenses. Jamais, dit le poëte, Rome ne vit, au triomphe d'Auguste ou bien de l'Africain, char plus beau ; celui même du soleil eût semblé pauvre auprès.

>   Non che Roma di carro così bello
>   Rallegrasse Africano, ovvero Augusto :
>   Ma quel del sol saria pover con ello.

A la droite et à la gauche du char, sept dames forment une danse sacrée. Après le char s'avancent deux vénérables vieillards, dont l'un porte à la main un glaive flamboyant, quatre autres encore, d'une humble contenance, puis, à distance et seul, un vieillard au front lumineux, qui marche les yeux clos.

>   Et quand fut vis-à-vis de moi le char insigne
>   Un tonnerre éclata...
>   Et cortége et flambeaux, soudain tout s'arrêta.

Disons brièvement que ce char symbolique sur lequel descend Béatrice est regardé par les commentateurs comme le char de l'Église et de l'État ensemble, l'antique *Carroccio*, peut-être, des républiques italiennes où la patrie était présente dans sa double expression civile et religieuse. Les sept candélabres figurent les sept dons du Saint-Esprit, les sacrements; les vieillards sont les patriarches; les sept femmes dansant sont les trois vertus théologales et les quatre vertus cardinales; les quatre animaux sont les quatre évangélistes; enfin le griffon, moitié aigle, moitié lion, est pris pour Jésus-Christ lui-même, en sa double nature divine et humaine. Un chœur d'anges séraphiques fait tomber sur le char une pluie de fleurs, sous laquelle apparait debout, triomphante, le front ceint d'un voile blanc et d'une couronne des feuilles de l'olivier cher à Minerve, vêtue d'une tunique couleur de flamme et d'un manteau couleur d'émeraude, Béatrice. A son approche, avant même qu'il ose lever les yeux sur elle, Dante, comme au premier jour, sent l'esprit de vie tressaillir au plus secret foyer de son âme. Il reconnaît de l'antique amour la grande puissance :

> Per occulta virtù, che da lei mosse
> D'antico amor senti la gran potenza.

Et Béatrice abaisse vers lui les yeux. « Regarde-moi bien : je suis, je suis Béatrice. »

> Guardami ben : ben son, ben son Beatrice.

Et les paroles qu'elle adresse au poëte sont celles d'une mère superbe à son fils :

> Così la madre al figlio par superba.

Et le cœur de Dante éclate en sanglots; et Béatrice approuve que « sa douleur soit égale à ses égarements. » Et se tournant vers les anges qui lui forment cortége, elle leur dit les erreurs de son ami; comment celui qui avait été si bien doué dans son jeune âge, après avoir marché dans la droite voie pendant qu'elle était encore sur la terre, entra dans les voies fallacieuses, quand elle eut « changé de vie; » et comment, tout autre moyen de l'en arracher demeurant inutile, elle a voulu lui faire voir le royaume des damnés.

> Tanto giù cadde, che tutti argomenti
> Alla salute sua eran già corti,
> Fuor che mostrargli le perdute genti.

Ici Dante place une vision fort compliquée, dans laquelle il annonce, aussi peu intelligiblement qu'il l'a fait en enfer pour le lévrier sauveur, la venue d'un grand capitaine qui affranchira du joug étranger l'Église et l'Italie. Ensuite Béatrice ordonne à Mathilde (nous avons vu comment Virgile a disparu) de plonger Dante dans les eaux du Léthé pour qu'il y perde la mémoire de ses péchés, puis dans l'Eunoé, fleuve divin, où il retrouve le souvenir du bien qu'il a fait. Ainsi renouvelé, Dante sort des eaux « pur et disposé à monter aux étoiles. »

> Puro, e disposto a salire alle stelle.

Diotime se tut. Elle attendait qu'on lui fit quelque observation, mais on garda le silence. A mesure que l'on avançait dans le voyage dantesque, on se sentait plus porté au recueillement. Il n'est pas jusqu'à Marcel qui ne parût en humeur sérieuse. Depuis quelques instants déjà, il oubliait de rallumer sa pipe turque et regardait, mais avec distraction, le dessin de sa sœur. Viviane, tout en écoutant les cantiques, avait retracé d'un crayon fidèle la scène qui se passait sur la plage. Par les moyens les plus simples et sans chercher l'effet, elle avait su rendre, dans un tout petit espace, la tristesse infinie du ciel, avec le caractère tragique de cette procession d'animaux et d'enfants qu'elle avait vue défiler triste et morne pendant deux heures, au bruit de l'Océan, sous la pluie de plus en plus obstinée. Diotime loua beaucoup le dessin de sa jeune amie; mais voyant que personne ne semblait disposé à quitter Dante, elle se rassit sur le fauteuil à escabeau qui figurait la chaire professorale, et reprit ainsi l'analyse de la troisième cantique.

DIOTIME.

Le paradis, le ciel, le royaume de Dieu, l'ordre universel et idéal, selon que le génie de Dante l'a conçu, a pour principe l'amour éternel, considéré comme le premier moteur et la fin suprême de la gravitation des âmes et des astres. L'âme du monde, c'est Dieu, un Dieu aimant et aimé,

> Il primo amante,

de qui tout procède et vers qui tout aspire. Point d'autre voie pour aller à lui que l'attraction de l'esprit et du cœur, la vertu, la science, la sagesse amoureuse, *uno amoroso uso di sapienza*; point d'autres progrès, en nous et hors de nous, que l'accroissement du désir.

MARCEL.

Il y a dans les poésies de ce pauvre Musset des vers qui rendent, à sa manière juvénile, ce système planétaire et psychologique de Dante :

> J'aime ! voilà le mot de la nature entière...
> . . . .
> Oh! vous le murmurez dans vos sphères sacrées,
> Étoiles du matin, ce mot triste et charmant.
> La plus faible de vous, quand Dieu vous a créées,
> A voulu traverser les plaines éthérées
> Pour chercher le soleil, son immortel amant.
> Elle s'est élancée au sein des nuits profondes,
> Mais une autre l'aimait elle-même — et les mondes
> Se sont mis en voyage autour du firmament.

VIVIANE.

Ils sont charmants, ces vers. Mais continuez, Diotime.

DIOTIME.

Le ciel de Dante s'ordonne selon l'*Almageste* de Ptolémée, adopté par saint Thomas; il est composé de sept planètes : la Lune, Mercure, Vénus, le Soleil, Mars, Jupiter, Saturne; puis vient le ciel des étoiles fixes, au-dessus duquel notre poète met le neuvième ciel, ou le *premier mobile*, qui donne le mouvement à tous les autres et n'a au-dessus de lui que l'empyrée, siége de l'Éternel.

ÉLIE.

Cet empyrée figure dans la cosmogonie pythagoricienne.

DIOTIME.

En effet ; cependant il n'est pas admis par les commentateurs que Dante se soit préoccupé particulièrement des idées attribuées à Pythagore. Mais les idées pythagoriciennes étaient alors comme flottantes dans toute l'Italie ; elles y circulaient à travers Platon, Aristote et saint Augustin.

ÉLIE.

Dante devait bien aussi, ce me semble, connaître de très-près Pythagore par son traducteur et son disciple Boëce.

DIOTIME.

Cela est très-vraisemblable ; et quant à moi, si vous me demandiez mon sentiment propre, j'ai toujours reconnu dans la Comédie une influence pythagoricienne très-sensible, venue, sans aucun doute, à l'Allighieri par Boëce qu'il lisait sans cesse.

VIVIANE.

Je croyais que Boëce était à demi-chrétien.

DIOTIME.

Cela s'est beaucoup dit dans l'Église, mais je ne vois pas trop sur quel fondement. Tout l'ensemble des idées de Boëce est pythagoricien, nous dirions aujourd'hui panthéiste. Boëce croit à l'éternité de la matière, à la préexistence des âmes, à leur ressouvenir des existences antérieures ; il croit à l'identité de nature qui fait de l'homme un être semblable et même égal aux dieux. Lui aussi, il avait été, de son temps, accusé de magie, ce qui prouverait bien qu'on ne le considérait pas comme enclin au christianisme.

— Mais où en étais-je ?...

De planète en planète, de vertu en vertu, de science en science, car la théorie morale de Dante est étroitement liée à son système astronomique où les planètes sont à la fois symbole et foyer d'une vertu qui leur est propre, l'ascension vers Dieu se fait à la fois plus rapide, plus libre, plus facile et plus manifeste.

ÉLIE.

Cela revient à dire, ce me semble, que plus l'intelligence s'élève et plus s'accroît en elle le désir des choses divines.

DIOTIME.

En effet.

> Bene operando l' uom, di giorno in giorno,
> S'accorge che la sua virtute avanza.

Comme Dante a toujours besoin d'exprimer par une image ses idées les plus abstraites, de même qu'il a dit, en décrivant la montagne du Purgatoire, que plus on monte moins on a de peine à monter, il nous peint ici les yeux de Béatrice et son sourire brillant d'un plus radieux éclat à mesure qu'elle s'élève et se rapproche du soleil divin. Nous avons vu que Dante, au paradis terrestre, a été plongé dans les eaux purificatrices ; il se sent renouvelé, transfiguré. Les yeux fixés sur Béatrice, qui elle-même lève le regard vers les hauteurs éthérées, il monte avec elle, par la vertu de l'attraction divine, à travers les airs.

> Beatrice in suso, ed io in lei guardava.

Admirez encore ici, Viviane, le génie de notre poëte : en un seul vers, en une image, la plus simple du monde, il fait voir en quelque sorte toute la théorie de l'amour platonique ; il rend sensible la puissance abstraite de cet *Éternel féminin* que chante le chœur mystique, à la fin du poëme de Gœthe, dans les profondeurs du ciel, aux pieds de la reine des anges.

ÉLIE.

Combien, par ce sentiment de l'attraction vers les choses divines qui fait l'âme de la femme supérieure au génie de l'homme, Dante et Gœthe me semblent à la fois plus poétiques et plus vrais que Milton !

DIOTIME.

En effet, dans le *Paradis perdu*, Adam seul est créé pour Dieu ; tout au contraire de Béatrice, Ève reste subordonnée et ne saurait voir Dieu que dans Adam.

ÉLIE.

> He for God only
> She for God in him.

DIOTIME.

Dans les trois planètes inférieures que Dante visite en premier lieu, sont les âmes les moins parfaites. Dans la lune, Diane, le ciel de la chasteté, notre poëte revoit Piccarda (ou peut-être Riccarda, car je soupçonne ici une erreur des copistes), la sœur de son ami Forese, à qui, au Purgatoire, en un seul vers, il a donné le plus enviable renom que puisse souhaiter une femme ici-bas :

> Tra bella e buona
> Non so qual fosse più,

et dont le front resplendit au séjour des bienheureux d'*un non so chè divino*. Là, Béatrice explique à Dante le problème de la liberté, le plus grand don, dit-elle, que Dieu, dans sa largesse, ait fait au monde :

> Lo maggior don, che Dio per sua larghezza,
> Fesse creando, e alla sua bontate
> Più conformato, e quel ch' ei più apprezza,

> Fu della volontà la libertate,
> Di che le creature intelligenti,
> Et tutte e sole furo e son dotate.

Au chant sixième, dans la planète de Mercure, Dante se trouve en présence de l'empereur Justinien. Il entend de sa bouche un récit grandiose, fait à la façon de Bossuet, des vicissitudes de l'empire, d'Énée à César, de César à Charlemagne, et de Charlemagne aux temps du poëte. Dans cette planète, où sont les âmes qui par amour de la gloire ont fait des actions vertueuses, Dante met un épisode charmant. Il rencontre Roméo de Villeneuve, habile et dévoué serviteur de Raymond Bérenger, comte de Provence, mais victime de l'envie et de l'ingratitude des cours et s'exilant pour les fuir. Il m'a toujours semblé que notre poëte avait vu en Roméo sa propre image, lorsque l'appelant « ce juste, » *quel giusto*, et, après l'avoir loué des grands services rendus à son maître, il ajoute avec émotion :

> Mais alors il partit, pauvre et tout chargé d'âge.
> Si le monde savait ce qu'il eut de courage
> En mendiant son pain, et morceau par morceau,
>
> Son renom déjà grand serait encor plus beau.

> Indi partissi povero e vetusto.
> E se 'l mondo sapesse il cuor ch' egli ebbe
> Mendicando sua vita a frusto a frusto.
>
> Assai lo loda, e più lo loderebbe.

Un des plus beaux chants du *Paradis*, c'est le huitième. Le poëte décrit la planète de Vénus, où sont les âmes qui surent grandement aimer. Il y retrouve Charles Martel, le fils aîné du roi de Naples, qui, à Florence, s'était lié avec Dante de l'amitié la plus tendre. *In costui*, dit Boccace, *regnò molta bellezza e assai innamoramento*. Charles Martel vient vers Dante et l'accoste en lui disant, comme l'a fait Sordello au Purgatoire, le premier vers d'une de ses *canzoni*:

> *Voi che intendendo il terzo ciel movete;*

il lui rappelle qu'ils se sont beaucoup aimés :

Assai m'amasti ed avesti ben onde.

Il demeure, comme naguère à Florence, à discourir longuement avec l'ami de son cœur. Dans ce discours, une chose me semble plus particulièrement intéressante, c'est la théorie d'une hiérarchie naturelle des intelligences, d'une relation entre les aptitudes et les fonctions qui constituerait, si elle était bien observée par les hommes, la véritable harmonie sociale. Dante met cette théorie dans la bouche de Charles Martel. En l'an 1300, il lui fait exposer en très-beaux vers ce que plusieurs de nos théoriciens socialistes, croyant l'inventer, ont dit de nos jours en assez médiocre prose. Tel naît Solon, tel Xerxès, dit le poëte, ou Melchisédech, ou Dédale ; mais la société n'a point égard à ces vocations naturelles.

> Si le monde observait pour chaque créature
> Le premier fondement que pose la nature
> Et s'il s'y conformait, il aurait de bon grain :
>
> Mais en religion pour le froc on élève
> Tel que le ciel avait fait naître pour le glaive ;
> L'on fait un roi de tel qui naquit pour prêcher.
>
> De là vient qu'au hasard on vous voit trébucher.

> Ma voi torcete alla religione
> Tal che fu nato a cingersi la spada ;
> E fate re di tal ch'è da sermone.
>
> Onde la traccia vostra è fuor di strada.

MARCEL.

Mais c'est du fouriérisme tout pur !

VIVIANE.

Je me rappelle, dans l'*Histoire de la Révolution* de Michelet, un passage sur Louis XVI entièrement conforme à ce sentiment de Dante.

DIOTIME.

Gœthe a dit, en plusieurs endroits, des choses toutes semblables. L'esprit de Dante est au milieu de nous, Viviane ; car c'était, dans les entraves du dogme, un esprit de liberté d'un tel essor, qu'aucun esprit moderne ne l'a dépassé en hardiesse. « Chaque jour, dit M. Littré, Dante prend la main de quelqu'un de nous, comme Virgile prit la sienne, et l'introduit en ces demeures où éclatent la justice et la miséricorde divines. »

Au chant suivant, Dante rencontre Cunizza, la sœur du tyran Ezzelino, l'amante de Sordello, de qui on a parlé déjà au Purgatoire, qui vécut amoureusement, dit le commentateur anonyme, dans les parures, les chansons, les jeux ; mais qui fut néanmoins pieuse et miséricordieuse. *Simul erat pia, benigna, misericors, compatiens miseris quos frater crudeliter affligebat.* Non loin d'elle est Folco ou Folchetto de Marseille, le troubadour, *bello di corpo, ornato parladore, cortese donatore, e in amore acceso, ma coperto e savio*, dit l'*Ottimo*. Et Dante, soudain, tout au milieu de ces souvenirs d'amour, rappelle et flétrit, pour la troisième fois, l'envie et la superbe de ses concitoyens; il maudit le *florin*, *il maledetto fiore*, qui fut semence de mal pour toute l'Italie, et surtout pour l'Église.

VIVIANE.

Qui faut-il entendre par ce florin maudit?

DIOTIME.

Il n'y a point ici d'allusion, mais une réalité, ma chère Viviane. Le florin, *il fiorin giallo*, appelé plus tard *zecchino*, était une monnaie de l'or le plus pur, à l'effigie de saint Jean-Baptiste, et qui fut frappée à Florence, pour la première fois, au milieu du XIIIe siècle. Cette monnaie d'un titre supérieur donna un avantage considérable aux Florentins dans les échanges; elle contribua à leur puissance commerciale; mais elle devint bientôt l'objet des convoitises de Rome, l'occasion d'un luxe excessif, et fut à la fois ainsi pour la république une cause de richesse et de calamités.

Parvenus au quatrième ciel, le soleil, nous entrons dans la compagnie insigne des âmes qui vécurent entièrement exemptes de péchés. Selon une cosmologie commune à Platon, aux Pères de l'Église et aux mystiques, le soleil est la demeure des doctes dans la science divine, des philosophes, des théologiens, de ceux qu'on appelait les flambeaux du monde.

ÉLIE.

Qui docti fuerint, fulgebunt quasi splendor firmamenti, dit le prophète Daniel.

DIOTIME.

Là sont Thomas d'Aquin, Albert le Grand, Pierre Lombard, Richard de Saint-Victor, Boèce le grand consolateur, Orose, Denis l'Aréopagite, Siger de Brabant...

ÉLIE.

Mais voilà, ce me semble, une compagnie de docteurs assez mêlée; et Dante, entre ces flambeaux du catholicisme, met des hommes dont la science est bien loin d'être pure. Albert le Grand, par exemple, un disciple d'Avicenne, un docteur dans *toutes les sciences licites et illicites*, comme on écrit alors! Siger, cet obstiné studieux d'Averroës et de Maimonide, qui ne trouvait déjà plus que trente-six arguments contre trente en faveur de l'immortalité de l'âme!

DIOTIME.

Dante reste au Paradis ce que nous l'avons vu dans l'Enfer, mon cher Élie, catholique au plus large sens du mot, mais absolument étranger aux exclusions d'une étroite orthodoxie. Son Église à lui est véritablement universelle, car ses fondements reposent non sur la tradition particulière de tel ou tel sacerdoce, mais sur la tradition naturelle du genre humain. Nous pouvons encore aujourd'hui, on pourra toujours dans les temps futurs, honorer les martyrs, les bienheureux, les saints de l'Allighieri, car ils n'appartiennent pas en propre à cette Église romaine qui commence avec saint Pierre et s'achève au concile de Trente ; ils sont à nous, Viviane, ils sont la gloire et la vertu de la grande Église humaine qui n'a pas eu de commencement et n'aura pas de fin.

L'apologie de saint Dominique et celle de saint François d'Assise sont parmi les plus beaux morceaux de la *Comédie*. Il était impossible que ces deux hommes extraordinaires, fondateurs de deux ordres nouveaux qui remplissaient le monde de leurs rivalités, n'eussent pas une place considérable dans le Ciel de Dante. Les Dominicains et les Franciscains se partageaient alors la catholicité tout entière. Saint Dominique et saint François personnifiaient le double mouvement qu'avait produit dans les âmes l'appréhension du danger dont l'Église était menacée par sa propre corruption et par les progrès de l'hérésie. Ce grand esprit et ce grand cœur voulaient tous deux la sauver, l'un par la science, l'autre par l'amour. Prenant pour idéal la splendeur des chérubins et l'ardeur des séraphins, l'école dominicaine et l'école franciscaine avaient entrepris de réchauffer à ce double foyer la foi languissante du siècle. Saint Dominique visait à l'empire des consciences par un dogmatisme absolu et par une logique implacable. En vrais limiers du Seigneur, *Domini canes*, ses disciples parcourent le monde pour dépister les hérétiques, les poursuivre, les faire rentrer par la menace au bercail, ou les mordre d'une morsure mortelle. Ils font alliance avec les grands, avec les puissants de ce monde. Ils allument les bûchers ; ils y jettent les livres et les hommes. Saint François, au contraire, l'apôtre de la mansuétude, embrasse d'une tendresse sans bornes toutes les créatures; les plus pauvres et les plus humbles, il les chérit au-dessus des autres. Il évangélise les oiseaux du ciel, les poissons des rivières ; il se lie de fraternelle amitié avec les loups féroces. Ses disciples, à lui, seront les rêveurs, les visionnaires, les extatiques, les communistes de l'état populaire. Ils annonceront comme très-prochain (pour l'an 1260 si je ne me trompe) l'avénement du *troisième Testament*, le règne de l'Esprit, l'*Évangile éternel*. Ils oseront dire que Jésus-Christ n'a pas été parfait dans la vie contemplative, et que l'esprit de vie s'est retiré de l'Église. Tout pénétrés d'une aspiration innommée vers la liberté de conscience, ils diront encore que l'amour pur, par qui l'âme entre en communion avec Dieu, la délie de tous les liens de la discipline. Agitateurs d'une société nouvelle, ils ne dresseront point les bûchers, ils y monteront joyeux et doux.

ÉLIE.

Dante appartenait-il à l'école dominicaine ou à l'école franciscaine?

DIOTIME.

Dante, en théologie, n'est, à proprement parler, ni dominicain ni franciscain, de même qu'en politique il n'est ni gibelin ni guelfe. Il faut toujours en revenir à dire : Dante est Dante. Dans la *Comédie*, il se tient généralement aux doctrines de saint Thomas. Mais, par sa tendresse d'âme, par son imagination, par sa vive curiosité des choses nouvelles, des *vérités importunes*, *invidiosi veri*, comme il dit au dixième chant du Paradis à propos de Siger, par sa grande compréhension de la nature et de l'histoire, qui ne tient aucun compte des censures de l'Église, qui nomme avec honneur ses ennemis, un Averroës, un Frédéric II, qui célèbre les prophètes de sa ruine, un Joachim de Flore,

> Il calavrese abate Giovacchino.
> Di spirito profetico dotato,

Dante semble tout inspiré du souffle qui plane sur Assise. Comme son ami Giotto, il peint avec prédilection saint François, et je ne doute pas, à son style, qu'il n'ait lu et relu avec amour le livre des *Fioretti*.

VIVIANE.

Qu'est-ce que les *Fioretti* ?

DIOTIME.

I Fioretti del glorioso poverello di Cristo, messer san Francesco, sont un recueil de récits concernant saint François et ses disciples. On n'en sait pas l'auteur, mais il remonte certainement aux premiers jours de la prose italienne, et il tient aujourd'hui un rang à part entre les classiques *trecentisti*. J'aurais bien quelque autre sujet de soupçonner notre poëte de n'avoir pas incliné vers les Dominicains. Au xive siècle, les principaux chefs de l'ordre furent des Français, et force nous est bien de reconnaître, hélas! que Dante n'aimait pas la France. *Dante disamava la Francia*, écrit Mazzini, de qui, soit dit en passant, les biographes pourront bien en dire autant quelque jour sans trop d'injustice. En tout cas, selon l'esprit légendaire, Dante réconcilie au ciel les deux rivaux, en mettant l'apologie de saint François d'Assise dans la bouche de saint Thomas et celle de saint Dominique dans la bouche du fervent franciscain saint Bonaventure.

MARCEL.

Ce Joachim de Flore que vous venez de nommer, serait-ce l'abbé calabrais que cite Montaigne, et « qui prédisait, dit-il, tous les papes futurs, leurs noms et formes ? »

DIOTIME.

C'est lui-même. Au quatorzième chant, Dante arrive dans le ciel de Mars, où sont les âmes de ceux qui ont glorieusement péri dans les guerres justes. Son bisaïeul Cacciaguida s'empresse vers lui : « O mon sang ! *ô sanguis meus!* » s'écrie-t-il, du plus loin qu'il l'aperçoit. En très-beaux vers et dans un style d'une simplicité épique, le patricien toscan fait à son petit-fils l'histoire de leur maison. La *racine* parle à la *feuille*.

> O fronda mia in che io compiacemmi
> Pure aspettando, io fui la tua radice.

Cacciaguida retrace à Dante les mœurs anciennes. Florence sobre et pudique, le *beau vivre* des citoyens.

> A così bello
> Viver di cittadini, e così fida

> Cittadinanza, a cosi dolce ostello.
> Maria mi diè...

Il fait un tableau tout hellénique, et d'une grâce surprenante dans la bouche d'un vieux guerrier, de ces mères florentines attentives au berceau, qui consolaient l'enfant dans le doux idiome natal, et, filant la quenouille, discouraient en famille des gestes des Troyens, de Fiesole et de Rome.

> L'una vegghiava a studio della culla
> E consolando usava l' idioma
> Che pria li padri e le madri trastulla.
>
> L'altra, traendo alla rocca la chioma,
> Favoleggiava con la sua famiglia
> De' Troiani, e di Fiesole, e di Roma.

C'est dans cet entretien, au début du seizième chant, que Dante fait une réflexion sur la noblesse du sang qui révèle de quelle nature était en lui le sentiment aristocratique. La noblesse, à ses yeux, c'est un manteau bien vite usé et raccourci par le temps, si l'on ne travaille chaque jour à le réparer.

> Ben se' tu manto che tosto raccorce.

Gœthe, dans ses *Mémoires*, à propos d'une très-belle lettre d'Ulrich de Hutten qu'il cite, développe exactement la même pensée. C'est l'idée moderne, l'idée anglaise, de l'aristocratie qui ne voit dans l'orgueil des ancêtres qu'un engagement d'honneur à l'excellence en toutes choses. Dans le *Convito*, Dante l'a exprimée déjà en appelant *vilissimo* tout homme noble par le sang qui ne le devient pas aussi par la vertu, et en déclarant que ce n'est pas la race qui ennoblit la personne, mais la personne qui ennoblit la race.

ÉLIE.

N'est-ce pas un peu dans ce sentiment des aïeux qu'Alfred de Vigny écrit ces beaux vers dans son poëme de L'*Esprit pur* que la critique a blâmé comme trop peu modeste :

> C'est en vain que d'eux tous le sang m'a fait descendre.
> Si j'écris leur histoire ils descendront de moi.

DIOTIME.

Sans doute. — C'est Cacciaguida, vous vous le rappelez, Viviane, qui fait à Dante cette prédiction, si souvent citée, de sa gloire future et de l'exil où il mangera le pain amer et montera l'escalier d'autrui :

> Tu lascerai ogni cosa diletta
> Più caramente: e questo è quello strale
> Che l'arco dell' esilio pria saetta.
>
> Tu proverai sì come sa di sale
> Lo pane altrui, e com' è duro calle
> Lo scendere e 'l salir per l'altrui scale.

C'est par Cacciaguida que Dante se fait approuver d'avoir quitté la compagnie des factieux guelfes ou gibelins, et de s'être fait à lui seul son propre parti :

> A te fia bello
> Averti fatto parte per te stesso.

C'est à ce noble aïeul que notre poëte demande conseil pour savoir s'il devra taire ou révéler à son retour ici-bas la vision qu'il a eue des choses éternelles. Dante craint, s'il redit ce qu'il a appris « dans le monde des douleurs sans fin, sur la montagne au riant sommet, et dans le ciel, de lumière en lumière, » que ses paroles n'aient une saveur trop âcre à plusieurs :

A molti fia savor di forte agrume.

Mais il craint encore davantage, « s'il est un timide amant du vrai, » de perdre sa vie dans la postérité :

E s'io al vero son timido amico,
Temo di perder vita tra coloro
Che questo tempo chiameranno antico.

Cette question de Dante à Cacciaguida : Les droits de la justice ou les devoirs de la bienveillance doivent-ils l'emporter dans les témoignages que chacun de nous porte au tribunal de la conscience publique ? Doit-on confesser la vérité, même cruelle à autrui, ou bien serait-il mieux de l'ensevelir dans un miséricordieux silence ? cette question, une des plus délicates de la vie morale, est tranchée dans le sens le plus hardi par « une intelligence et une volonté droites, et qui aiment. »

Che vide e vuol dirittamente, ed ama.

Assurément, dit Cacciaguida à Dante, ta parole portera le trouble dans plus d'une conscience ; mais quoi qu'il en soit, écarte tout mensonge et manifeste toute ta vision :

> Ma nondimen, rimossa ogni menzogna,
> Tutta tua vision fa manifesta.

Et il résume son opinion par une de ces sentences proverbiales, par une de ces images triviales et cyniques qui abondent dans les livres saints :

> E lascia pur grattar dov'è la rogna.

Puis, relevant aussitôt et sa diction et sa pensée : « Ce cri de ton cœur, dit Cacciaguida à Dante, sera comme le vent qui assaille avec le plus de fureur les cimes les plus hautes. Et ce ne sera pas pour toi un honneur médiocre. »

> Questo tuo grido farà come vento
> Che le più alte cime più percuote.
> E ciò non fia d'onor poco argomento.

Vous le voyez, mes amis, n'y eût-il dans toute la *Comédie* que ce seul discours de Cacciaguida qui se rapportât au but du poëte, aucun doute ne pourrait subsister. Dante met dans la bouche de son aïeul ce que que lui dicte sa propre conscience : la résolution de piquer de l'aiguillon d'une vérité acérée « la génération ingrate, insensée et impie » de ses ennemis, qui sont aussi à ses yeux et dans le juste sentiment qu'il nourrit de son sacerdoce, les ennemis du droit et de la liberté, les ennemis de Dieu.

Le sixième ciel, le ciel de Jupiter, où nous montons avec Dante et Béatrice, est le séjour de la justice. Les âmes, les étoiles des princes justes et saints composent ensemble la figure de l'aigle impériale aux ailes éployées.

Cette aigle resplendissante, dont les millions de lumières ne forment qu'une lumière et les millions de voix qu'une voix, qui, en parlant, dit *je* et *moi*, quand sa pensée est *nous* et *notre*,

>Nella voce ed *Io* e *Mio*
>Quand' era nel concetto *Noi* e' *Nostro*.

qui n'a qu'un même amour, a paru à quelques interprètes de Dante l'emblème de ce que nous appellerions aujourd'hui la vie collective de l'humanité, de ce qui s'appela longtemps en Europe la *république chrétienne*, de ce qui prenait alors, dans les esprits synthétiques, le nom de saint empire romain. Dante, on ne saurait trop le redire, n'appartenait pas à ces mystiques moroses qui, dédaigneux des destinées de l'homme sur la terre, ajournaient toute justice, toute paix et toute joie à la vie future. Dante était un chrétien politique qui se préoccupait des destinées sociales de l'homme ici-bas, et qui voulait aussi positivement que nous le voulons aujourd'hui établir la cité et l'État sur les fondements d'une liberté, d'une justice, d'une science et d'une foi tout humaines. A cet égard, le commentateur royal Philalèthès et le commentateur républicain Mazzini sont d'accord. Ils ne diffèrent que dans les mots. Ce que Mazzini appelle « la contemplation prophétique » d'un ordre universel, le roi Jean de Saxe l'appelle « un gibelinisme idéal; » et tous deux déclarent que Dante attribue la réalisation de cet idéal ou de cette prophétie au peuple romain, providentiellement prédestiné au gouvernement du monde.

ELIE.

Il me semble que c'est un idéal analogue que poursuit aujourd'hui encore, sous une autre forme, toute une école politique qui revendique pour la nation française l'honneur d'être, depuis la révolution de 89, la nation initiatrice du droit et de la morale politique.

DIOTIME.

Précisément. Le génie de Dante avait clairement pressenti la grande unité, la religion scientifique qui devra régner un jour sur le globe; il avait conçu, dans son vaste génie, tout cet ensemble d'idées que M. Littré appelle *l'esprit qui vivifie la société moderne*, et dont il donne une définition que Dante assurément n'eût pas désavouée.

VIVIANE.

Laquelle?

DIOTIME.

J'en ai pris note précisément à propos de la *Comédie*; la voici : « L'esprit qui vivifie, dit M. Littré, c'est la combinaison du savoir humain avec la morale sociale, afin que tout ce que l'humanité acquiert de vrai s'applique à développer tout ce qu'elle a de bon. » Seulement M. Littré considère cette combinaison comme « nouvelle dans le monde, » et en cela je ne saurais être entièrement de son avis, car le désir de la voir se réaliser est le mobile principal qui fait écrire à Dante le poëme sacré dont il dit que *le ciel et la terre y ont mis la main*, et cette combinaison se trouve, avant la Comédie, dans l'idée génératrice du *Tesoretto* de Brunetto Latini; elle est au fond de tous les essais d'encyclopédie qui ont été faits en divers temps; seulement elle a acquis de nos jours, en se vulgarisant, une puissance d'expansion toute nouvelle.

Dante voit dans l'aigle lumineuse les âmes de Constantin, d'Ézéchias, de Guillaume le Bon, roi de Sicile; aux deux côtés du roi David, Trajan et Riphée.

MARCEL.

Et il oublie de mettre, dans l'astre de Jupiter, son prêtre fervent, Julien?

DIOTIME.

La légende n'autorisait pas Dante à sauver l'apostat, mon cher Marcel. Elle ne lui était pas favorable, tandis que pour Trajan, elle supposait que, après cinq siècles de séjour en enfer, il en avait été tiré par les prières du pape saint Grégoire; et notre poëte, avec saint Thomas, complète la légende, pour la mieux conformer aux doctrines de l'Église, en supposant à son tour que le grand empereur, revenu sur la terre, y a confessé Jésus-Christ et mérité le ciel.

Quant au Troyen Riphée, de qui Virgile a dit :

> Justissimus unus
> Qui fuit in Teucris et servantissimus æqui,

Dante le baptise de ce *baptême de désir* que l'Église accordait aux païens vertueux, parce qu'ils avaient pressenti obscurément, disait-elle, la rédemption chrétienne.

Dans le ciel de Jupiter où Dante exalte les rois justes, il flagelle les mauvais princes. Il entend la royauté comme nous la pourrions entendre aujourd'hui. Sa doctrine à cet égard est sans aucune ambiguïté : les rois sont les ministres et non les maîtres des peuples.

Non enim gens propter regem, sed rex propter gentem.

Nous voici au septième ciel, dans Saturne, l'astre des mélancoliques, des taciturnes, selon Ptolémée, le séjour des solitaires contemplatifs. Là Béatrice devient si radieuse qu'elle n'oserait plus sourire :

Ed ella non ridea; ma : S'io ridessi,
Mi cominciò, tu ti faresti quale
Fu Semelè quando di cener fessi.

Saint Damien et saint Benoît parlent à Dante. Le premier, en quelques vers d'une causticité shakespearienne, fait un parallèle satirique entre les anciens pasteurs de l'Église et ceux d'aujourd'hui : les uns, dit-il, saint Pierre et saint Paul, s'en allant par le monde,

Maigres et pieds nus,
Sous n'importe quel toit mangeant au jour le jour :

Magri e scalzi,
Prendendo il cibo di qualunque ostello;

les autres, si engraissés, si lourds, qu'il leur faut des serviteurs en avant et en arrière, qui les hissent et les soutiennent sur leurs palefrois couverts de riches manteaux :

Si che due bestie van sott' una pelle.

Saint Benoît, à son tour, compare la discipline relâchée et les mœurs corrompues des ordres religieux à ce que furent à l'origine la règle austère, la pauvreté, l'humilité, le jeûne et la prière des fondateurs.

Puis nous montons avec Dante au ciel des étoiles fixes par la constellation des Gémeaux, d'où le poëte jette un regard sur les sept planètes qu'il vient de parcourir. En voyant la terre si petite, il sourit :

> E vidi questo globo
> Tal, ch' io sorrisi del suo vil sembiante.

Vous vous rappelez que Dante est né sous cette constellation, propice aux esprits doctes. Il invoque ces astres glorieux; il leur rend grâces, en très-beaux vers, de l'intelligence, *quelle qu'elle soit*, qu'il a reçue d'eux tout entière,

> Oh gloriose stelle, oh lume pregno
> Di gran virtù, dal quale io riconosco
> Tutto (qual che si sia) il mio ingegno.

Cependant nous approchons du dénoûment. Dante, qui a senti, d'étoile en étoile, se fortifier sa puissance de vision, peut maintenant soutenir l'éclat du sourire de Béatrice. Il la voit en attente d'un grand spectacle. Dans une image d'une grâce infinie, il la peint semblable à l'oiseau qui, posé sur le bord du nid où repose sa douce couvée, regarde fixement et prévient d'un ardent désir le lever du soleil, guettant les premières lueurs de l'aube sous la nocturne feuillée.

> Come l'augello, intra l'amate fronde,
> Posato al nido de' suoi dolci nati,
> La notte che le cose ci nascoade.
>
> Previene', tempo in su l'aperta frasca,
> E con ardente affetto il Sole aspetta,
> Fiso guardando, pur che l'alba nasca.

Soudain, les voici tous deux illuminés d'une lumière « à qui rien ne résiste. » Jésus-Christ apparaît, suivi de la vierge Marie et d'un cortége triomphal d'âmes bienheureuses.

Tout ce chant n'est qu'un hymne à l'éternelle beauté. Arrivé presque au terme de sa longue carrière poétique, où tant d'autres auraient senti leur essor se ralentir, Dante, au contraire, a de plus vigoureux coups d'aile, il s'élève plus libre et plus fier vers les suprêmes sommets.

Examiné comme un bachelier par les saints apôtres, par saint Pierre, saint Jacques et saint Jean, sur les trois vertus théologales, la foi, l'espérance et la charité, et ayant répondu en bon chrétien, Dante a pénétré jusqu'au neuvième ciel, où Béatrice lui fait connaitre la hiérarchie des neuf chœurs angéliques; de là il s'élève avec elle jusqu'au seuil de l'empyrée. A ce moment, Béatrice se transfigure; elle resplendit d'une telle béatitude que l'œil et l'âme du poëte en sont comme foudroyés. Cette beauté ineffable, dit-il, est au-dessus de toute vision mortelle; il croit même que les anges n'en sauraient supporter toute la splendeur, et que Dieu seul, lui qui l'a créée, en peut jouir entièrement.

> La bellezza ch' io vidi si trasmoda
> Non pur di là da noi, ma certo io credo
> Che solo il suo Fattor tutta la goda.

Quant à lui, qui du premier jour où elle lui apparut ici-bas, l'a suivie et chantée, il sent que désormais la tâche est au-dessus de ses forces et de son art.

> Dal primo giorno ch' io vidi il suo viso
> In questa vita, insino a questa vista,
> Non è 'l seguire al mio cantar preciso;
>
> Ma or convien, che'l mio seguir desista.
> Più dietro a sua bellezza, poetando,
> Come all' ultimo suo ciascuno artista.

Béatrice montre à Dante les abords de la cité céleste, l'immense amphithéâtre où siégent sur des trônes les bienheureux qui ont là leur demeure fixe et ne font qu'apparaître momentanément au poète dans les astres dont ils ont subi l'influence. Un trône est resté vide, et semble attendre un grand élu. Là, dit Béatrice, viendra l'âme auguste du souverain qui voulut relever de son abaissement l'Italie, mais avant qu'elle y fût disposée.

> In quel gran seggio, a che tu gli occhi tieni,
> Per la corona che già v' è su posta,
> Prima che tu a queste nozze ceni,
>
> Sederà l' alma, che fia giù agosta,
> Dell' alto Arrigo, ch' a drizzare Italia
> Verrà in prima ch' ella sia disposta.

Et pendant que Dante s'absorbe dans le souvenir du

grand Henri, pendant qu'il regarde, ébloui, la divine assemblée, Béatrice va se rasseoir sur son trône, entre Rachel et Lia, aux pieds de la reine des anges. Lorsque Dante se tourne vers elle et s'apprête à l'interroger, il ne la voit plus à ses côtés, elle a disparu; saint Bernard a pris sa place. « Où donc est-elle? » s'écrie le poëte,

> Ed : Ella ov' è? di subito diss' io.

Et saint Bernard lui ordonne de lever les yeux. Alors Dante voit dans sa gloire la femme qui fut ici-bas son amour, sa passion, son culte, son salut. Et instantanément de son cœur prosterné sort un hymne d'amour et de reconnaissance. Dante adresse à Béatrice des paroles telles que jamais ni amant ni poëte n'en dira de plus belles à aucune femme. Il fait monter vers elle, comme un pur encens, la prière ardente de son âme et de sa vie. A cette prière, Béatrice répond par un sourire; puis elle relève les yeux vers l'éternel foyer de tout amour.

Alors saint Bernard explique à Dante l'ordre et la division de la rose mystique. Il lui fait voir, feuille à feuille, dans cette fleur d'allégresse où plonge, enivré du suc divin, l'essaim des abeilles célestes, les âmes des anges, des pieuses femmes qui consolèrent la croix du Sauveur, les âmes innombrables des tout petits enfants dont le pied ne fit qu'effleurer la terre et dont le berceau fut la tombe; le saint proclame les noms des grands patriciens de l'empire éternel,

> I gran patrici
> Di questo imperio giustissimo e pio.

Il invoque la Reine du ciel, afin que, par son intercession, Dante puisse soutenir l'éclat formidable de la face de Dieu et que sa raison ne soit pas submergée dans la lumière infinie. En signe d'assentiment, Marie abaisse les yeux vers son fidèle; dans un rapide éclair, Dante pénètre l'essence divine. Il voit en Dieu l'universelle harmonie des âmes et des mondes. Il sent son désir, sa volonté, attirés invinciblement dans l'immense orbite de l'amour éternel « qui meut le soleil et les étoiles. »

> Ma già volgeva il mio disiro, e 'l velle,
> Sì come ruota, che igualmente è mossa,
> L'Amor che muove il Sole e l' altre stelle.

Tel est, ma chère Viviane, le dénoûment de cette *Comédie divine* dont l'humanité est à la fois le sujet, l'acteur principal et l'éternel auditoire. Telle est la fin de cette œuvre unique à laquelle ont travaillé ensemble le génie d'un grand poète, le génie d'une grande nation, et ce génie, le plus grand de tous, qui veille, d'âge en âge, sur la conservation, l'accroissement et la transmission de ces vérités essentielles, qui passent de nation en nation, d'art en art, de science en science, pour former, un jour réunies, le commun trésor de la race humaine, la religion qu'elle se sera révélée à elle-même en s'avançant comme Dante, des ténèbres à la lumière, de la servitude à la liberté, du royaume de Satan au royaume de Dieu.

La *Divine Comédie*, je voudrais vous l'avoir fait mieux sentir et comprendre, c'est dans les conditions de personnification et d'images imposées à l'art et sous le rayon qui éclairait le xiii⁰ siècle, l'histoire symbolique de l'esprit humain, le tableau de son évolution ascendante, au sein des nécessités divines, de la liberté instinctive, confuse, aisément rebelle et produisant le mal, à la liberté rationnelle, éclairée, de plus en plus soumise à la loi, voulant et aimant avec Dieu le salut du monde.

Pour exprimer d'une manière sensible cette donnée abstraite, qui pour d'autres n'eût été qu'un sujet de dissertation rimée et de froide rhétorique, Dante possédait heureusement l'intelligence profonde de tous les arts : une faculté plastique extraordinaire tout à la fois grecque et latine, avec un sentiment musical que l'on pourrait dire moderne et qui lui fait trouver, dans un idiome encore âpre et contracté, des effets de mélodie et d'harmonie tels que les langues les mieux assouplies et les poésies les plus exquises en offrent peu d'exemples. On a remarqué avec justesse que dans la savante construction des trois cantiques où se développe l'action de la *Comédie*, dans cette symétrie presque incroyable des trois royaumes où Dante a distribué presque également en trente-trois chants quatorze mille deux cent trente vers, il a donné à l'Enfer un caractère plus particulièrement architectural et sculptural, au Purgatoire un aspect plus pittoresque, et que, au Paradis enfin, il semble avoir voulu nous faire entendre les vibrations éthérées, la musique des sphères.

Pourtant je pense avec Schelling qu'il ne faudrait ici rien séparer. Dans l'idée comme dans l'art de l'Alligheri tout se tient ; l'excellence propre à chaque partie n'apparaît entièrement que dans sa relation avec l'ensemble. Depuis le premier jusqu'au dernier vers de cette *Divine Comédie*, point de brisements, point de défaillances. Un rhythme intérieur qui jamais ne fléchit, le rhythme passionné d'une âme héroïque, nous entraîne; il nous élève, par ce grand *crescendo* d'amour dont parle Balbo, par des variétés insensibles de mode, de mesure et de style, du fond des troubles, des déchirements, des douleurs aiguës et confuses de la vie mortelle, jusqu'à cette existence sereine, harmonieuse, ineffable, où rien ne change, ne souffre, ne périt.

Mais que dirais-je encore, Viviane, de ce poëme incomparable que vous ne sentiez mieux que moi ! Cet idéal de l'amour pur à qui Dante, dans sa poétique conception des mondes, rapporte toute science, toute sagesse, toute vertu, toute béatitude, cet *Éternel féminin* que lui révèle Béatrice et qu'il chante cinq siècles avant Gœthe, qu'ai-je besoin d'en disserter davantage, quand, chaque jour, à toute heure, il nous apparaît en vous, dans vos joies, dans vos tristesses, dans toutes les piétés, dans toutes les grâces de votre vie si jeune et déjà si haute?

Pendant que Diotime parlait encore, Viviane, comme involontairement, s'était rapprochée d'elle. En silence, elle s'était assise sur l'escabeau et reposait sur les genoux de son amie sa tête charmante. N'entendant plus la voix de *la Nina*, la jeune fille releva le front, son front pâle et pur ; puis, d'un léger mouvement, l'ayant dégagé des longues boucles blondes qui l'offusquaient :

O Beatrice, dolce guida e cara !

dit-elle, en attachant ses beaux yeux sur les yeux de Diotime.

TROISIÈME DIALOGUE.

DIOTIME, VIVIANE, ÉLIE, MARCEL.

Par une de ces brusques variations des vents qui sont si fréquentes au bord de la mer et qui changent instantanément l'aspect du ciel et des eaux, l'horizon de Portrieux dans la matinée du deux septembre n'était que splendeur. Une sorte de vibration sonore et chaude animait l'atmosphère. Les oiseaux fêtaient le retour du soleil. Tout présageait une de ces belles journées d'automne qui, pareilles à certaines joies du tard de la vie, nous charment et nous émeuvent d'autant plus que nous les sentons plus proches de l'heure où tout va s'assombrir. On partit pour le cap Plouha. Les chemins défoncés par la pluie ne permettaient pas d'y risquer une voiture et des chevaux de ville; nos amis montèrent dans la carriole rustique de leur hôte. Depuis quinze ans qu'elle allait à toutes les foires, cette brave carriole était accoutumée aux ornières, et la jument aveugle qui la traînait, connaissait d'instinct et de mémoire tous les mauvais pas, si bien que, sans attendre d'avis, elle changeait d'allure, ralentissant ou pressant à propos, pour éviter les heurts et les embourbements. La distance fut vite franchie. On traversa au grand trot le village de Saint-Quai; on laissa sur la gauche le château de Tréveneuc avec sa longue avenue d'ormes; vers midi, on mettait pied à terre, et l'on descendait par un chemin creux resserré entre deux haies d'ajoncs vers les grèves de Plouha.

Viviane ne put retenir un cri de surprise lorsque, au détour du sentier, elle aperçut tout à coup la mer immense et tranquille qui se déployait dans toute sa solennité. Entre la masse aiguë du cap Plouha, à laquelle on touchait presque, et la ligne argentée, à peine visible, que traçait le cap Fréhel au plus lointain horizon, une vaste étendue d'eau, en pleine lumière, unissait, par des effets merveilleux de coloration et de perspective, ses profondeurs glauques aux profondeurs azurées du ciel. Pas un mouvement, pas un bruit, pas une ombre à la surface des flots transparents, sous le dôme éthéré qu'embrasaient, à ce milieu du jour, tous les feux du soleil. De clartés en clartés, d'étincelles en étincelles, l'œil ébloui ne savait plus où se prendre. C'était comme un enivrement de lumière, comme un rêve extatique de la nature endormie.

Diotime ayant rejoint Viviane, elles demeurèrent longtemps ensemble à contempler ce spectacle. Sans se parler, elles avaient enlacé leurs bras, et la main dans la main, émues d'une même pensée, elles s'appuyaient l'une à l'autre.

Qui les eût vues ainsi, ces deux nobles figures de femmes, l'une sous ses voiles de deuil, l'autre sous les plis droits de son vêtement blanc, debout, immobiles, se détachant comme un marbre antique, dans la pure atmosphère, à ces derniers confins de la terre et de l'océan, il eût dit avec le poëte : *Numen adest*. Il était là, en effet, le dieu ; il parlait dans le silence sacré de l'espace infini et dans le silence plus sacré encore des tendresses humaines.

Ce fut la voix de Grifagno qui rompit le charme. Le lévrier avait suivi son maître, qui, avec l'aide de Marcel et de M. Évenous, était allé disposer tout pour un campement sur la plage. Mais s'ennuyant bientôt de ne pas voir Viviane, Grifagno revenait sur ses pas ; il bondissait, japait, agitait l'air de sa longue queue fauve ; il avertissait enfin à sa façon que l'heure du repas lui semblait venue.

Lorsque les deux amies s'avancèrent dans les rochers, elles y trouvèrent, qui les attendait, une table dressée. Dans une enceinte naturelle, d'aspect druidique, autour d'un quartier de roche aplati, poli par la vague et qu'on aurait pu croire façonné de main d'homme, on avait étendu des nattes épaisses sur lesquelles, au dire d'Élie, on allait, à demi couché, dîner à la romaine. Un pâté énorme, des salaisons, des galettes, du miel et des figues, quelques bouteilles d'un vin vieux de Bordeaux, tel qu'il ne s'en boit qu'en Bretagne, chargeaient la table cyclopéenne. Une voile empruntée à Portrieux au patron de la barque qui conduisait nos amis en mer, et que l'on avait nouée à deux perches solidement fixées dans le sol, projetait son ombre légère sur la salle du festin et l'abriterait du vent s'il venait à s'élever.

Diotime et Viviane louèrent beaucoup les ordonnateurs de la fête; mets et vins furent trouvés exquis. Marcel manifestait gaiement un appétit héroïque; Grifagno sollicitait du regard et happait au vol les morceaux rapides qu'on lui lançait à l'envi pour éprouver son agilité.

— Convenez, dit Marcel, que Mme Évenous a bien fait les choses et que notre banquet en plein air surpasse le banquet de Platon.

— Pourvu, dit la gracieuse Viviane, que l'*Étrangère de Paris* l'assaisonne et le relève de sa sagesse; pourvu que notre Diotime à nous, de qui l'autre eût été jalouse, veuille nous faire entendre sa parole à ravir Socrate.

Diotime s'inclina en signe de modestie et de consentement.

ÉLIE.

Aujourd'hui, Diotime, c'est à moi, ne vous déplaise, que vous allez avoir affaire. Jusqu'ici vous avez eu beau jeu à nous parler de Dante, mais je n'ai pas oublié, comme dit Montaigne, « notre premier propos » quand nous étions seul à seul, à cette même place, et que je m'étonnais si fort de vous entendre comparer Dante et Goethe. Nous nous sommes beaucoup écartés (je ne m'en plains pas) de notre point de départ. La dispute, s'il vous en souvient, avait commencé au sujet du rapprochement que vous vouliez faire entre la

Divine Comédie et le poëme de *Faust*. Vous nous avez admirablement démontré et fait sentir que la *Comédie* est un chef-d'œuvre, je suis porté à croire que *Faust* en est un autre; mais franchement ce n'est là encore qu'une analogie trop générale pour que je me déclare vaincu, et, malgré votre éloquence, ou plutôt sous le charme de votre éloquence, je dis avec Viviane : Vive le paradoxe !

DIOTIME.

En vous parlant si au long de Dante, je n'ai pas oublié notre dispute, mon cher Élie. Je me suis laissé entraîner par mon sujet, c'est là tout; et pourtant je ne vous ai pas dit la dixième partie de ce que j'aurais dû vous dire. Il est très-malaisé de quitter la *Divine Comédie*, plus malaisé encore d'en parler dignement. Enthousiastes ou critiques, ignorants ou doctes, nous n'arrivons qu'à une compréhension très-incomplète de ce monument extraordinaire vers qui l'esprit humain, à mesure qu'il s'en éloigne, se retourne de siècle en siècle, pour le contempler mieux, d'un point de vue nouveau, dans une autre perspective, et qui semble toujours grandir à l'horizon comme pour dominer toujours la scène agrandie. Il en sera ainsi du poëme de *Faust*, tout l'atteste déjà, bien que pour lui la postérité commence à peine; et puisque vous me rappelez, Élie, notre premier propos, j'y reviens, et je vous propose maintenant de me suivre dans le voyage où je voudrais m'aventurer de l'enfer au ciel de Gœthe, comme vous m'avez suivie hier de l'enfer au ciel de Dante.

VIVIANE.

Nous voici tout prêts.

DIOTIME.

Disons auparavant quelques mots de la vie de Gœthe, sans laquelle sa tragédie ne s'expliquerait guère mieux que la *Comédie* sans la vie de Dante; et malgré vos préventions, Élie, peut-être en viendrez-vous à convenir que si ces deux génies sont pour moi comme un seul guide et un seul maître, et si, en éclairant l'une par l'autre leur œuvre et leur vie, je vois s'en dégager l'idéal complet de la conscience et de la destinée humaine, une sorte de *poétique du salut*, passez-moi l'expression, il pourrait bien y avoir là autre chose qu'un jeu de mon esprit et le goût puéril du paradoxe.

ELIE.

Vous êtes sévère pour vos amis, Diotime; mais je l'ai mérité, et j'implore mon pardon.

Diotime tendit la main à Élie en s'excusant à son tour de sa vivacité. Par une question jetée à la traverse, Viviane coupa court à ce petit incident.

VIVIANE.

L'ai-je rêvé, ou ne m'avez-vous pas dit que vous avez connu Gœthe?

DIOTIME.

Je l'ai vu une fois, étant tout enfant.

VIVIANE.

Et vous vous en souvenez ?

DIOTIME.

Comme si c'était hier.

MARCEL.

Où donc avez-vous vu le grand homme ?

DIOTIME.

A Francfort, en 1815. Vous savez que ma mère était Allemande.

MARCEL.

Il y paraît bien un peu, sans reproche.

DIOTIME.

Sa famille était en relation d'amitié et de bon voisinage avec la famille de Gœthe. La mère de Wolfgang venait très-fréquemment chez ma grand'mère. C'est là qu'eut lieu la majestueuse entrevue de *Frau Rath* avec Mme de Staël, si plaisamment racontée par Bettina. C'est dans la maison de campagne tout proche de la ville, où ma grand'mère passait ses étés et où vous êtes allé voir l'*Ariane* de Dannecker, que j'entendis pour la première fois le nom de Gœthe...

MARCEL.

Et que le dieu vous apparut ! Vous rappelez-vous en quelles circonstances ?

DIOTIME.

Tous les moindres détails me sont restés présents. C'était un après-dîner; je jouais au jardin avec de petites compagnes. Tout à coup nous voyons venir à nous, par une longue allée droite, un vieillard entouré d'une société nombreuse et qui paraissait lui rendre de grands honneurs. Notre premier mouvement fut de fuir, mais trop tard; on nous avait aperçues, on m'appelait. Il fallut s'approcher. Le vieillard me sourit; il me prit par la main, me dit quelques paroles que je n'entendis pas, et s'étant assis sur un banc, il me retint à ses côtés, interdite. Peu à peu, pendant qu'il s'entretenait avec mes parents, je m'enhardis jusqu'à lever sur lui les yeux.

VIVIANE.

Quel âge avait-il alors?

DIOTIME.

Voyons... Gœthe est né en 1749. Ceci se passait pendant les Cent-Jours. Mon père, en partant pour la Vendée, voulant nous savoir en sûreté, nous avait envoyées attendre dans la famille maternelle la chute de l'*usurpateur* (c'est ainsi que les royalistes appelaient alors Bonaparte). Gœthe devait donc avoir alors soixante-six ans. Mais je me rappelle très-bien qu'il ne me fit pas du tout l'effet que produisaient sur moi les autres vieillards. Il se tenait très-droit. Son visage me paraissait plus grand, plus ouvert, et comme mieux éclairé que celui des personnes qui l'entouraient. Ses yeux énormes, qui me regardaient avec une extrême douceur, me donnaient à la fois envie de pleurer et de l'embrasser. Lorsque, prenant congé de mes parents, il mit sa main sur ma tête, et l'y laissa (Gœthe aimait passionnément les beaux cheveux blonds, et les miens ressemblaient alors aux vôtres, Viviane), je n'osais plus respirer. Peu s'en fallut que je ne me misse à genoux, comme pour ma prière. — Et tenez, encore aujourd'hui, je ne parle pas avec indifférence de ce moment. J'y attache je ne sais quelle superstition. Je me persuade, —vous souriez, Marcel, vous devinez ce que je vais dire, —eh bien, oui, je me persuade que la main du vieillard sur la tête de l'enfant y a laissé de lui quelque chose, je ne sais quelle vague et triste bénédiction... Avant-hier encore, me promenant ici avec vous sur ces belles grèves de Plouha, tout heureuse de votre tendre amitié, et tout émue de ce doux rayon du soir à mes cheveux blanchis, j'en rendais grâces, à part moi, au bon génie apparu à mon enfance, dans le jardin maternel; à ce génie bienfaisant que j'ai senti là toujours, près de moi, dans mes peines les plus cruelles, que je n'ai jamais invoqué en vain dans mes délaissements, et vers qui, à cette heure, réconciliée avec le sort et récompensée par vous, je m'écrie du fond de l'âme : O mon père Gœthe, vous du moins, vous jamais, vous ne m'avez abandonnée!

Diotime se leva et fit quelques pas sur la grève. On feignit de n'y pas prendre garde. Elle avait de ces brusques retours sur elle-même, au réveil de poignantes tristesses que ses amis n'avaient pas connues et qu'ils respectaient en silence. — Lorsqu'elle revint s'asseoir, il n'en est pas moins vrai, dit Viviane en renouant de sa main légère le fil brisé de l'entretien, que ce n'est pas l'analogie, mais le contraste qui frappe tout d'abord entre Dante et Gœthe.

ÉLIE.

Vous pourriez dire entre le génie italien et le génie allemand, qui sont aux antipodes.

DIOTIME.

Pas autant que vous croyez, mon cher Élie. La politique a opposé les deux nations, mais leur instinct, dès qu'il se sent libre, les rapproche. L'Allemagne et l'Italie aspirent l'une vers l'autre, sentant peut-être qu'elles devront un jour se compléter l'une par l'autre.

MARCEL.

Il paraîtrait, en effet, que les idées allemandes se propagent rapidement en Italie à mesure que les Allemands s'en vont.

DIOTIME.

Plus d'un de vos amis a pu vous le dire, et les Italiens en conviennent. Ces jours passés, en ouvrant son cours à Milan, Ausonio Franchi signalait à ses jeunes compatriotes le danger de se laisser par trop *entédesquer*, « intedescare. » Hegel est là déjà, introduit par le successeur de Vico, en plein soleil de Naples. Les psaumes protestants se chantent sur les bords de l'Arno ; on lit à haute voix la bible germanique sous le toit féodal des barons toscans. La circulation indéfinie de Moleschott, descendue avec lui des Alpes, pénètre les universités du Piémont. Et voici que, enchanté à son tour par l'art italien, l'enchanteur *Fausto* captive en ses rimes sonores l'oreille italienne.

ELIE.

Est-ce que le *Faust* de Gœthe a été traduit en italien ?

DIOTIME.

Il a été traduit au commencement de ce siècle par Giovita Scalvini, et tout récemment encore, avec un rare bonheur, par Anselmo Guerrieri. — Nous voici bien loin, comme vous voyez, du temps où l'opinion italienne considérait la langue allemande comme un « aboyement de chiens, » et reculait devant « l'épouvantail de leur parole. » Les Allemands, cela se comprend mieux, subissent jusqu'à la folie, jusqu'à la *Sehnsucht* dont on meurt, le charme irrésistible de l'Italie. Le tombeau de Platen à Syracuse en fait foi ; Winckelmann, et après lui les plus grands peintres contemporains, quittent le pays natal, le foyer, la religion des ancêtres, toutes choses aimées, par désir de la beauté romaine. Nulle part la dévotion à Dante n'a trouvé d'aussi fervents adeptes que dans la patrie de Klopstock. Schlegel, Schelling, Schlosser, de Witte, le roi Jean de Saxe et tant d'autres célèbrent à l'envi, interprètent avec une érudition passionnée la *Comédie divine*. Pour sa plus grande et sa meilleure partie, la littérature dantesque est allemande.

Quant à Gœthe, lui qui jamais n'exagère, il date de son séjour à Rome une révolution dans tout son être. Lorsqu'il entre dans Rome, il est saisi d'un saint respect; il y voudrait garder « le silence de Pythagore. » C'est à Rome qu'il se recueille véritablement pour la première fois, et que, « se sentant petit, » il entre humblement à cette grande école de la destinée humaine, d'où il sortira changé de part en part, pénétré jusqu'à la moelle des os (c'est toujours lui qui parle) de ce sentiment solennel de l'existence, de cette paix, de cette inaltérable sérénité, qui le feront semblable aux dieux.

VIVIANE.

Comment un voyage en Italie a-t-il pu changer jusqu'à la moelle des os un homme de la trempe de Gœthe, fort et froid comme ce granit?

DIOTIME.

Vous tombez dans l'erreur française, ma chère Viviane, en attribuant à la jeunesse de Gœthe la force de son âge mûr et le calme de sa vieillesse.

VIVIANE.

Je ne me suis jamais figuré Gœthe, il est vrai, autrement qu'avancé en âge, assez indifférent et tout à fait impassible.

DIOTIME.

Gœthe a été jeune, et très-jeune, Viviane. Sa jeunesse a été la proie des passions. Son imagination, comme celle de Dante, s'emportait à toutes les ardeurs. Assailli de tentations, pressé de désirs contraires, « la tête ceinte d'erreurs » comme le Florentin, sollicité, lui aussi, par l'inquiet esprit de nouveauté qui commençait à souffler sur le monde, prenant et quittant tous les chemins, « la voie droite et les voies fallacieuses, » fantasque, dissipé, présomptueux, indisciplinable; tour à tour épicurien, stoïcien, mystique, tourmenté et tourmentant, dévastateur de sa propre paix et de la paix d'autrui, entraîné, comme il l'a dit, « sur le char du destin par de fougueux coursiers que fouettent les esprits invisibles, » tel fut longtemps celui de qui l'on pouvait douter en le voyant « s'il était le diable ou Gœthe; » tel il s'est peint lui-même dans le récit qu'il nous a laissé de sa jeunesse.

ÉLIE.

Accorderiez-vous aux Mémoires de Gœthe une confiance entière? Le titre qu'il leur donne, *Vérité et Poésie*, ne doit-il pas nous tenir en garde?

DIOTIME.

Ce titre si philosophique m'avertit seulement qu'il ne s'agit pas ici d'une de ces existences médiocres, sans poésie comme sans vérité, où les faits glissent à la surface et ne s'enchaînent dans la mémoire de celui qui les raconte que par leur ordre de date, mais que nous sommes en présence d'une de ces grandes destinées où l'idéal et la réalité, s'entre-croisant perpétuellement, forment dans les profondeurs de l'être une trame et une chaîne serrées, et composent ensemble un harmonieux dessin où rien ne saurait plus être ni distingué ni séparé, fût-ce dans le souvenir d'un Gœthe.

MARCEL.

Mais savez-vous que vous nous faites là une mystique apologie du mensonge?

DIOTIME.

Mettre tout son art dans sa vie et toute sa vie dans son art, comme le fait Gœthe, c'est un divin mensonge, Marcel, et par qui l'on gagne l'immortalité.

MARCEL.

Mais enfin votre Dante ne l'a pas fait, lui, ce mensonge divin.

DIOTIME.

Ne venons-nous pas de voir que, dans sa *Comédie*, il a reproduit, en les poétisant jusque dans leurs moindres détails, transformé, symbolisé les réalités de sa vie?

ELIE.

En effet, plus qu'aucun poëte, Dante a mis, comme vous le dites si bien, toute sa vie dans son art; mais son art dans sa vie, je ne l'y saurais voir. Ce parfait équilibre qui s'établit, après de courts orages, dans l'intelligence de Gœthe, ce raisonnable arrangement des choses, cette accommodation à la circonstance, cette *objectivité*, pour parler comme les Allemands, qui le met, lui et son génie, hors de l'atteinte des passions, hors des combats, hors des perplexités de son siècle, il n'y en a pas trace dans l'existence révoltée de l'Allighieri, dans cette âme dévorée d'angoisses jusqu'à sa dernière heure.

DIOTIME.

La dernière heure sonna pour l'Allighieri au moment où la révolte achevait de gronder dans son âme et dans sa vie. Il quitta le monde prématurément, sans avoir parcouru comme Gœthe toutes les phases de son existence. Il mourut, ne l'oublions pas, à cinquante-six ans, au seuil de l'âge désabusé, retiré des factions dans une « solitude amie, » alors que, venant d'achever sa cantique céleste, il entrait enfin dans la paix que sa jeunesse inquiète demandait vainement à la porte des cloîtres et cherchait éperdue sur le sein des femmes. Dante cessait de vivre quand, guéri de toutes ambitions et de toutes illusions terrestres, il se faisait peu à peu semblable à ces grandes ombres tranquilles dont il avait vu passer dans les limbes le majestueux cortége, et qui s'y étaient entretenues avec lui des choses éternelles. Qui pourrait dire ce qu'eussent été pour le chantre du Paradis ces années, retranchées par la mort, qui mirent au front de Gœthe la sérénité? Rappelons-nous que c'est précisément dans ce long cours de temps qui s'écoule pour le poëte germanique entre sa cinquante-sixième et sa quatre-vingt-deuxième année, qu'il élève sa pensée, pour ne l'en plus laisser descendre, dans les régions les plus hautes de la science et de la religion. C'est durant cet intervalle que, rompant avec ces grands révoltés, Tantale, Ixion, Sisyphe, le Juif-Errant, Lucifer, les Titans, les Démons, qui furent, comme il l'a dit, les *saints de sa jeunesse*, il s'attache de tout son génie à l'étude des lois immuables de la nature, qu'il achève de s'initier aux mystères de la beauté grecque, qu'il se tourne, en esprit de sacerdoce, vers l'antique et lumineux Orient. C'est alors qu'ayant poétiquement transformé, lui aussi, ses révoltes et ses désespoirs, tout ce qui restait en lui de son Werther et de son Prométhée, il enseigne dans ses œuvres cette noble morale d'équité compatissante envers les hommes et d'adoration désintéressée de Dieu, qui désormais sera la règle de sa vie et la joie de son grand cœur pacifié. C'est dans ces vingt-six années refusées à Dante que Gœthe, étouffant de sa propre main les explosions d'un tempérament toujours jeune et les flammes menaçantes des tardives amours, développe dans la calme atmosphère de ses romans philosophiques tout l'ensemble de ses idées sur les rapports de l'homme avec la nature, avec son semblable, avec son Dieu. C'est alors que, de sa parole et de son exemple, il atteste le progrès indéfini de l'esprit humain, la sanctification de la vie par le travail, l'amélioration mutuelle des hommes justes par l'amitié, la grandeur des humbles, l'innocence des coupables; et que, pénétrant des tendresses de Jésus le panthéisme géométrique de Spinosa, il chante, dans son second Faust, à la sagesse éternelle, l'hymne de l'éternel amour.

ÉLIE.

Votre explication est très-belle, mais, dans votre désir d'atténuer les contrastes, ne prêtez-vous pas à Dante plus d'inclination à la paix qu'il n'y en eut jamais dans son âme, et ne supposez-vous pas chez Gœthe des tempêtes intérieures qui n'ont grondé, peut-être, que dans votre imagination? Gœthe aurait-il jamais pu écrire l'*Enfer*, lui qui ne voulait pas même écrire des chants guerriers, parce qu'il ignorait la haine? Et Dante eût-il pu voir éclater la Révolution sans s'y jeter?

DIOTIME.

Regardez, Élie, cette mer paisible; rappelez-vous ce qu'elle était avant-hier. Que s'est-il donc passé dans le mystère des eaux profondes pour qu'elles aient ainsi changé d'aspect et d'accent? Ligne, couleur, lumière, mouvement, tout est contrasté; et pourtant c'est le même océan; ce sont les mêmes rochers, le même ciel; et nous sentons là je ne sais quelle identité de vie, une sorte d'individualité déterminée à qui nous donnons le même nom, et qui nous attire d'un même attrait. Il en est ainsi pour moi du calme gœthéen et de la tourmente dantesque. J'y reconnais le même élément, apaisé ou soulevé, le même génie.

Il se fit un silence. Puis Diotime, ayant tiré d'un étui de voyage qu'elle avait apporté avec elle un petit cahier écrit de sa main, elle en parcourut rapidement quelques feuillets et commença ainsi :

A l'heure où Wolfgang Gœthe voyait le jour (c'était le 28 août, en plein midi, à Francfort-sur-le-Mein), les constellations étaient propices. Gœthe, pas plus que Dante, ne néglige de nous l'apprendre. Le soleil, nous dit-il, était dans le signe de la Vierge; Jupiter et Vénus...

MARCEL.

Jupiter et Vénus en plein xviiie siècle! Votre Gœthe, l'ami des Humboldt, croyait aux astres propices!

DIOTIME.

Il y croyait poétiquement, à peu près comme Dante, je suppose; comme il croyait aux songes, aux démons. Il en parlait en souriant, mais d'un sourire grave; il n'en aurait pas ri. Bien qu'il eût poussé, comme Dante, aussi loin qu'il était possible l'observation des phénomènes naturels et l'étude de leurs lois, peut-être même à cause de cela, les relations occultes de l'homme avec le monde invisible ne le trouvaient point esprit fort. Les superstitions populaires lui étaient sacrées.

VIVIANE.

Gœthe n'appartenait-il pas au peuple par sa naissance?

DIOTIME.

La famille de Gœthe était d'humble origine; son bisaïeul ferrait les chevaux dans le comté de Mansfeld, son aïeul taillait le drap. Devenu maître en sa profes-

sion et citoyen de la ville de Francfort, où il était venu
s'établir et où il se maria deux fois, en possession
d'une petite fortune bien acquise, le grand-père de
notre poëte avait pu quitter les ciseaux et donner à ses
fils l'éducation libérale. L'un d'eux, Jean-Gaspard,
celui qui fut le père de Wolfgang, épousa une jeune
fille riche de la famille syndicale des *Weber*, qui, pour
se rehausser selon la mode du xvi⁰ siècle, avait latinisé
son nom et se faisait appeler *Textor*. C'était un jurisconsulte distingué ; il reçut de l'empereur Charles VII
le titre de conseiller impérial, ce qui ne l'empêcha pas
de mettre dans son blason trois fers à cheval, en mémoire de ses origines.

MARCEL.

J'ai vu ces trois fers à cheval sculptés sur la maison
où l'on dit que votre poëte est né. Au-dessus des fers
à cheval, il y a une étoile.

DIOTIME.

C'est l'étoile du matin, pour laquelle l'auteur de *Faust*
avait un culte et qu'il voulut ajouter au blason paternel : emblème de la poésie rayonnant sur l'industrie.

ELIE.

Vous dites que Jean-Gaspard était conseiller impérial. Comment y avait-il des conseillers impériaux dans
une ville libre ? car Francfort était bien alors une république, n'est-ce pas ?

DIOTIME.

Francfort était politiquement une ville libre, historiquement une ville impériale. Elle se vantait de tirer son nom du passage des armées de Charlemagne, et gardait avec orgueil la bulle d'or de Charles IV dans son antique *Rœmer*, où se faisaient l'élection et le couronnement des empereurs. Mais elle avait, comme les cités italiennes, son gouvernement municipal où les artisans avaient part. Elle élisait, en des scrutins compliqués à la vénitienne, ses magistrats pour une durée très-courte. Pas plus que la commune de Florence, elle n'entendait qu'on vînt du dehors s'immiscer dans ses affaires.

MARCEL.

Vous n'allez pas comparer, je suppose, Francfort à Florence ?

DIOTIME.

Il ne faudrait pas m'en défier. Je ne voudrais pas pousser la chose à outrance : mais quelques traits généraux de comparaison, je les trouverais bien dans le site, dans la physionomie, dans l'activité propre aux deux villes.

ÉLIE.

Je n'ai jamais vu Francfort, quoique j'aie fait une partie de mes études à Heidelberg.

DIOTIME.

Francfort est une des villes les plus agréables que je connaisse, et des plus originales par ses contrastes. Elle est assise sur les bords d'une rivière charmante, dans une large vallée, bornée à l'horizon par la chaîne du *Taunus*, que l'on a comparée aux montagnes de la Sabine. Aujourd'hui les remparts de Francfort sont abattus, mais au temps de Gœthe ils se dressaient, rudes et noircis, au milieu des prairies, des vergers, des jardins, où l'air pur qui descend des cimes boisées entretient une fraîcheur délicieuse. Sa vieille cathédrale, les hautes grilles de ses couvents, ses tours, ses ruelles tortueuses, ses escaliers obscurs s'enfonçant sous des voûtes profondes, son immonde Ghetto, ses toits aigus habités des cigognes, rendaient présent et vivant dans Francfort tout le moyen âge. Les fêtes du couronnement avec leurs pompes traditionnelles, les grandes foires privilégiées depuis le xive siècle et qui s'ouvraient au pied du *Rœmer* par des cortéges symboliques, le gymnase dont la fondation datait du xvie siècle, l'esprit indépendant et railleur de la population, son goût vif pour le théâtre, animaient et relevaient dans cette cité marchande la médiocrité de la vie bourgeoise. Comme dans tous les pays protestants, le désir du progrès et la culture y descendaient jusqu'au plus bas des couches populaires; les artisans étaient aisés et instruits. La Bible imagée, le chant des psaumes, les vieilles légendes du Rhin entretenaient au foyer et même au comptoir une certaine flamme poétique. On croyait dans Francfort à la puissance des livres ; on leur faisait l'honneur de les brûler.

VIVIANE.

On brûlait les livres dans votre chère ville natale?

DIOTIME.

Eh mon Dieu oui ; tout comme à Florence. A deux pas de la maison de Luther, à la veille de la Révolution, le petit Wolfgang vit un jour tout un ballot de livres français jetés sur le bûcher, aux flammes de l'*anathème* où trois siècles auparavant Savonarole brûlait le divin Platon. L'histoire est ainsi faite : elle souffre des attardements et des invraisemblances que la plus hardie fiction n'oserait admettre.

L'imagination du jeune Goethe fut très-troublée par cette exécution sauvage d'une chose inanimée ; plus encore par les vestiges humains qu'il aperçut un jour, dans ses récréations enfantines, pendants, depuis deux siècles, aux fourches patibulaires. L'humiliation des juifs, renfermés chaque soir dans leur quartier boueux et puant, n'étonnait pas moins son âme candide. Bientôt d'autres spectacles, plus terribles et plus grandioses, lui ouvrent, comme à Dante, ce que l'on pourrait appeler les horizons épiques. Le tremblement de terre de Lisbonne, plus retentissant que la catastrophe du pont *alla Carraia*, la guerre de Sept-Ans et son héros, l'occupation de Francfort par les Français, les passages rapides et calamiteux de troupes amies ou ennemies, le canon des batailles rangées aux portes de la ville, les incendies, les pillages, et, pour parler avec le poëte, « le démon de l'épouvante répandant ses frissons par toute la terre; » puis enfin, comme gage de temps meilleurs, le couronnement du roi des Romains, qui me semble, dans l'existence de Gœthe, jouer le même rôle que le jubilé du pape Boniface dans l'existence de Dante : tous ces événements précipités imprimèrent de bonne heure à l'âme de Wolfgang quelque chose de cette solennité que le pinceau de Giotto a mise au front du jeune Dante. Gœthe est de bonne heure, comme l'Allighieri, porté par le spectacle des injustices humaines et des rigueurs divines à la méditation, à la rêverie solitaire. Il vit en crainte et en respect des volontés d'en haut, attentif au destin, *ahnungsvoll, ehrfurchtsvoll*, nous n'avons pas en français de mots pour exprimer ces nuances, ces degrés dans la profondeur de la religiosité germanique; et ce mot même de religiosité dont je me sers, faute de mieux, il est à la fois chez nous hors d'usage et sans valeur.

MARCEL.

Dans cette religiosité de Gœthe, auriez-vous, par hasard, découvert une Béatrice?

DIOTIME.

Pas précisément une Béatrice, du moins en personne; mais, dès les plus jeunes années de Wolfgang, une influence sensible, dominante, de ce que j'appellerai l'idéal féminin dans l'amour et dans l'amitié; et, tout aux premières heures de l'enfance, une passion

15

exaltée pour sa sœur au berceau, qui paraît plus incroyable encore que l'amour du petit Dante pour la fille des Portinari.

VIVIANE.

Mais cette passion n'a pas, comme l'autre, laissé de traces. Elle n'a inspiré ni une *Vita Nuova* ni une *Divine Comédie*.

DIOTIME.

Si Cornélie Gœthe n'a pas reçu de Wolfgang la couronne poétique que Dante a mise au front de Béatrice; si l'auteur de *Faust* n'a pas réalisé ce qu'il appelle « le beau et pieux dessein » d'immortaliser son amie; si, au lieu de la faire revivre tout entière, comme il l'avait projeté et comme il s'y essaya, dans une œuvre de longue haleine, il n'a fait qu'évoquer un moment son ombre pour en saisir à la hâte les vagues contours, Gœthe en accuse ses heures trop rapides et le tourbillon qui les emporte. Mais dans ces vagues contours où l'émotion tremble encore, quel charme, et que cette morte adorée nous apparaît touchante en son linceul!

VIVIANE.

Je n'ai pas souvenir de cette sœur Cornélie.

DIOTIME.

Les biographes l'ont trop négligée. Silencieuse, à l'écart, elle passe voilée dans le cortége triomphant des femmes aimées du poëte. Elle demeure, elle semble arrêtée par une invisible main, au seuil du temple, loin des chants et des parfums, et comme en crainte de l'apothéose. Lui-même, le grand artiste, il renonce à rendre toute la dignité pudique, toute la puissance douloureuse qui réside en cette personne « indéfinissable et impénétrable, » absorbée dans l'amour pur qu'elle avait voué à son frère, et qui n'entrevit des joies d'ici-bas que celle qu'il lui était interdit de souhaiter, même en rêve.

Dès le berceau, je vous le disais tout à l'heure, Cornélie fut pour son frère l'objet d'une passion jalouse. Il lui prodiguait les présents, les caresses ; mais il la voulait à lui seul ; il entrait en fureur quand d'autres que lui l'approchaient. A mesure qu'ils grandirent ensemble, et quand la mort de leurs autres frères et sœurs les eut laissés seuls en butte aux sévérités paternelles, les deux enfants s'unirent d'une tendresse plus étroite et se devinrent l'un à l'autre plus indispensables. Les moralistes n'ont point assez observé ces grandes amours fraternelles. Dans les temps et dans les circonstances les plus diverses, elles gardent toutes néanmoins un caractère particulier et en quelque sorte typique. Plus craintives et plus fidèles que les autres amours, elles sont à la fois plus tristes et plus charmantes, parce que le désintéressement est leur loi et que, toujours menacées par le cours régulier des choses, elles ne sauraient jamais être entièrement satisfaites. J'entrevois dans la résignée Cornélie quelque chose des Lucile, des Eugénie, des Henriette : le tourment d'une âme fière et délicate qui sent qu'elle aime « comme on n'aime plus, a dit l'une d'elles, comme on ne doit peut-être pas aimer. » Dans le pâle nuage où s'enveloppent la vie et la mort de ces sœurs de poëtes, que la Muse n'a fait qu'effleurer de son aile, je sens gronder sourdement la même orageuse électricité.

VIVIANE.

Est-ce que Cornélie Gœthe ressemblait à son frère ?

DIOTIME.

Plus jeune que lui d'une année, elle avait assurément quelque chose de son génie ; mais la nature ne lui donna point en partage la force et l'éclat. Elle ne naquit point belle et en pâtit. Son sexe ne lui permettant pas, comme à Wolfgang, de s'échapper au dehors, elle fut beaucoup plus que lui opprimée par le despotisme d'un père qui semble avoir été, dans la maison bourgeoise de Francfort, aussi redouté que le seigneur de Chateaubriant au féodal manoir de Combourg. La jeune fille couva longtemps au foyer des ressentiments taciturnes et d'exaspérés désirs de liberté. La noblesse de son être moral, qui lui donnait sur ses compagnes une supériorité marquée, ne suffisait pas, dans les jeux où venaient se joindre de jeunes garçons, à la faire rechercher. Elle demeurait isolée, et son frère était seul à lui rendre des soins.

MARCEL.

Comment Gœthe, l'adorateur idolâtre de la beauté, le païen, pouvait-il se plaire auprès d'un laideron ?

DIOTIME.

Ce païen, comme vous l'appelez et comme on l'appela longtemps en Allemagne, était, plus que personne, sensible à la beauté souffrante de l'âme chrétienne. On voit, même alors qu'il décrit avec une exactitude cruelle les disgrâces physiques de Cornélie, qu'elle exerçait sur lui un grand charme. « Elle avait, nous dit-il, si ce n'est les plus beaux yeux, du moins les plus profonds » qu'il eût jamais vus. Son regard généreux, c'est ainsi qu'il le caractérise, parce que « il donnait tout et ne demandait rien en retour, » était semblable au regard des saintes extatiques. C'était « un pur rayon de l'âme la plus chaste qui fut jamais. » La taille de Cornélie était svelte et bien proportionnée ; elle avait dans son port et dans son air quelque chose à la fois d'imposant et de languissant. Sa voix prenait tour à tour des accents brusques et les intonations les plus suaves. Mais, entre le regard lent de ses grands yeux à fleur de tête, son front haut, modelé avec délicatesse, où se marquaient durement de noirs sourcils, et les autres traits du visage, il y avait désaccord. Parfois aussi un mouvement précipité du sang laissait à sa joue des traces fâcheuses, et cela le plus souvent aux jours où Cornélie devait paraître dans quelque fête, si bien qu'elle semblait alors, écrit Gœthe, le jouet d'un démon railleur qui trahissait à tous les yeux les troubles contenus de son âme ardente. Cette étrange jeune fille était quelque peu hallucinée. Elle touchait au surnaturel ; elle sentait la mort à distance ; elle pleurait les maux à venir. En relisant, ces jours passés, les Mémoires de Gœthe, j'ai été frappée d'une scène bizarre à laquelle je n'avais pas d'abord pris garde, et qui jette un jour singulier sur les relations du frère et de la sœur. C'est une véritable explosion de tempérament qui peut faire soupçonner les violences que souffrait en son cœur Cornélie.

La voici cette scène, telle que je l'ai notée. Elle est à la fois tragique et comique, comme il arrive quand de grandes figures se trouvent resserrées dans un cadre étroit.

C'était par une soirée d'hiver, un samedi, à l'heure où, selon sa coutume, le vieux conseiller Gœthe faisait venir en sa maison le barbier afin d'être rasé de frais et de pouvoir, au lendemain dimanche, s'accommoder tout à son loisir pour le service divin. Les deux enfants, blottis derrière le poêle immense qui domine de sa masse noire tous les intérieurs germaniques, se récitaient l'un à l'autre par récréation un chant de la *Messiade*. Wolfgang avait pris le rôle de Satan; Cornélie, au nom d'Adramalech, lui adressait des reproches.

Tous deux, en commençant, ne faisaient que murmurer les vers à voix basse, pour ne pas attirer l'attention (le père de Gœthe n'aimait pas cette poésie nouvelle et sans rimes que Klopstock venait d'introduire, et la *Messiade* n'entrait qu'en contrebande dans sa maison); mais tout à coup, au moment qu'Adramalech s'emporte aux invectives, Cornélie, oubliant la fiction, s'identifiant avec son personnage, saisit le bras de

Wolfgang ; elle se prend à déclamer, d'une voix de plus en plus stridente et comme hors d'elle-même, cette pathétique apostrophe :

Sauve-moi ! je t'en supplie. Si tu l'exiges,
Je t'adorerai, ô monstre, réprouvé, noir malfaiteur !
Sauve-moi ! je souffre l'éternel tourment de la mort vengeresse !
Autrefois j'ai pu te haïr d'une haine ardente et farouche,
Aujourd'hui je ne le saurais plus ; et cela aussi m'est une terrible angoisse.
Oh ! que je suis broyée !...

Et le cri de détresse d'Adramalech éclate ; et le barbier épouvanté laisse choir le plat à barbe, et l'eau savonneuse inonde la vénérable poitrine quasi nue du conseiller Jean-Gaspard ; et le père redouté entre en courroux ; et les enfants balbutient de timides excuses...

MARCEL.

Quelle scène grotesque !

DIOTIME.

Je ne sais, mais il m'a toujours semblé que, à ce moment où l'Adramalech de Klopstock pousse par la bouche de Cornélie le cri d'angoisse, la puissance fascinatrice de Gœthe, à son insu, agissait sur sa sœur, et qu'elle subissait, en s'en défendant, cette irrésistible magie du poëte qu'il devait exercer plus tard sur ses amis, et dont ils ne savaient, disaient-ils, si elle était du ciel ou de l'enfer.

ÉLIE.

Qu'est devenue cette étrange personne ?

DIOTIME.

Pendant un certain temps, calmée en apparence, Cornélie continue de vivre avec son frère, au foyer, dans une intimité profonde ; seule aimée de lui seul ; associée à toutes ses études, pressentant son génie, l'excitant au travail ; se faisant gaie pour lui plaire aux heures des loisirs ; enchantée à sa voix par le vieil Homère dont il lui disait les vers dans la langue maternelle. Aux premières absences, elle le sent proche encore par les lettres sans fin, par les confidences qui raniment, en la blessant, l'amitié fraternelle. Puis, peu à peu, elle est négligée dans les égarements que l'on ne veut plus dire ; puis oubliée, hélas ! quand la passion s'empare de la vie. Qui saura jamais ce que souffrit alors la fière Cornélie ? Gœthe lui-même ne fait que le deviner plus tard, à son propre désespoir, lorsqu'il apprend de la bouche de son ami Schlosser, qu'entre celui-ci et sa sœur l'anneau des fiançailles vient d'être échangé. Gœthe n'ignorait pas combien la seule pensée d'appartenir à un homme causait naguère de répugnance et d'effroi à sa Cornélie. Il n'avait jamais pu se la figurer, n'étant plus à ses côtés, ailleurs qu'au fond d'un cloître ; il se sent jaloux, éperdument jaloux, de cette sœur délaissée, comme au temps où il la veillait en son berceau. Il est près de tout rompre. Pour apaiser du moins l'offense de son orgueil, il se dit bien bas à lui-même que, le frère présent, jamais l'ami n'eût été ni amant ni époux.

Cet ami était un honnête homme. Il avait été choisi

sans doute par la triste Cornélie pour l'aider à sortir moins brusquement d'elle-même et de son passé. Mais ces sagesses de la passion sont toujours trompées. Cornélie ne trouva point le repos dans les bras de cet honnête homme. Gœthe le dit, il en juge à la contrainte du foyer conjugal lorsqu'il y vient s'asseoir ; il en juge surtout à la véhémence avec laquelle sa sœur le détourne d'un mariage qu'il projetait, lui aussi, pour fuir l'isolement du cœur.

Quatre ans après le jour où Cornélie quittait le nom de Gœthe, elle quittait sans regret la vie. La nouvelle de sa mort fut pour notre poëte une commotion terrible. « Une des plus fortes racines de son existence était tranchée. » C'est lui qui parle ainsi. A la page de ses souvenirs où il inscrit la date funèbre, 8 juin 1777 (il avait alors vingt-huit ans), on lit ces mots : « Jour sombre et déchiré ; douleur et rêves. »

MARCEL.

Vous n'aviez pas tort de nous dire que cette amitié de Gœthe pour sa sœur au berceau est plus incompréhensible encore que l'amour du petit Dante pour Béatrice. Un sentiment aussi mal défini, aussi exalté, est assurément une des plus curieuses, une des plus maladives variétés de l'amour platonique, et je l'aurais cru tout à fait incompatible avec le bon sens et la saine raison de Gœthe.

DIOTIME.

Détrompez-vous, Marcel. L'idéal platonique. un

peu germanisé, est au fond de tous les attachements de Goethe. Et si c'est là une maladie, il l'apporte en naissant pour n'en guérir jamais. La plupart des amours de sa jeunesse sont malheureuses; il aime souvent sans espoir. De ses deux grandes passions, Charlotte et Mme de Stein, la première ne fut qu'un renoncement enthousiasmé qui put avoir le fiancé pour témoin; pour confident, l'époux; dont la femme aimée put paraître émue; dont la jeune mère n'hésitait pas à perpétuer le souvenir en donnant à son fils le nom de son amant; que le poëte enfin put rendre public dans un récit qui agita toute l'Allemagne, sans qu'aucune des trois personnes intéressées en reçût, au plus délicat de l'honneur, la moindre atteinte. Beaucoup plus tard, pendant les dix années que Mme de Stein occupe le cœur de Gœthe, leur intimité est de telle nature que les plus proches amis, Schiller par exemple, la croient entièrement platonique, et que lui-même un jour, quand il en rappellera le souvenir, ne craindra pas de profaner la piété des tombeaux en la comparant au lien sacré qui l'unissait à sa sœur Cornélie. — Que cela étonne votre bon sens français, Marcel, je le trouve très-simple; mais ne perdons pas de vue que nous sommes en Allemagne, où la rêverie, la *Schwaermerei*, se mêle et se confond avec les sentiments les plus réels. Et Gœthe, sur ce point comme sur tant d'autres, était bien véritablement « le plus allemand des Allemands. »

ÉLIE.

Mais ces deux figures d'exception à part, il me

semble que la galerie des *femmes de Gœthe*, pour me servir de l'expression consacrée, n'a que des portraits vulgaires, à tout le moins bourgeois, et qui ne supporteraient pas le voisinage de la noble Portinari.

DIOTIME.

Rien de moins bourgeois, selon l'acception française du mot, c'est-à-dire rien de moins prosaïque, que les amours de Gœthe pour les plus petites bourgeoises. Ces fillettes, ces *pargolette* que Béatrice reproche si fièrement à Dante, sont, dans leur atmosphère germanique, exemptes de toute vulgarité. La pure imagination du poëte, le très-jeune âge de ses *Gretchen*, de ses *Frédérique*, de ses *Catherine*, les revêt de candeur; et c'est presque sans altération qu'il les fera passer un jour de la réalité dans ses créations les plus idéales. Selon Gœthe, la femme est plus vraie que l'homme dans l'amour comme dans la haine, et c'est pourquoi il la trouve aussi plus poétique. Auprès d'elle, il se sent devenir meilleur; il est plus aisément, plus doucement transporté dans le monde des rêves. Même alors qu'il la rencontre dans un milieu vicié, il l'en abstrait sans effort; la plus suspecte, Gretchen, il l'aime naïvement. Jamais Gœthe ne séduit, au sens bourgeois du mot, jamais il ne raille, même la femme facile. Ignorante, frivole, trompeuse, elle demeure encore pour lui un être sacré. Jamais il n'a parlé des femmes autrement qu'avec tendresse et respect. Vous ne trouverez pas dans toute l'œuvre de Gœthe une seule parole (j'en excepte ce que dit Méphistophélès, le blasphémateur de toutes choses saintes) que Dante eût désavouée; pas la moindre arrière-pensée qui offense le sentiment religieux de l'amour dont nous avons vu toutes pénétrées les divines cantiques.

ÉLIE.

Vous oubliez, ce me semble, les *Élégies romaines*, les *Épigrammes* de Venise, d'autres poésies encore en assez grand nombre, et plusieurs pages de prose où l'expression de l'amour est extrêmement vive.

MARCEL

Sans compter que votre poëte platonique finit par épouser sa servante.

DIOTIME.

Christiane Vulpius ne fut jamais la servante de Goethe, mon cher Marcel, mais sa compagne fidèle et dévouée pendant vingt-huit ans. Elle ne fut point pour lui la Thérèse de qui l'on rougit. Le fils qu'il eut d'elle, il l'aima tendrement et l'éleva à ses côtés avec le plus grand soin. S'il donna tardivement à son union avec Christiane la sanction légale, c'est qu'il n'y attachait pas d'importance; c'est que Christiane aussi, dans un sentiment à la fois humble et fier, dissuadait son amant de ce mariage officiel, comme d'une condescendance à l'opinion qui n'ajouterait rien ni à son bonheur ni à sa sécurité. Du reste, le mariage, pas plus dans la vie de Goethe que dans celle de Dante, n'exerce d'influence appréciable; ni l'un ni l'autre n'unit son sort à la femme qui eût été, selon l'esprit même de l'union conjugale, sa *moitié* véritable. La société ne paraît pas jusqu'ici disposée à suivre le conseil de Platon, qui voulait aux meilleurs les meilleures ; elle n'obéit pas à la loi de *sélection* que Darwin croit être la loi de nature. Elle ne prend pas souci, tout au contraire, d'unir aux grands hommes les grandes femmes.

MARCEL.

Mais cette Christiane, si j'en crois Bettina, qui l'appelle quelque part « une saucisse enragée, » loin d'être une grande femme, n'était pas même une femme médiocre. Elle n'avait aucun esprit, pas la moindre culture.

DIOTIME.

Christiane a eu le sort de Monna Gemma, de qui les biographes de Dante font une Xantippe, elle a été jusqu'ici fort maltraitée des admirateurs de Gœthe. Mais quelques critiques plus équitables commencent à la réhabiliter. Il paraît certain qu'elle avait l'intelligence vive et le désir d'apprendre. Gœthe prenait plaisir à l'instruire, à causer avec elle de choses élevées ; je n'en voudrais pour témoignage que cette belle poésie scientifique sur la *métamorphose des plantes*, ce chef-d'œuvre du genre, qu'il lui dédie, et qu'il a composée évidemment pour répondre aux curiosités intellectuelles de sa maîtresse. Cependant, je n'en disconviendrai pas, c'est bien moins l'esprit que la beauté de Christiane qui captive Wolfgang. Lorsqu'elle lui apparaît dans la fleur de son printemps, elle est, dit-il, « riante et rayonnante comme un jeune Bacchus; » et jamais, depuis les temps helléniques, l'ascendant, la magie de la beauté, n'avaient été sentis et subis comme par notre poëte.

MARCEL.

Autrement dit, votre platonique Gœthe était le plus sensuel des hommes.

DIOTIME.

Que voilà bien une traduction française! mais je ne saurais l'accepter. Rien de moins sensuel que les ardeurs de Gœthe. Il faut bien que j'y insiste, puisque votre incrédulité s'obstine; les *Manon*, les *Lisette*, tous les types libertins des amours françaises lui sont absolument inconnus; jamais les aveux éhontés d'un Jean-Jacques ne souilleront les lèvres de Gœthe. Relisez, pour mieux sentir le contraste, dans ses lettres écrites de Suisse, cette page incomparable de ses confessions à lui, où il rappelle son émotion profonde, quand, pour la première fois, il lui est donné de voir la forme humaine dans toute sa vivante beauté. Comme il reste saisi d'admiration, quel enthousiasme d'artiste! et comme l'antiquité présente à son esprit le préserve de toute pensée licencieuse! Cette belle femme qui laisse tomber ses voiles, ce n'est pas à ses yeux la Suzanne, la Bethsabé biblique, dont les charnels attraits éveillent la convoitise; c'est « Minerve devant Pâris. » Ce bel adolescent, c'est « Narcisse au bord des eaux; » c'est Adonis poursuivant dans les forêts le sanglier farouche.

Et aussitôt le poëte rend grâces au ciel de la faveur qui lui est accordée de pouvoir contempler, dans sa plus pure image ici-bas, la perfection de la beauté divine. On dirait Michel-Ange en extase devant sa *Léda*, Ingres peignant la *Source*. Nous avons quelque peine à comprendre de tels sentiments. Nos idées, toujours un peu gauloises, cette verve moqueuse qui s'épanche au *Roman de la Rose* et qui n'est pas encore épuisée, quelques restes aussi des préventions de l'Église en ses premiers temps, quand elle faillit décréter un dieu chétif et laid, nous mettent en défiance de nos meilleurs instincts et nous disposent mal à ce culte désintéressé des grâces physiques qui s'alliait chez Gœthe au sentiment le plus exquis des grâces morales. — Mais, bon Dieu, que me voici encore divaguant! vous devriez m'avertir... J'en étais restée, ce me semble, aux premiers temps de l'enfance. Revenons-y, et voyons ce qu'a fait pendant ma longue digression notre petit Gœthe.

Il a ouvert ses grands yeux profonds au spectacle de la nature. Il s'est pénétré par tous ses sens de l'atmosphère sociale où il est né. Il a nourri confusément, mais abondamment, son esprit avide. Sous les yeux d'un père plein de gravité, qui veut le préparer, à son exemple, au savoir et aux devoirs du jurisconsulte, aux côtés d'une jeune mère de dix-huit ans, qui toujours rit, chante et conte, accoutumée qu'elle est, dit Wieland, à « avaler le diable sans le regarder, » notre poëte adolescent voyait tour à tour dans l'ombre et dans la lumière les contrastes de la vie. Dès sa première enfance, comme le petit Dante, il veut trouver en Dieu la raison de toutes choses. Il y rêve sans fin dans ses promenades solitaires. A sept ans, tout possédé qu'il est du besoin d'adorer, il invente une religion, il s'institue pontife.

VIVIANE.

Comment !

DIOTIME.

Le sentiment religieux de Gœthe, si précoce et si spontané, a paru à quelques critiques rationalistes tout à fait invraisemblable, et ils auraient nié l'anecdote qui s'y rapporte et que je vais vous dire, si Gœthe ne l'avait racontée dans ses Mémoires avec un accent de vérité le plus convaincant du monde. Cette passion pour Dieu, qui pousse le petit Wolfgang à se faire prêtre d'un culte qu'il imagine, n'est ni plus précoce d'ailleurs ni plus improbable que sa passion pour sa sœur Cornélie, dont nous venons de voir les effets étranges ; loin de là. La lecture des histoires saintes dans la Bible du foyer avait familiarisé l'enfant avec l'idée d'un Créateur de qui les hommes s'approchent par l'offrande et l'adoration. Trois Églises, la juive, la catholique, la réformée, l'infinité des sectes qui divisaient, dans Francfort comme dans toute l'Allemagne, le protestantisme, et dont on discutait librement les pratiques diverses, ouvraient au sentiment religieux toutes sortes de voies, et suscitaient dans chacun la pensée d'un commerce personnel et direct avec Dieu. Wolfgang, après y avoir songé longtemps, en vint un jour à l'idée de représenter en abrégé le mystère de la création et d'adorer en son nom le Créateur. Il rassemble sur un pupitre à musique de forme pyramidale des exemplaires choisis d'une collection d'histoire naturelle que possédait son père, en prenant soin de les ranger dans un ordre agréable aux yeux, selon le rang qu'ils occupent dans la hiérarchie des êtres. Au sommet de la pyramide, une pastille à brûler, sa douce lueur, son parfum, vont figurer les prières de l'âme humaine qui montent vers le ciel. Le pupitre en laque rouge à fleurs d'or est orienté selon les rites. Aux premiers rayons du soleil levant qui vient frapper, sous son miroir ardent, la pastille symbolique, le jeune prêtre, avec recueillement, offre son sacrifice.

VIVIANE.

Quelle idée poétique!

DIOTIME.

Le mystère ne manquait pas non plus à cette initiation sacerdotale que Wolfgang s'était préparée à lui-même. La famille et les amis ne voyaient dans ce riche pupitre, décoré de cristaux et de végétaux rares, qu'un ornement du salon; l'enfant seul connaissait et taisait, nous dit-il, son caractère sacré.

MARCEL.

Voilà qui est bizarre, en effet; et votre Gœthe ne ressemble guère à celui que je me figurais.

DIOTIME.

Ce qui, pour moi, donne à cette anecdote un intérêt très-grand, c'est qu'elle montre dans Gœthe enfant ce puissant instinct religieux, cette ardeur à chercher le lien entre le visible et l'invisible, entre le fini et l'infini, qui va dominer toute la vie de l'homme. A toutes les époques de sa carrière, en effet, au plus fort de la dissipation ou d'une activité qui semble uniquement occupée aux choses terrestres, nous verrons Gœthe revenir à la contemplation des choses divines. A deux ou trois reprises, il reprendra l'étude des livres saints. Dans son extrême besoin de croyance, il fera d'inouïs efforts pour concilier le Dieu de Moïse avec le Dieu de Platon, puis avec le Dieu de Spinosa. Au sortir d'une phase déréglée de sa vie universitaire, après une grave maladie, sous l'influence d'une noble demoiselle amie de sa mère, Suzanne de Klettenberg, la « belle âme » du roman de Wilhelm Meister, il se laisse égarer à la recherche de l'infini dans les sentiers perdus de l'illuminisme. Magie, kabbale, astrologie, alchimie, chiromancie, Paracelse, Van Helmont, Peuschel, le comte de Zinzendorf, plus tard Cagliostro, Gœthe interroge avec anxiété toutes ces voix confuses, pour tâcher d'y surprendre quelque lointain écho des demeures célestes. Pressé, comme l'Allighieri, d'un fiévreux désir de paix, il est tenté de se faire initier aux sociétés secrètes, Francs-Maçons, Illuminés, Rose-croix, qui enveloppaient alors de leurs réseaux, comme on l'avait vu en Italie au temps de la *Divine Comédie,* la société allemande tout entière. Il est tout près de s'affilier aux congrégations quiétistes des *saints* du protestantisme. Dans un âge très-avancé, en rappelant d'un cœur ému le souvenir de son angélique amie, c'est ainsi qu'il nomme Mlle de Klettenberg, il se demandera encore s'il n'était pas avec ces élus de la grâce dans sa voie véritable, et s'il n'eût pas mieux fait d'y rester.

ÉLIE.

Vous venez de faire allusion à la vie universitaire de Gœthe; je croyais avoir lu que son éducation s'était faite dans la maison paternelle.

DIOTIME.

Le père de Gœthe fut, en effet, son premier éducateur. Il avait pour son fils de l'ambition et se flattait de le voir quelque jour se placer, dans les lettres, au rang des Gellert et des Hagedorn. Comme il était d'ailleurs fort instruit et que Wolfgang était fort studieux, il put le conduire assez loin. Mais dans l'Allemagne du xviiie siècle, comme dans l'Italie du xiiie, les universités en plein éclat, en grande émulation et en grande liberté, attiraient irrésistiblement la jeunesse. Leipzig, la *Mater studiorum* germanique, Iéna, Gœttingue, Wittenberg, Halle, Berlin, Kœnigsberg, comme Bologne, Salerne, Padoue, Naples, Crémone, se disputaient la palme des sciences et des lettres. En 1765, à l'âge de seize ans, Gœthe commençait à Leipzig le cours de ses études académiques, et se faisait inscrire dans la *nation* bavaroise (les étudiants se divisaient alors en *nations*), à la faculté de droit. Le moment était critique.

L'autorité professorale, honorée encore en apparence, avait perdu crédit sur la jeunesse. Entre les curiosités vives qui s'éveillaient dans la génération nouvelle et les règles arides de l'enseignement établi, il n'y avait plus aucune concordance. Les méthodes préconisées dans la chaire, les formules, les catégories surannées, qui ne valaient guère mieux que le *Tririum* et le *Quadririum* des écoles italiennes, rebutaient les intelligences où fermentait déjà, comme chez les condisciples de l'Allighieri, la séve des temps nouveaux. Gœthe déplore dans ses *Mémoires* le « désarroi » où il trouve les esprits, le trouble de sa « pauvre cervelle » incapable de concilier le respect des professeurs à longues perruques, la soumission aux lourdes disciplines d'un Gottschedt, d'un Gellert, avec l'enthousiasme qu'inspirent les mâles accents d'un Klopstock, les hardiesses généreuses d'un Lessing, d'un Winckelmann, qui retentissent au loin. Mais ce que Gœthe ne sentait pas alors, ce dont il est pourtant avec Dante un éclatant témoignage, c'est combien, plus que l'ordre accoutumé, sont favorables à la spontanéité créatrice du génie ce « désarroi, » cet « état chaotique » du monde moral (j'emprunte ces expressions aux *Mémoires*), à ces confins de deux siècles, où les idées qui finissent et les idées qui commencent se mêlent et se pénètrent dans une vague lumière, dont on ne saurait dire si elle est du crépuscule ou de l'aurore.

VIVIANE.

Voudriez-vous nous dire les causes de cet *état*

chaotique au temps de Gœthe? J'avoue à cet égard mon ignorance.

DIOTIME.

Il y en avait plusieurs qu'il me serait difficile de vous exposer ici tout au long, mais que je puis réduire à une seule : les Allemands, avec tous les instincts des grandes races, ne se sentaient pas une grande nation.

VIVIANE.

Qu'entendez-vous par là?

DIOTIME.

Rien que de très-simple. Au temps dont je parle, les Allemands n'avaient, à bien dire, ni patrie ni art qui leur fussent propres. Divisée, comme l'Italie, en une infinité d'États, de provinces, de dialectes et de sectes, exposée comme elle à la fréquence des invasions étrangères, l'Allemagne, où tout à l'heure nous allons voir apparaître une glorieuse pléiade de génies nationaux, souffrait dans son orgueil, dans sa conscience intime, et n'avait pas même pour se plaindre de langue nationale.

ELLE.

Et la langue de Luther?

DIOTIME.

La langue de Luther, si populaire, si forte et si poétique tout ensemble, était tombée en désuétude. On la chantait encore dans les églises, mais on ne la savait plus ni écrire ni parler.

ÉLIE.

Comment cela?

DIOTIME.

Après la guerre de Trente-Ans, où la littérature naissante et les arts avaient été ensemble submergés dans le désastre public, les souverains rendus aux loisirs de la paix, les cours où l'on voulait rappeler les plaisirs de l'esprit, ne trouvèrent point digne d'eux l'idiome que parlait le peuple. On prétendait se modeler sur les grands airs de Versailles, et, suivant l'exemple que donnait la diplomatie, on se mit à parler français, du moins mal qu'il fut possible. Bientôt, à l'imitation de la noblesse et sous l'influence des savants, théologiens, médecins, jurisconsultes, parmi lesquels le latin demeurait seul en usage, la bourgeoisie négligea la langue maternelle. Elle s'accoutuma peu à peu à un parler bâtard, où se mêlaient des constructions, des tours, des images empruntés à trois idiomes, et qui méritait trop bien les railleries du grand Frédéric, par qui fut achevé le discrédit des lettres allemandes.

ÉLIE.

Et ce discrédit durait encore au temps de Goethe?

DIOTIME.

A la cour de Berlin, on fermait obstinément l'oreille

au beau langage de Wieland, de Klopstock et de Lessing; Gellert lui-même n'avait pu trouver grâce; et quand Gœthe publiait son *Gœtz von Berlichingen*, le roi faisait pleuvoir le sarcasme sur ce qu'il appelait « une imitation détestable des abominables pièces de Shakespeare. » Mais la jeunesse avait pris autrement les choses. Elle acclamait Shakespeare, introduit par Wieland, comme un génie vraiment germanique. Elle exaltait ses beautés plus qu'on ne le faisait alors en Angleterre. La *Messiade* de Klopstock avait été pour elle une révélation. L'hexamètre, si naturel aux idiomes germaniques, bien mieux que l'alexandrin emprunté, entraînait dans son rhythme les imaginations; les cœurs s'ouvraient sans effort à l'émotion chrétienne qui, dans ce poème solennel, se substituait, grave et profonde, à la froideur d'un faux classicisme dont on était lassé. L'enthousiasme de Klopstock pour la belle langue natale se communiquait. Et ce premier ébranlement du sentiment national préparait, sans qu'on pût encore la pressentir, une révolution complète des idées allemandes.

ÉLIE.

Klopstock est contemporain de Kant, n'est-il pas vrai?

DIOTIME.

A quelques années près. Les derniers chants de la *Messiade* paraissent en 1773; Kant publiait, en 1781, la *Critique de la raison pure*. Dans le seul rapprochement de ces deux noms, les premiers d'une longue série qui, pendant plus d'un demi-siècle, par Lessing, Winckelmann, Herder, Heyne, Jacobi, Fichte, Schelling, Jean-Paul, Schiller, les Humboldt, les Schlegel, les Grimm, Niebuhr, Creuzer, Wolf, Jean de Müller, Bœckh, etc., atteindra son point culminant dans Hegel et Gœthe, nous pouvons saisir le caractère et mesurer l'étendue du mouvement allemand. Nous sommes aux sources vives de ce double courant de religiosité poétique et de critique rationaliste qui rappelle les complexités de la renaissance dantesque où nous avons vu ensemble saint Thomas et Cavalcanti, Aristote et Joachim de Flore, et qui va donner au grand siècle du peuple allemand une part d'influence incalculable dans l'accroissement de l'esprit moderne.

La muse de Klopstock réveillait d'un long sommeil la conscience allemande. Presque aussitôt, dans un surprenant instinct de sa force, elle s'insurge contre toutes les oppressions qu'elle a subies depuis deux siècles. Par la bouche du « Vieux de Kœnigsberg, » c'est ainsi que Gœthe appellera Kant, elle se proclame libre et souveraine; elle revendique, au-dessus de tous les droits, le droit de la raison pure; et, à peine ce principe libérateur proclamé, elle en poursuivra, dans tous les ordres de la pensée, les conséquences extrêmes. Soudainement, sur tous les points à la fois, l'Allemagne va vouloir la liberté. Elle la veut dans la religion, dans l'art, dans la science, dans la philosophie, dans la morale, et si elle ne la peut vouloir encore, elle va du moins la rêver dans la politique.

Comme par enchantement, l'idée du progrès s'empare de tous les esprits. D'une voix grave et touchante, Lessing enseigne l'*Éducation du genre humain* par des révélations successives. En dépit des préjugés, il fait applaudir au théâtre l'égalité des religions devant Dieu et devant le sage. Avec les rêveurs du XIIIe siècle, il en appelle de la lettre des Écritures à l'esprit de l'*Évangile éternel*. Dédaigneux des Genèses, des miracles puérils et du vain appareil des cultes établis, il se sent, il ose se dire pénétré du grand souffle de Spinosa. Non loin de lui, du haut de la chaire évangélique, le pieux Herder ne craint pas d'interroger les mythes et l'esprit caché des races. Par delà les variations d'idiomes, de mœurs et d'instincts, il découvre, il salue à son berceau l'humanité. Le premier, il prononce avec vénération ce nom auguste. Il proclame l'essence, l'origine unique et le salut universel du genre humain, au nom d'un Dieu d'amour, au nom d'un Christ idéal, qui, sans privilège de race ou de vocation, embrasse dans sa tendresse infinie l'homme de tous les temps et de tous les peuples. A la même heure, Winckelmann, écartant, lui aussi, dans les régions de l'art, les superstitions, les idoles, y ramène le culte de la nature immortelle et le respect de la noble antiquité. Et ces esprits sévères, ces philosophes, ces savants, ces critiques à qui rien n'impose de ce qui asservit le vulgaire, sont ensemble des enthousiastes, des inspirés, des apôtres bienveillants, qui entraînent à leur suite une foule d'adeptes. Encyclopédique et religieuse, comme la science de Brunetto et de l'Allighieri, la science du

XIXe siècle allemand se propose pour fin le bonheur et la sagesse des hommes. Elle cherche, dans l'enthousiasme de son hellénisme renaissant, ce qu'elle appelle *l'éducation humaine des belles individualités*, et la religion universelle des peuples. Elle contracte avec la poésie une alliance intime. Elle se rapproche des femmes, qui mettront la douceur et la grâce dans une révolution dont on a pu dire qu'elle fut un 93 philosophique plus radical que notre 93 politique. Les Méta, les Caroline, les Betty, les Sophie, les Johanna, s'unissent aux efforts de leurs époux, de leurs frères, de leurs amis. Elles encouragent, elles récompensent, elles consolent, elles enseignent à leur manière. Auprès d'elles, les plus hauts esprits apprennent la simplicité. On appelle à soi les petits enfants, les humbles. La sympathie préside aux rapports; les nobles amitiés se nouent; tout va s'épurer, s'attendrir. Un désintéressement que j'appellerai féminin, tant il me semble naturel à notre sexe, Viviane, élèvera la morale. On dédaignera, on ira jusqu'à nier la vertu pratiquée en vue des récompenses ou des châtiments éternels. On la voudra supérieure à toute sanction, et trouvant son bonheur dans la seule conformité aux lois de la conscience intime.

MARCEL.

Nous voici loin de la morale de Dante, qui tire toute sa force des tisons de l'enfer et des chansons du paradis.

DIOTIME.

Il y aurait à dire sur ce point, Marcel. Les *magnanimes* de Florence que nous avons vus en enfer, les païens au paradis, le fleuve d'oubli au purgatoire, sont des signes assez notables, pour le temps où vivait Dante, d'une morale indépendante du dogme. — Mais revenons à nos Allemands. En ce beau moyen âge, qui s'ouvre avec la seconde moitié du xviii° siècle, le cri d'Ulrich de Hutten : « Par la liberté à la vérité, par la vérité à la liberté, » semble le mot d'ordre de toute une génération sincère et généreuse de cœur et d'esprit. Une confiance enthousiaste dans la nature la pousse à la recherche de ses plus secrets mystères. Religions, idiomes, esprit des races et des temps, formations et révolutions des peuples, on veut tout pénétrer, tout comparer, tout analyser, mais aussi tout ramener à l'unité d'un idéal plus haut dans le sein d'un Dieu plus grand et plus parfait. On voudrait soulager tous les maux, redresser toutes les erreurs, reculer toutes les limites, élargir tous les horizons. Le désir du progrès anime aux aventures de la pensée. Comme au siècle de Dante, d'intrépides voyageurs s'élancent vers les contrées inconnues; ils en rapportent des *Mirabilia* véridiques, qui préparent aux Humboldt la gloire du *Cosmos*. Les sciences qui se rattachent le plus directement à l'amélioration de la vie humaine, la médecine, la chirurgie, l'art des accouchements, la physiologie, la chimie, la pédagogie, sont en honneur. La célébrité des Hufeland, des Zimmermann, des Lobstein, des Ehrmann, des Sœmmerring, des Gall, rappelle les Saliceto, les Taddeo, les Pierre d'Abano. Je ne sais quel souffle sibyllin porte partout avec lui la chaleur et le mouvement. Et, comme pour prêter des accents plus beaux à ce renouvellement mystérieux des âmes, le plus religieux de tous les arts et le plus allemand, la musique, invente des accords sublimes et tels qu'on n'en avait point encore entendu. Haydn, Gluck, Mozart, Weber, Beethoven qui s'inspirera de *Faust*, comme Michel-Ange s'est inspiré de la *Divine Comédie*, achèveront la perfection d'un cycle incomparable, à qui je voudrais donner pour épitaphe les trois mots inscrits d'une main pieuse sur le tombeau de Herder : Lumière, Amour, Vie; *Licht, Liebe, Leben*.

VIVIANE.

Je vous avoue que je comprends de moins en moins. Comment tant de lumière, d'amour et de vie produisent-ils dans l'âme de Goethe l'*état chaotique?*

DIOTIME.

Ce que nous voyons aujourd'hui clairement dans la révolution accomplie n'était en ses commencements, et pour ceux-là mêmes qui contribuaient à la faire, que fermentation obscure. Les peuples, comme les individus, ma chère Viviane, ne passent d'un âge à un autre qu'en des crises où tout l'organisme se trouble, et qui ne s'expliquent point à celui qui les subit. Les premiers symptômes de la crise allemande, avant qu'elle fût entrée dans la période active dont je viens de vous parler, c'avait été une langueur extrême, un dégoût, une lassitude, qui demeurèrent longtemps, par contraste, dans un grand nombre d'âmes, après que la lumière et l'amour eurent fait explosion dans les autres. J'ai anticipé sur les dates afin de vous donner l'ensemble d'une métamorphose dont le génie de Gœthe sera, dans son âge viril, l'éclosion splendide; mais nous en sommes encore avec lui à sa première jeunesse, à la phase inquiète, au « désarroi » de sa nature ardente et de son esprit incertain qui se passionne à la fois pour Rousseau et Rabelais, pour Klopstock et Diderot, pour Shakespeare et Voltaire. L'Allemagne en est alors, avec Wolfgang, aux vagues mélancolies.

MARCEL.

Ces mélancolies, n'était-ce pas une mode, une affectation plutôt qu'une réalité?

DIOTIME.

Rien de plus réel et rien qui s'explique mieux. En passant brusquement de la guerre à la paix, des aventures de la vie des camps à la monotonie de la vie bourgeoise, la jeunesse allemande s'était sentie prise d'ennui. La réaction contre la France, lorsqu'elle commença, ne fit qu'aggraver le mal. En quittant les Français, on quittait l'esprit de gaieté. En s'arrachant au déisme aimable de Voltaire, au matérialisme insouciant des d'Holbach, des d'Argens, des La Mettrie, on ne retrouvait plus les consolations du Christ de Luther. Plus d'une atteinte avait été portée au Sauveur des hommes; son existence historique était mise en doute; on avait nié, non plus seulement l'authenticité, mais la possibilité de ses miracles. C'était là pour beaucoup d'esprits un sujet de grand malaise. Perdre une certitude, quelle qu'elle soit (fût-ce la certitude de la damnation éternelle), sans pouvoir lui en substituer aussitôt une autre, paraît au plus grand nombre un état insupportable; et cet état était général aussi bien dans les lettres que dans la philosophie. Les oracles français désertés, la Grèce à peine encore entrevue (d'Homère ou de Sophocle on ne savait avant Herder pas beaucoup plus que le nom; Winckelmann lui-même connut très-mal Phidias), on s'égarait dans les brouillards d'Ossian, sur les landes désertes, aux pâles clairs de lune. L'Angleterre et son *spleen* assombrissaient les imaginations allemandes. Le spectre de Hamlet apparaissait au seuil des universités. La folie et le suicide faisaient d'affreux ravages.

VIVIANE.

Tout cela semble un peu contradictoire.

DIOTIME.

Nous avons vu des contradictions analogues au temps de Dante, où la fatigue des choses d'ici-bas inclinait les uns à la contemplation mystique du ciel, les autres à l'incrédulité, à l'athéisme. Ne nous étonnons donc pas trop du trouble de notre jeune Wolfgang.

Pendant le temps qui s'écoule pour lui à Leipzig, à Strasbourg, à Darmstadt, à Wetzlar, il est en proie, comme la plupart de ses contemporains, mais avec une puissance de lutte plus intense, aux suggestions opposées de la foi et du doute, du sentiment et de la raison, qui, du dehors et du dedans, se disputent sa « pauvre cervelle, » ou, pour parler plus juste, son grand génie. N'oublions pas que ce génie est le plus vaste et le plus complexe qui ait paru depuis Dante, le plus incapable par conséquent de se satisfaire, hormis dans l'entière possession de la vérité, de cette vérité divine et humaine à laquelle, lui aussi, il élèvera un jour un temple immortel.

A ce moment, tout l'attire à la fois, tout le sollicite. Pendant que, selon l'ordre paternel, il apprend la jurisprudence, pendant qu'il se prépare à la pratique des affaires telles qu'elles se règlent au saint empire romain, sa fantaisie s'en va errant et rêvant dans le monde idéal. Il passe de longues heures méditatives dans les églises, dans les musées. Il contemple, il étudie les chefs-d'œuvre nouvellement rassemblés dans la galerie royale de Dresde, où Winckelmann s'initiait à l'esprit de l'antiquité. Il recherche, comme le jeune Dante, la compagnie des poëtes, des artistes; comme lui, il a ses Guido, ses Giotto, ses Casella, ses Oderisi. Il s'essaye à peindre, à graver; il joue de plusieurs instruments de musique, du piano, du violoncelle; comme un berger de Virgile, il souffle de sa belle lèvre adolescente dans ce qu'on appelait alors la « flûte douce. » Il rime ses premiers *Lieder* et se les entend chanter avec délices. Là aussi, dans ces sociétés d'artistes, comme dans le cénacle des *saints* où le conduit Suzanne de Klettenberg, il entre si avant, avec une si parfaite bonne foi, qu'il se demande s'il ne ferait pas bien d'y rester toujours, et qu'il consulte le sort pour savoir s'il est écrit là-haut que, toutes choses quittées, il doit se consacrer à l'art de la peinture.

VIVIANE.

Qu'entendez-vous par consulter le sort?

DIOTIME.

Je l'entends au sens le plus naïf. Un jour que Wolfgang s'en allait de Wetzlar à Coblentz vers une femme aimable qui préoccupait alors sa pensée, cheminant par un beau soir d'été sur les bords de la Lahn, il songe à son destin. Il s'inquiète de savoir quelle est sa vocation véritable. Sera-t-il, comme le voudrait son père, avocat, docteur en droit? Sera-t-il docteur en médecine? Ne serait-il pas né, comme le dira Gall, orateur populaire? Serait-il poëte? Il en doute très-fort; il a déjà bravement jeté au feu tout un amas de rimes raillées par ses amis (car les Dante de Majano ne manquent jamais aux Dante Allighieri). Ne serait-il pas mieux, suivant l'avis de plusieurs, de tâcher de devenir un bon peintre paysagiste, de s'appliquer à rendre quelques traits de cette belle et grande nature qu'il chérit, qu'il adore au-dessus de toutes choses? — Et voici qu'une voix intérieure lui commande d'interroger le mystère des eaux. De la main gauche, il saisit, non

sans émotion, un couteau de poche qu'il porte sur lui ;
il le lance dans l'espace. Si, en retombant, le couteau
s'abîme aux flots de la Lahn, Gœthe sera peintre de
paysage ; si la lame fatidique reste suspendue au branchage des saules qui bordent la rive, il quittera la palette et les pinceaux.

MARCEL.

Et le couteau s'accroche aux branches ?

DIOTIME.

Comme tous les oracles, celui-ci reste ambigu. Le
couteau disparaît dans l'épaisseur de la feuillée, et notre
jeune superstitieux ne peut savoir si les rameaux des
saules l'ont retenu, ou s'il est emporté au courant du
fleuve.

VIVIANE.

Vous nous disiez que Gœthe avait eu ses Giotto, ses
Casella ; qui sont-ils ?

DIOTIME.

Ils n'ont pas les beaux noms sonores des amis de
Dante, ma chère Viviane. Ils n'ont pas non plus l'éclat
de célébrité qui rayonne au loin. Gœthe ne devait
rencontrer que plus tard ses égaux, un Schiller, un
Beethoven. Il ne connut de Winckelmann que sa fin
tragique. En ce moment, les hommes distingués qui
l'initient aux arts du dessin et à la musique et qui les
lui font comprendre dans leur mutuel rapport, se nomment Œser, Seekatz, Kayser, Mengs, Breitkopf...

MARCEL.

C'est pour le coup que nous voilà bel et bien *entédesqués!* Oh! que Voltaire avait donc raison de souhaiter aux Allemands plus d'esprit et moins de consonnes!

VIVIANE.

Et que je te souhaiterais, moi, plus d'à-propos et moins de badinage! Vous disiez, Diotime?...

DIOTIME.

Je vous parlais du plaisir que prenait Gœthe à ces compagnies d'artistes où se mêlent des femmes charmantes, qui l'élèvent, dit-il, en faisant mine de le gâter, le corrigent de ses rudesses francfortoises, de ses provincialismes d'accent et d'ajustement. Néanmoins, pas plus que Dante, les plaisirs du bel esprit ne le détournent des études austères. Poussé par le désir de se rendre secourable à ceux qui souffrent (c'est un des grands traits dominants dans la vie de Gœthe), il veut devenir, comme l'Allighieri, savant en médecine. Il surmonte les répugnances de son organisation délicate pour suivre les leçons de l'amphithéâtre et la clinique d'un savant professeur dont il vante la belle méthode hippocratique. Il parvient, dit-il, et ceci est une expression caractéristique de son génie, à « transformer en notions utiles ses sensations désagréables. »

ÉLIE.

Voilà une admirable parole!

DIOTIME.

C'est la parole que je crois entendre quand je regarde une des plus belles œuvres de cet autre grand génie germanique : la *Leçon d'anatomie* de Rembrandt. Vous rappelez-vous, Élie, cette composition où tout l'art du maître hollandais s'applique précisément à la noble transformation dont parle le poëte allemand ? Quelle merveille que cette réalité repoussante, un cadavre en dissection, et qui, pourtant, grâce à la magie du pinceau, n'excite en nous d'autre mouvement que celui d'une vive curiosité scientifique ! Comme elle est habilement graduée et ménagée, la lumière qui conduit notre œil à ces raccourcis horribles, à ces chairs blêmes et verdâtres, à ces pieds qui s'appuient, rigides, contre l'in-folio grand ouvert où l'esprit vit immortel ! Quelle imposante sérénité dans le regard du professeur ! comme il tient le scalpel d'une main maîtresse ! Quelles attitudes, quels airs de tête, quels beaux ajustements se contrastent et s'harmonisent dans le groupe qui l'entoure et l'écoute avec une intelligence avide ! Que tout cela est animé, attrayant, et comme l'artiste a vaincu les terreurs de la mort en la forçant à servir aux démonstrations de la vie !

MARCEL.

Voilà qui est fort ingénieux ; mais franchement, je doute un peu que Rembrandt ait eu ces hautes visées.

DIOTIME.

Qu'importe ? Il ne s'agit pas dans les arts de ce que

l'artiste a pensé; il s'agit de ce qu'il fait penser et sentir. — Mais où en étions-nous ?

VIVIANE.

Aux études de Gœthe.

DIOTIME.

En diversion de son application scientifique et du travail sédentaire, Wolfgang, aux heures de loisir, se livrait avec ardeur à tous les exercices que voulait, dans la Grèce antique, l'éducation du gymnase. Il aimait passionnément l'équitation, l'escrime, la natation, la danse, tout ce qui donne aux muscles la souplesse, tout ce qui fait couler plus vif et plus chaud dans les veines un sang généreux. Le patinage hardi des Frisons, introduit en Allemagne par Klopstock, jetait Wolfgang en de véritables transports. Je ne sais rien, dans toute son œuvre, de plus poétiquement pittoresque que la page où il décrit ces allégresses du Nord dans leur cadre de frimas. Il nous fait voir, déploie sous nos yeux ces vastes surfaces planes, étincelantes et retentissantes, où, de leurs pieds ailés, pareils aux dieux d'Homère, passent et repassent les agiles patineurs. On les suit dans leurs évolutions rhythmées, on les entend qui se renvoient l'un à l'autre en se croisant, rapides, dans l'atmosphère sonore, les strophes du grand lyrique à qui l'on doit ce joyeux « accroissement de vie. » Et cet accroissement de vie, Gœthe ne l'entendait pas seulement au sens physiologique; il attribue quelque part à l'excitation du patinage le réveil de sa fantaisie créatrice, assoupie sur les bancs de l'école.

Notre Wolfgang avait bien aussi, peut-être, quelque autre cause de faiblesse à l'endroit du patinage. Rien n'y égalait, dit-on, sa bonne grâce. Quand *Frau Rath* en écrit à Bettina, elle ne peut se contenir. Elle a battu des mains, dit-elle, en voyant son Wolfgang paraître et disparaître sous les arches du pont de Francfort, la chevelure au vent, l'œil en feu, la joue empourprée par la bise aiguë, sa pelisse cramoisie aux glands d'or flottant comme un manteau royal sur l'épaule du jeune triomphateur à qui sourit la beauté. « Il est beau comme un fils des dieux, s'écrie l'orgueilleuse mère, et jamais on ne verra rien de semblable ! »

MARCEL.

Vous allez me trouver bien obstiné ; mais dans cette beauté, dans cette joie, dans cette activité incessante du corps et de l'esprit, du code aux patins, de l'amphithéâtre à la flûte douce, je ne découvre toujours ni place ni prétexte à la mélancolie.

DIOTIME.

La faute en est à moi, Marcel, et à cette sérénité finale de la vie de Gœthe contre laquelle je vous mettais en garde tout à l'heure et qui vient de m'éblouir. Je me suis arrêtée complaisamment à ce qui pouvait vous faire mieux comprendre le poëte olympien, le chantre d'*Iphigénie*, le peintre d'*Hélène*, j'ai oublié l'auteur de *Werther*.

MARCEL.

Et c'est bien là, pour moi, le Gœthe inexplicable, ce Werther, fils de Saint-Preux, frère d'Obermann, de René...

DIOTIME.

J'espère vous l'expliquer sans peine. Comme tous les êtres bien doués de force et de jeunesse, Gœthe veut le bonheur. Il le veut impérieusement, impétueusement, pour lui-même et pour autrui. Il a besoin « d'être bon, de trouver les autres bons. » Vous savez l'allemand, Viviane : *Ich hatte grosse Lust gut zu seyn und die andern gut zu finden*, dira-t-il dans ses *Mémoires*, avec une candeur charmante. Mais il ne saurait être ni bon ni heureux à la façon du vulgaire. Il ne saurait s'attacher aux apparences; il lui faut en toutes choses la vérité, la durée; et dans le temps, dans le monde où il vit, tout semble à Gœthe incertitude et mensonge. L'enfant qui, à sept ans, s'instituait prêtre, le jeune homme qui voudrait faire de son existence un monument, une pyramide à la gloire de Dieu, le chrétien qui voit dans l'Évangile la plus pure révélation de la vérité divine, et qui célébrera un jour, en des pages dignes de Dante ou de Poussin, la consécration de la vie humaine par les sacrements de l'Église, ne trouve dans le Dieu du catéchisme et de la théologie qu'un créateur tyrannique et capricieux qui se repent de son œuvre et se venge sur ses enfants. Wolfgang, le pieux Wolfgang, se voit contraint à quitter l'assemblée des fidèles et la table sainte parce qu'il ne saurait réciter d'une lèvre sincère la confession de foi orthodoxe. Et ce qu'il cherche en vain dans l'Église, l'esprit de charité, de simplicité, de paix, la béatitude ici-bas, Gœthe ne le trouve pas davantage dans la société laïque. Sous l'hypocrisie des bonnes mœurs, il surprend dans l'intimité des familles d'affreux désordres, des conflits tragiques, dont sa jeune âme est épouvantée. Interroge-t-il la science et l'histoire, aussi bien celle qui se lit aux vieux auteurs que celle qui se fait sous ses yeux, des iniquités effroyables lui montrent partout, non la douce Providence qu'il voudrait bénir, mais l'inexorable Destin. Cherche-t-il un refuge dans la nature, s'enfonce-t-il aux solitudes alpestres, il s'y sent enveloppé d'une muette terreur. Demande-t-il au cœur d'une femme le dernier mot de la vie, ce sont des larmes encore qui lui répondent. Et quand, lui aussi, il voudrait pleurer, pleurer ses espérances évanouies, ses erreurs, ses égarements, le rire de ses amis sceptiques, le sarcasme des athées, le consternent et tarissent en lui la source des bienfaisants repentirs. Alors le génie de Gœthe s'obscurcit, son âme cède à la tristesse, il devient comme Dante sombre, taciturne, hypocondre, c'était le mot du xviiie siècle pour caractériser le dégoût de l'existence. Sa robuste constitution s'altère, son cœur entre en angoisse; il ne comprend plus rien à la vie. Il passe et repasse en esprit par tous les sentiers du labyrinthe. Il n'y voit qu'une issue, la mort. Il s'abandonne à l'attrait funèbre du suicide.

VIVIANE.

N'est-ce pas à la suite d'un désespoir d'amour que Gœthe a tenté de se tuer?

DIOTIME.

On a beaucoup trop dit que le mariage de Charlotte Buff avec Kestner avait jeté Gœthe, passionnément épris de la jeune fille, au désespoir et à l'impiété du suicide. Les souffrances de notre poète provenaient de causes multiples et qui agissaient non sur lui seul, mais sur sa génération tout entière.

La mort volontaire était à cette époque très en honneur dans la jeunesse allemande. On la considérait, ainsi qu'au temps de Dante (vous vous rappelez Caton devenu presque un saint), comme un acte de vertu, de liberté suprême; et ce serait se tromper étrangement que d'attribuer à l'influence de Gœthe et de son *Werther* l'épidémie de suicide qui sévissait alors sur toute l'Allemagne.

ÉLIE.

Mais lui-même, que pensait-il du suicide?

DIOTIME.

Il en parle avec tristesse et réserve. Il ne saurait qu'en dire, écrit-il. Il le compare à un naufrage, à une maladie mystérieuse. Il y voudrait la compassion, non la condamnation des moralistes. Il proteste contre l'imitation de son héros, et lui met dans la bouche des vers pleins de sagesse où, s'adressant au lecteur, il lui défend de le suivre :

Sey ein Mann, und folge mir nicht nach.

Quoi qu'il en soit, pendant quelque temps, Wolfgang repait son esprit de projets de suicide. Chaque soir il place sous son chevet un poignard ; dans les ténèbres de la nuit, il en essaye à son cœur la pointe acérée. Cependant, sa nature sérieuse ne saurait se laisser distraire longtemps à ce jeu avec les noirs fantômes. Wolfgang s'indigne, il se prend en pitié, lorsqu'il croit s'apercevoir qu'il a peur de franchir le seuil du monde inconnu. Un matin il va remettre le poignard dans la collection d'armes où il l'a pris, et c'en est fait pour lui désormais de ces « lugubres simagrées. » Mais, dès qu'il est rentré en lui-même, et guéri de son extravagance, Gœthe veut aussitôt (c'est l'invincible penchant de son esprit actif et généreux) essayer d'en guérir les autres. Il lui faut pour cela étudier les causes du mal. Pour s'y mieux appliquer, il s'isole, se renferme, s'analyse; il se confesse enfin ; il écrit les *Souffrances du jeune Werther*.

ELIE.

Vous nous avez dit que le *Werther* de Gœthe était à son *Faust* ce que la *Vita Nuova* est à la *Divine Comédie*?

DIOTIME.

Werther, comme la *Vita Nuova*, est une sorte de

confession fragmentaire qui précède et prépare la confession générale de nos deux poëtes. Werther ou Gœthe, ce qui est tout un, en voyant la femme qu'il aime se donner à un autre, Dante, en apprenant la mort de Béatrice, sont frappés d'un étonnement douloureux. Ils se sentent tout à coup seuls et comme perdus dans la vie. Ils tombent dans l'accablement. Mais bientôt, pressés qu'ils sont tous deux par le secret aiguillon du génie, ils se relèvent. Dans ce que Dante appelle « le combat des pensées diverses, *la battaglia delli diversi pensieri*, » qui se livre au plus profond de leur âme, ils sont illuminés soudain d'un éclair de la grâce poétique. Ils entendent en eux la voix inspirée qui veut célébrer le « Dieu plus fort. » Comme ces excellents dont parle Gœthe, ils sont sollicités du désir de l'immortalité. En même temps que la *Vita Nuova* et *Werther*, Dante et Gœthe conçoivent la première pensée de la *Divine Comédie* et de *Faust*. Tous deux, retirés dans la solitude, d'une âme trop émue, d'une main encore mal assurée, ils préludent par de mélancoliques arpéges, par les accords brisés d'un lyrisme juvénile, à l'héroïque symphonie où s'exprimera un jour, dans toute son imposante grandeur, pacifiée et transfigurée, la douleur qui les a fait poëtes.

Les suites de cette première confession publique sont, pour Gœthe comme pour Dante, tout à la fois le soulagement du cœur qui s'est épanché et l'exaltation du talent qui s'est fait connaître. Comme à Dante, la faveur des princes vient à Gœthe avec la renommée. L'auteur de *Werther* trouve à Weimar ses Scaligeri.

ses Polentani. Le prince héréditaire de Saxe-Weimar, Charles-Auguste, s'éprend pour lui d'une affection vive; il l'attache à sa personne et bientôt à son gouvernement par les charges, par les honneurs dont il le comble, plus encore par le pouvoir qu'il lui donne de faire le bien.

ÉLIE.

J'ai lu dans plusieurs ouvrages allemands d'amères censures de ce séjour de Gœthe à Weimar. On reproche à l'auteur de *Werther* d'y avoir perdu tout son temps ; de s'être abaissé, pour divertir les princes et les princesses, aux fonctions subalternes d'un poëte de cour ; pis que cela, de s'être jeté avec son grand-duc dans toutes sortes d'excentricités, de désordres, de scandales... Voilà qui ne ressemble guère à Dante.

DIOTIME.

Les courtisans de Cane della Scala trouvaient aussi fort à redire à Dante, mon cher Élie. On lui reprochait ses caprices, son humeur hautaine, l'ambition des ambassades et du triomphe poétique. Le vulgaire, et surtout le vulgaire désœuvré des cours, est tout à fait intraitable à l'endroit du génie ; il prétend qu'il soit parfait, et parfait à sa mode ; il le veut docile comme un enfant, modeste comme une jeune fille, régulier comme une horloge, prévenant et amusant à toute heure. Soyons moins exigeants: faisons pour Gœthe ce qu'il a si bien fait toujours pour autrui ; tâchons de le bien comprendre et n'essayons pas de le mesurer à la mesure commune.

A l'heure où j'en suis de mon récit, lorsque Gœthe paraît à Weimar, immédiatement après la publication de *Werther* et de *Gœtz von Berlichingen*, c'est-à-dire dans tout l'éclat d'un succès inouï et du plus brillant début qu'on eût jamais vu dans les lettres (c'était au commencement de l'année 1775), il n'a pas encore vingt-six ans. La fièvre intense qui l'a exaspéré jusqu'au suicide est calmée; mais le trouble où l'ont mis les doutes religieux, les amours brisées, le mysticisme, la pratique des sciences « licites et illicites, » dure encore. Comme Dante, le jeune Wolfgang a vu de près « bien des choses incertaines et bien des choses terribles, *molte cose dubitose e molte cose paventose.* » La fin de son *Werther*, de ce Faust ébauché et non sauvé, est un dénoûment provisoire, emprunté à la réalité extérieure et accidentelle; il lui faut maintenant en tirer un autre pour lui-même de la vérité intime des choses et de sa propre nature. Quand notre poëte arrive à Weimar, il vient de s'arracher à l'ivresse de la mort, mais il ne sait où porter ses pas chancelants. « Philosophie, jurisprudence et médecine, théologie aussi, hélas! » il a tout interrogé. Comme Faust, il a consulté les astres, évoqué les esprits; il a tenté de consoler, de soulager les maux de ses semblables, mais en vain. La solitude, la contemplation, le travail, la bienfaisance même, ne lui ont rien appris. « Il sait qu'il ne peut rien savoir; » il désespère de lui-même et de Dieu. Alors, comme son héros, Gœthe va se jeter au tumulte des sensations ; il va boire à la coupe du plaisir l'ivresse de la vie. L'amitié d'un jeune souverain, le plus libre esprit du monde et le plus charmant, offre à Wolfgang de royales occasions de s'étourdir, il les saisit. Tous deux inséparables désormais, le prince et le poëte, ils s'excitent mutuellement, ils rivalisent d'inventions bruyantes et surprenantes. Cavalcades et mascarades, comédies et féeries, ballets, festins, musique, fillettes et dames galantes, nuit et jour on mène à Weimar « un train du diable, » qui m'a bien quelque faux air de cet *enfer* épicurien de Florence où Dante, avec son ami Forèse, prenait de si joyeux ébats. Cependant la noblesse de cour murmure en voyant un homme de peu, un artiste, donner le ton des plaisirs. Les amis rigides, un Herder, un Klopstock, s'indignent...

ÉLIE.

Mais ne trouvez-vous pas qu'il y a bien de quoi? Je ne comprends guère, je l'avoue, ce que j'ai lu à ce sujet ; je ne saurais me figurer Gœthe ordonnateur des fêtes à la cour de Weimar, impresario, compositeur de ballets, fabricant d'épithalames. Quel contraste avec la grandeur de Dante!

DIOTIME.

A la distance où nous sommes de Dante, mon cher Élie, tout le détail de sa vie nous échappe. Nous la voyons par masses, dans une lumière vague, un peu triste, ainsi que l'on voit à Rome, par une belle nuit, éclairées des rayons de la lune, les majestueuses ruines du Colisée. Pour Gœthe, c'est tout le contraire. Autour de lui le détail se multiplie. Cependant, même dans ce détail, pour peu que l'on y cherche la ligne essentielle, on retrouve la grandeur.

Dès sa première apparition à Weimar, Gœthe y produit un effet de fascination tout à fait extraordinaire. Un cri de surprise s'échappe de toutes les lèvres, tant la beauté, le génie, la bonté, éclatent dans sa personne. Sa haute et noble stature, sa démarche, son port, son front superbe où se dessine fièrement l'arc de ses noirs sourcils, son nez aquilin, sa chevelure d'ébène, son grand œil italien qui flamboie, imposent à qui l'approchent admiration et respect. « Une pareille alliance de la beauté physique et de la beauté intellectuelle ne s'était encore vue chez aucun homme, » dit Hufeland. Ce qui me frappe dans le portrait que tracent du jeune Gœthe ses contemporains, c'est la sensation de lumière qui domine tout. « Mon âme est pleine de lui comme la rosée des rayons du soleil levant, » écrit Wieland. Pour d'autres, Gœthe est « le noble et brillant acier qui, de toutes pierres brutes, fait jaillir l'étincelle; » il est l'étoile, la flamme, l'Apollon radieux devant qui l'on voudrait se prosterner. Et lui, dans ce premier éblouissement de la gloire, dans le tourbillon des plaisirs, croyez-vous qu'il va s'oublier? Loin de là. Dans notre *Werther* ressuscité fermente puissamment déjà le second Faust. Pendant qu'il semble se perdre à la vanité des choses, je le vois se reprendre aux grandes attaches de l'esprit et du cœur, se recueillir, s'exalter pour une femme fière et délicate qui met au plus haut prix son amour.

MARCEL.

Quelque dixième Béatrice?

DIOTIME.

Quelle que soit la différence des noms, des personnes ou des relations, Mme de Stein inspire à Gœthe une passion aussi noble en son principe et en ses effets que l'amour de Dante pour Béatrice. Pour se rendre moins indigne d'elle, Gœthe, docile comme l'Allighieri aux reproches de son exigeante amie, maîtrise jusqu'à la passion qu'elle lui inspire; il ouvre son cœur aux ambitions hautes. Du milieu des plaisirs, il incline son jeune souverain au désir du bien public; il s'applique à la bonne administration des affaires, à l'économie des finances, au redressement des abus. Sans système et par la simple impulsion de son grand cœur, Gœthe se préoccupe incessamment d'améliorer le sort des classes laborieuses. Il lutte avec la fatalité de la misère « comme Jacob avec l'ange invisible. » Et tout le bien qu'il entreprend et qu'il réalise, toute l'activité qu'il déploie, ne suffisent pas encore à remplir son existence. Au sein des plus brillantes compagnies, l'ennui l'obsède; auprès de la femme qu'il aime, un malaise inexplicable le tourmente. Il s'appelle Légion, dit-il, et il se sent seul. Il cherche l'ombre épaisse des forêts; il gravit les cimes désertes; il descend dans la nuit des mineurs. Comme Dante, errant et inquiet dans la vallée de la Magra, Gœthe demande aux silences d'*Ilmenau* la paix. Mais quelque chose d'indéfinissable le travaille; de lointains horizons l'attirent; il a le mal du pays, d'un pays qu'il n'a jamais vu. Une voix chante en lui: « Dahin, Dahin! » Il faut qu'il parte; il le sent, il le dit; il faut qu'il voie, il faut qu'il possède l'Italie, ou bien il est perdu.

MARCEL.

Et d'où lui vient tout à coup ce mortel caprice?

DIOTIME.

Le désir de l'Italie était en quelque sorte inné chez Gœthe. C'était comme une voix du sang, une transmission paternelle. Le conseiller Jean-Gaspard, que nous avons vu si sombre et qui meurt vers ce temps d'hypocondrie, nourrissait en son cœur le souvenir ineffaçable et le regret d'un séjour qu'il avait fait en sa jeunesse dans la patrie de Virgile et du Tasse. Il avait écrit de son voyage une relation qu'il aimait à lire et à relire en famille, ne manquant jamais en finissant de prononcer cet axiome : « Aux yeux de qui a vu l'Italie, rien ne saurait plus désormais plaire en ce monde. » Aussi exigeait-il que sa femme et ses enfants parlassent l'italien, et se faisait-il habituellement chanter au piano des mélodies italiennes. Aussi sa maison du *Hirschgraben* était-elle décorée à tous les étages d'estampes, de moulages, de dessins et de terres cuites rapportés de Florence et de Rome. Dès sa petite enfance, le Colisée, le château Saint-Ange, la coupole de Saint-Pierre, étaient pour Wolfgang des objets familiers autant que le *Rœmer* et l'église de Saint-Barthélemy. Plus tard, les songes de l'adolescent se peuplaient de fantômes italiens ; plus tard encore, chez l'homme fait, chez l'artiste, la persuasion que son idéal poétique était en Italie ne fut que le développement des premières impressions et des premiers enseignements de la maison paternelle.

« Lire Tacite dans Rome, » c'est le vœu viril par lequel s'exprime chez Gœthe la *Sehnsucht* de l'Italie. Respirer le parfum des myrtes et des orangers, c'était à ses moments de langueur le soupir de sa jeunesse. Parfois même l'appétit des figues s'éveille à sa lèvre de barbare, et son impatience s'en irrite à ce point qu'il n'y saurait plus tenir. Il part précipitamment, presque secrètement.

Et son instinct était si vrai qu'aussitôt les Alpes franchies, il se sent apaisé. Au premier souffle qui vient à sa poitrine des rives virgiliennes du *Benaco*,

Fluctibus et fremitu assurgens Benace marino.

aux premiers échos du Tasse sur la lagune, il verse des pleurs de joie. A Naples, à Palerme, il entre en possession d'une intensité de vie dont il ne s'était formé jusque-là aucune idée. Dans Rome, enfin, dans *sa* Rome, comme il ose le dire en amant passionné, son génie s'épanouit en pleine lumière. Il se sent libre, heureux. Comme l'Allighieri, il a atteint les hauts sommets de la contemplation. Il renaît à une vie nouvelle; il est sauvé.

Après deux années de l'existence à la fois la plus active et la plus paisible, la plus conforme à sa nature, dans le pays de ses prédilections, Gœthe rentre en Allemagne. Il est maître de lui-même, de ses passions, de son art. La grande période généreuse de sa vie va s'ouvrir. Son immense renommée, qui vient de s'accroître encore par la publication de deux chefs-d'œuvre, *Iphigénie* et *Tasso*, l'ascendant qu'il exerce sur un prince libéral et qui le met à même de protéger, de récompenser magnifiquement le mérite, cette admirable conscience du devoir social qui le pousse à répandre au dehors les trésors de savoir qu'il s'est acquis par la puissance d'une volonté infatigable, le font agissant et bienfaisant comme il a été donné de l'être à peu d'hommes privilégiés. Il prend une part active au mouvement des affaires et de l'opinion. « Également puissant à consoler et à ravir *gleich mächtig zu trösten und zu entzücken*, » dira Wieland, il noue des relations dans tous les pays, dans toutes les classes; il veut tout voir, tout savoir; il entre dans toutes les controverses, il anime toutes les questions, il y jette la lumière. Par le rayonnement d'une chaleureuse sympathie, il attire, il groupe dans une action commune les plus belles intelligences. Il s'attache profondément à la plus belle entre toutes, à la seule qui aurait pu lui porter ombrage : il aime jusqu'à la fin, il honore, il encourage, il fait admirer Schiller. Avec lui et pour lui, pour ce rival préféré de la foule, il dirige un théâtre national. Il institue des musées, des bibliothèques, des écoles, des jardins botaniques; il organise des congrès, des expositions d'œuvres d'art; il bâtit des observatoires. Pressentant avant tout le monde l'importance de la chimie moderne qui va changer, dit-il, les conditions de la vie industrielle, il ouvre de vastes laboratoires où il s'applique aux expériences des Lavoisier, des Berthollet, des Berzélius. Et pendant qu'il s'occupe sans relâche à l'avancement et à la propagation de la science, à l'encouragement des arts, au bien public, Gœthe continue, comme s'il n'avait d'autre souci, l'œuvre de sa propre culture. Il revient incessamment aux grandes sources primitives de la poésie hébraïque et hellénique, à l'Orient des aryens. Il se plonge à la fois dans Shakespeare, dans Spinosa, dans Linné. Il allie à l'étude l'observation, les essais et les expériences. Il interroge tous les grands esprits. Anatomie, ostéologie, comparées, optique, météorologie, botanique, morphologie, physiologie, chimie, magnétisme, électricité, cranioscopie, physiognomonie, rien ne lui échappe: tout, hormis la mathématique, à laquelle son génie répugne invinciblement, devient pour lui occasion de progrès, d'activité à la fois spéculative et positive. Il accomplit enfin en lui-même cette union intime de la philosophie et de la poésie que nous avons admirée chez Dante. Étudiant à la fois, comme l'Allighieri, toutes les branches du savoir humain, observant tous les phénomènes de la nature qui, pour lui, est « le poëme sacré, » pratiquant tous les arts, et revenant toujours aux grands problèmes de la destinée humaine, Gœthe s'avance, comme le Florentin, des ténèbres au crépuscule, du crépuscule à la lumière, le regard attaché sur les lueurs naissantes, animé et ébloui par la clarté suprême, qui « justifie ses efforts et réalise tous ses désirs. » — Je cite, Élie, les propres paroles de Gœthe, afin de mieux marquer l'analogie des conceptions et des images dans le génie de nos deux poètes.

ÉLIE.

Elles paraissent ici très-évidentes, en effet.

DIOTIME.

Tout en achevant ses compositions magistrales, *Wilhelm Meister*, les *Affinités électives*, *Faust*, tout en écrivant les *Mémoires* et en surveillant la publication de ses Œuvres, Gœthe recueille ses observations scientifiques ; il les relie et les systématise. Le premier il proclame le grand principe qui va désormais présider à tous les progrès.

ÉLIE.

L'idée de la métamorphose ?

DIOTIME.

L'idée de la plante primordiale et typique, dont il a pu dire avec candeur que « la nature la lui envierait ; »

ou, pour parler avec Geoffroy Saint-Hilaire, l'idée de l'unité de composition organique, dont les savants français lui attribuent tout l'honneur.

ELIE.

Je vois le nom de Gœthe cité très-fréquemment, en effet, dans les ouvrages de science.

DIOTIME.

Les savants ne prononcent son nom qu'avec reconnaissance et respect, car, outre ces deux grands principes de l'unité et de la métamorphose, on doit encore à Gœthe plusieurs observations très-importantes. Doué comme Dante d'un vif instinct des transformations de la vie, attentif à cette puissance de métamorphose dont il admirait dans un des plus beaux chants de l'Enfer une peinture merveilleuse, Gœthe observe, comme l'auteur des cantiques, des phénomènes qui n'ont point été observés avant lui. C'est lui qui découvre dans la structure de l'homme l'os intermaxillaire que nieront encore, longtemps après, des savants de profession, tels que Camper et Blumenbach; c'est à lui que l'on rapporte les plus curieuses observations sur la double tendance spirale et verticale qui détermine la vie des végétaux. Chez le grand Allemand comme chez le grand Italien, le génie de la spéculation intuitive s'allie à l'esprit d'observation le plus rigoureux. Gœthe porte en lui, il conçoit sans effort l'idée d'ordre et de beauté dans l'univers : ses plus humbles, ses plus obscures parties, comme ses plus splendides infinités, il les voit, il les pressent à leur place et dans leur mutuelle attraction. Esprit ou matière, idéal ou réalité, force ou forme, accident ou loi, tout lui apparaît distinct, mais profondément uni dans le sein de Dieu. Et son Dieu, comme celui de l'Allighieri, est le premier, le tout-puissant amour, *der Allliebende*. La science de Gœthe a les palpitations de la vie; sa raison a les ravissements de l'enthousiasme; et c'est pourquoi il étreint la vérité d'une si forte étreinte. Et c'est pourquoi, rien qu'en le voyant, on reconnait en lui une harmonie si parfaite, qu'un Herder, un Napoléon, s'écrieront spontanément, comme frappés d'un même éclair : *Voilà un homme!*

ELIE.

Assurément une telle parole, une louange à la fois si simple et si profonde, dans de telles bouches, si elle était méritée, ferait mieux que tout le reste comprendre votre rapprochement entre Gœthe et Dante, car on peut bien dire que jamais poëte ne fut, plus que l'Allighieri, un homme véritable. Mais c'est ici précisément que je sens, pour ma part, la différence essentielle; car enfin, l'homme véritable, ce n'est pas seulement celui qui est à la fois, comme Gœthe, un savant, un philosophe, un artiste; l'homme véritable, c'est aussi, c'est avant tout, dans mes idées bretonnes, le patriote, le soldat, le citoyen. C'est Dante à la bataille de Campaldino, dans les conseils de la république; c'est l'exilé indomptable qui

monte fièrement l'escalier d'autrui ; c'est le tribun qui
harangue princes et peuples et les convie à la liberté.

Or, dans toute la longue vie de votre Gœthe, il n'y
a pas un jour pour la patrie, il n'y a pas un vœu pour
la liberté. Il se détourne de la révolution française qui
troublerait, s'il y regardait, ses études de naturaliste.
Pendant la campagne de France, où il suit par bien-
séance de cour son souverain, il s'absorbe dans
ses rêveries contemplatives. A Verdun, il observe un
phénomène d'optique ; au siége de Mayence, il établit
tranquillement sa théorie des couleurs. Je ne parle pas
de l'incroyable préoccupation qui lui fait appliquer à la
querelle de Cuvier et de Geoffroy Saint-Hilaire les nouvelles qu'on lui apporte du combat des trois journées
dans les rues de Paris. Enfin rien, absolument rien,
chez cet homme si attentif à la métamorphose des
plantes et aux révolutions du globe, où se trahisse le
moindre intérêt pour le grand soulèvement politique
qui va remuer de fond en comble toutes les couches de
la vie sociale.

DIOTIME.

Vous touchez ici, en effet, mon cher Élie, à une
différence sensible entre nos deux poëtes ; mais c'est
différence d'origines, beaucoup plus que différence de
personnes. Dante, ne l'oublions pas, appartient à la plus
grande race politique des temps anciens et modernes.
Il est issu de ce peuple romain qui se sentait né pour
dominer le monde. Avec son sang coule dans ses veines

l'ambition, l'instinct impérieux des destinées latines, le sentiment de l'État, l'idéal de l'unité, de la force et du droit. Il est tout pénétré de ce vertueux orgueil de la patrie qui va se perpétuer après lui, de grand homme en grand homme, dans l'Italie subjuguée, humiliée, divisée, pour éclater de nos jours avec une incroyable puissance, et triompher demain, plaise à Dieu, à la face du ciel, sur les hauteurs antiques et toujours vivantes du Capitole.

Tout au contraire, Wolfgang Gœthe naît chez un peuple à qui la notion de l'État semble étrangère. Cette grande *chose publique* qui impose au Romain le sacrifice de tout autre devoir, de tout bonheur intime, l'Allemand ne la trouve nulle part dans son passé. Indépendant et libre, hardi et fier dans les domaines de la pensée pure, il redevient timide et gauche, il demeure comme empêché dès qu'il veut s'essayer à la pratique du bien commun; il trébuche, il chancelle, dès qu'il sort de sa maison pour descendre sur la place publique.

Il y a donc dans la race et dans la tradition de nos deux poëtes une première inclination opposée, cela n'est pas niable; mais il ne faudrait rien exagérer. Gœthe, en politique, comme en toutes choses, avait un idéal, et un idéal très-haut.

ÉLIE.

Si haut apparemment qu'il ne pouvait espérer de le voir réaliser, et c'est pourquoi il n'y songeait pas.

DIOTIME.

L'idéal de Gœthe, tel que nous allons le voir dans son poëme, le dernier mot de la sagesse humaine dans la bouche de Faust mourant, « la plus haute félicité où l'homme puisse atteindre, » ressemble trait pour trait, mon cher Élie, à l'idéal de Dante. Monarchie ou république, c'est la conception, exprimée dans un vers de *Faust*, du « peuple libre sur le sol libre, » conquérant chaque jour, méritant par le travail, par la lutte, par la conspiration de toutes les forces, par l'association de toutes les volontés, son droit à l'existence et son droit au bonheur.

MARCEL.

C'est un peu vague.

DIOTIME.

Pas plus vague que l'idéal de l'Allighieri, sur lequel on a disputé pendant plusieurs siècles. Avec l'auteur du *de Monarchia*, Gœthe considérait l'unité, l'ordre et la paix comme les signes par excellence du bon gouvernement. Il croyait, comme lui, que la liberté ne se trouve que dans l'obéissance à la loi. Avec Dante, il croyait aux grands rois *paciers* et *justiciers*. De même que l'Allighieri attendait de la venue de l'empereur Henri VII l'apaisement des troubles civils, ainsi Gœthe, dans sa jeunesse, espérait du grand Frédéric qu'il « réduirait les superbes et soutiendrait la force propre de l'Allemagne. » Mais Gœthe croyait également à la puissance des instincts populaires. Il admirait les vertus humbles et patientes des classes laborieuses, qu'il déclarait, dans leur injuste abaissement, les plus hautes aux yeux de Dieu. Il reconnaissait aux malheureux « le pouvoir de bénir, auquel l'homme heureux ne sait comment atteindre. »

VIVIANE.

Quelle expression touchante et quelle grande pensée !

DIOTIME.

Et qui, celle-là, vient assurément du cœur, car jamais l'esprit à lui tout seul n'eût senti et proclamé ainsi le droit divin du malheur.

ÉLIE.

Mais cette pensée très-touchante, je n'en disconviens pas, ne nous dit aucunement la part que Gœthe réservait au peuple dans son idéal politique.

DIOTIME.

Gœthe n'a jamais rédigé de projet de constitution, mon cher Élie. Mais il avait coutume de dire que, si une très-petite élite dans la société y représente la raison, le peuple y représente le sentiment, la passion, que l'homme d'État ne doit jamais négliger. Lorsqu'il s'essaie à l'art de gouverner, il se propose pour but principal de donner aux classes inférieures « le sentiment d'une noble existence. » Rappelez-vous, Élie, cet admirable poëme d'*Hermann et Dorothée*, où Gœthe chante d'une voix homérique les grandeurs de la vie populaire. Relisez, quand vous serez de loisir, le roman de *Wilhelm Meister*. Vous serez surpris d'y voir sur le prolétariat, sur la propriété, sur le rôle social des femmes, sur les vocations naturelles, sur la rétribution du travail et la répartition des richesses, sur l'unité future du genre humain, sur la culture en commun du globe, sur les destinées grandioses de l'Amérique républicaine et de la démocratie chrétienne, sur le pouvoir de l'association et de la colonisation, des choses dont la hardiesse n'a pas été dépassée par nos plus hardis réformateurs.

Dans ce curieux roman, Gœthe ramène les phases successives du progrès moral et social aux trois degrés de l'initiation ouvrière : l'apprentissage, le compagnonnage et la maîtrise. Il y cherche, il y exprime avec amour la poésie des plus humbles professions, des plus petits trafics. Il rapproche l'industrie de l'art, l'utile du beau. Enfin, si je ne me trompe, vous trouverez dans *Wilhelm Meister*, dans la dernière partie surtout, un Gœthe à qui vous n'avez pas donné, je crois, suffisamment d'attention, un Gœthe précurseur et prophète, comme l'Allighieri, d'une patrie, d'une société, d'une civilisation nouvelle, organisateur du *bon État*; voilant, comme l'auteur des cantiques, sous le symbole, une représentation pythagoricienne de l'ordre social intimement uni à l'ordre universel dans les conseils de Dieu.

ÉLIE.

Mais enfin, j'en reviens toujours là, Gœthe ne prend aucune part au mouvement politique.

DIOTIME.

Un moment, on le voit dans ses lettres et dans ses mémoires. Gœthe, chargé par le grand-duc de Weimar de conduire les affaires publiques, s'applique, comme il s'est appliqué à tous les arts, au grand art de l'homme d'État. Il lit avec émotion nos cahiers de 89; il aurait voulu en réaliser la pensée. Il parle avec le sérieux candide qu'il apporte en toutes choses de la grande tâche qui lui est imposée. Il en remplit, dit-il, ses veilles et ses rêves, il y sacrifie ses plus chères occupations : il interrompt ses études, ses travaux, parce que son devoir (son devoir de ministre s'entend, car il semble oublier à ce moment son œuvre poétique) lui devient chaque jour plus cher. C'est en l'accomplissant dignement qu'il voudrait « se rendre l'égal des plus grands hommes. » Mais il est vrai de dire aussi que les espérances prochaines de Gœthe sont bientôt dissipées. Les horreurs de la guerre dont il pense, sous la canonnade de Valmy, qu'elles commencent une époque nouvelle dans l'histoire, le persuadent que des générations entières seront sacrifiées à la révolution immense qui, selon lui, va changer les destinées, non-seulement de l'Europe, mais du monde. Alors, comme il hait tous les agents violents (il est antivulcaniste en histoire comme en géologie); comme il sent douloureusement le malheur d'appartenir à une nation faible, incapable de cohésion, impuissante en politique; comme il n'a pas de foi dans la vertu des petites constitutions, des petits parlements, des petites promesses et des petits souverains de la Confédération germanique; comme il ne croit en définitive qu'au pouvoir de l'esprit, au progrès par la science et la persuasion, et non par les improvisations hasardées ou la contrainte, Gœthe se met à l'écart. Il se retire des factions. Il se fait à lui seul, comme Dante (qui paraît bien, lui aussi, à un certain jour, avoir désespéré de ses amis), son propre parti. Voyant la confusion où tout allait chez ce pauvre peuple allemand, le plus grand dans l'ordre moral, dit-il, mais le plus misérable dans son organisation politique, il rentre, pour n'en plus sortir, dans la sphère de l'art, où son autorité s'exerce sans entraves. Mais c'est pour y tenter, à sa manière, l'unité allemande. Il forme le plan d'un grand congrès général qui sera, dans l'opinion de Herder, le premier institut patriotique de l'Allemagne; et s'il n'y réussit pas, il en répand du moins dans les esprits l'idée qui y germera plus tard. Une voix intime dit au poëte qu'il importe assez peu à l'Allemagne de compter un soldat, un clubiste, un pamphlétaire ou un harangueur de plus, mais que, en lui léguant un Gœthe, il aura fait pour la patrie future tout ce qui lui est commandé par Dieu et par son génie.

Et qui oserait l'en blâmer? Qui oserait accuser d'indifférence patriotique celui dont on a pu dire:

L'Allemagne s'est sentie grande tant que Gœthe a vécu?

ÉLIE.

Vous idéalisez, vous me feriez presque aimer le sage égoïsme du grand artiste ; mais comment l'égaler à l'héroïsme du grand citoyen, et que les effets en sont moins vivants dans les cœurs ! L'Allemagne, sans doute, admire, elle adore son Gœthe ; mais qu'il y a loin du culte un peu abstrait qu'elle lui rend au frémissement d'amour de toute cette jeune Italie qui portait naguère aux combats pour la liberté les couleurs de Béatrice, et que les chants divins de l'Allighieri consolaient dans les durs cachots du Spielberg, exaltaient au martyre de Cosenza !

DIOTIME.

J'en tombe d'accord avec vous, Élie, avec cette seule réserve, que je n'oppose pas ici l'égoïsme d'un caractère à l'héroïsme d'un autre, mais, comme je vous le disais tout à l'heure, le génie et la tradition des deux peuples qui se personnifient dans nos deux poëtes. Et tenez, même dans cette retraite studieuse, dans cette « solitude amie » que vous seriez tenté de reprocher à Gœthe, dans ce calme où sa verte vieillesse poursuit sans dissipation l'œuvre, patriotique aussi à sa manière, qu'il a entreprise de grandir dans les lettres et dans les arts le nom allemand, la colère vient un jour le saisir et lui inspire des accents tout à fait dantesques.

ÉLIE.

En quelle occasion ?

DIOTIME.

C'est en 1805. L'invasion française a réduit l'Allemagne à la dernière détresse. Le grand-duc de Weimar, le souverain bien-aimé de son peuple, est, sous de mensongers prétextes, accusé de trahison, menacé par Bonaparte de déchéance et d'exil. Gœthe pousse un cri d'indignation ; tant d'injustice le révolte. Il ressent au plus profond les humiliations de la patrie sous le caprice du dominateur étranger. Tout aussitôt son parti est pris. Il n'hésite pas ; il va suivre son royal ami dans l'infortune. Il s'en ira, dit-il, de village en village, de chaumière en chaumière, d'école en d'école, « partout où l'on connaît le nom du vieux Gœthe ; » il rimera, il chantera les afflictions du peuple ; et les femmes et les enfants s'attacheront à ses pas et répéteront en chœur sa grande complainte... Il n'est pas indifférent, alors, le vieux Wolfgang ; sa voix tremble ; des larmes roulent de ses yeux ; ses genoux fléchissent. Lorsqu'il parle ainsi d'exil et de pauvreté, je songe à cet autre Juste, « quel Giusto, » à ce mendiant au grand cœur que l'Allighieri rencontre dans le ciel de Justinien, à ce Romeo en qui le poète semble se reconnaître... Vous vous rappelez, Viviane, ces belles tercines que je vous citais hier :

Indi partissi povero e vetusto.

MARCEL.

Mais cet exil et cette pauvreté ne sont qu'imaginaires ; et, bien différemment de Dante, votre Gœthe finit ses jours dans sa maison, dans la jouissance de tous les conforts...

DIOTIME.

Que ce mot de *confort* eût sonné étrangement à l'oreille de Gœthe, mon cher Marcel, et que l'image du prosaïque bien-être que ce mot exprime était loin de son esprit ! Ce qu'il fallait à Gœthe, ce que le grand-duc Charles-Auguste sut lui assurer, en lui donnant tout auprès de lui, « champ, verger, jardin et maison, » ce n'était pas la combinaison savante et opulente de ces inventions *confortables* où s'endorment les vanités de nos bourgeois parvenus ; c'était la simplicité noble d'une demeure où toutes choses bien ordonnées dans un ensemble harmonieux le portaient au recueillement et à une douce activité de la pensée.

Dans cette maison modeste où Gœthe va finir ses jours glorieux, les chambres sont peu ornées, médiocrement meublées (notre poëte avait coutume de dire que les riches ameublements sont faits pour les gens qui n'ont point d'idées et ne se soucient pas d'en avoir; quant à lui, il ne pouvait ni penser ni rêver dans un trop bon fauteuil); mais on y monte par des degrés majestueux où de graves figures antiques commandent le silence ; et les beaux souvenirs qu'il a rassemblés là, ses collections, ses portefeuilles, ses livres, le pénètrent à toute heure de ce « sentiment d'une noble existence, » qu'il avait espéré, un jour, lorsqu'il exerçait le pouvoir, de donner même aux plus déshérités, même aux plus oubliés de la fortune.

Dans son jardin, bien abrité du nord, au penchant d'une colline, sous ses grands sapins germaniques, non loin desquels, de sa main, le vieillard a planté le doux figuier de la Brenta, si cher à sa jeunesse, Gœthe vient en plein midi s'asseoir. Il se recueille; il écoute « la respiration de la terre pendant le sommeil de Pan. » A son front de Jupiter olympien rayonnent les souvenirs d'un passé sans tache; dans ses yeux, les certitudes sereines de la vie future. Et lorsque, par une matinée de printemps, à son tour, Gœthe s'endort dans la plénitude de ses facultés et dans la calme conscience de son œuvre accomplie (le 22 mars 1832; peu de temps auparavant il a mis la dernière main à son poëme de *Faust*), sa lèvre souriante demande « plus de lumière. » Sans effort et sans effroi, son âme va passer d'un monde à l'autre. Comme l'Allighieri, au sortir des épreuves de la montagne d'expiation, il s'est renouvelé aux flots vivifiants du Léthé. Il se sent, lui aussi,

> Pur et disposé à monter aux étoiles...

Diotime se tut. En la voyant fermer son cahier de notes, Viviane se récria. Elle n'aurait pas voulu que la fin du récit vînt si vite. Elle aurait désiré plus de détails; elle avait mille questions à faire encore. Diotime promit d'y répondre à mesure que l'analyse de *Faust* les amènerait, ce qui ne pouvait manquer. Mais elle se sentait fatiguée d'avoir parlé pendant près de deux heures au grand air, et priait qu'on voulût bien la laisser reprendre haleine.

On se dispersa sur la plage.

QUATRIÈME DIALOGUE.

DIOTIME. VIVIANE. ÉLIE, MARCEL.

On s'oublia longtemps sur la plage, chacun à ses pensées. Diotime s'était éloignée. Viviane prenait un curieux plaisir à regarder, à examiner de près les milliers d'animalcules et de plantes marines que le reflux avait abandonnés sur le sable. Elle questionnait Élie. Avec sa vivacité féminine, elle aurait voulu, en moins d'une heure, tirer de lui et s'approprier tout ce que de longues années d'études lui avaient appris. Mollusques et madrépores, infusoires, astéries, coquilles, écailles, varechs, débris de toutes sortes, elle voulait aussitôt nommer et classer l'infinité des formes équivoques de cette vie flottante qui, poussée par je ne sais quel vague et universel désir de lumière, vient incessamment vers nous, des crépuscules de l'abîme, à la pleine clarté des cieux.

Quant à Marcel, après avoir suivi d'un œil de chasseur plusieurs files d'oies sauvages qui traversaient les airs du nord au sud, et, de leurs blanches ailes éployées, laissaient tomber sur ce beau jour d'automne comme un premier frisson des neiges d'hiver, il était parti pour le village, en quête d'un fusil, bon ou mauvais.

Depuis quelques instants une méduse énorme, cachée sous une touffe d'algues, absorbait l'attention de Viviane. Lorsqu'elle releva la tête, grande fut sa surprise de ne plus voir Élie à ses côtés. Après qu'elle l'eut cherché des yeux tout alentour :

— Où êtes-vous donc allé et qu'avez-vous? lui cria-t-elle en le voyant revenir à pas pressés dans la direction que Diotime avait prise; vous êtes pâle à faire peur.

— Ce n'est rien, dit Élie en l'abordant; c'est le démon du cap Plouha qui m'a troublé la cervelle... Pouvez-vous distinguer là-bas, à l'horizon, tout à l'extrémité de ce rocher qui surplombe, Diotime et son grand voile noir qui flotte au vent?

VIVIANE.

Eh bien?

ÉLIE.

Eh bien! figurez-vous que, tout à l'heure, en la voyant qui s'avançait lentement, comme une somnambule, sur cette pointe étroite, j'ai pris peur. J'ai couru; la respiration m'a manqué, mes jambes ont fléchi; si j'étais femme, je dirais que j'ai failli me trouver mal... Que voulez-vous! on n'est pas maître de ces choses-là; il me semblait que le pied lui glissait, qu'elle chancelait, qu'elle disparaissait.

QUATRIÈME DIALOGUE.

VIVIANE.

Quelle folie! Rappelez-vous donc qu'avant-hier, par une mer très-houleuse, vous m'avez conduite jusque-là. Il y a place pour trois personnes de front; pas le moindre danger, même si l'on tombait.

ÉLIE.

Encore une fois, que voulez-vous que je vous dise? c'est le démon du cap Plouha qui fait des siennes. Diotime était si triste depuis hier!... Ce matin même, elle m'avait très-longuement parlé de notre pauvre George. J'étais hanté par les idées les plus noires... Enfin, je n'avais pas le sens commun, et je m'en suis convaincu quand, au moment de ma plus vive angoisse, j'ai vu Diotime s'asseoir aussi tranquillement que possible et s'entretenir avec un petit chercheur de crabes que, dans mon agitation extrême, je n'avais pas aperçu tout d'abord à ses côtés.

VIVIANE.

Vous étiez très-lié avec George, n'est-il pas vrai?

ÉLIE.

Je m'étais beaucoup attaché à lui dans le peu de temps que nous avons passé ensemble; c'était une nature charmante, la mieux douée que j'aie jamais rencontrée, et aussi la plus à plaindre.

VIVIANE.

J'ai vu son portrait, peint par Lehmann, dans la

chambre de Diotime; il devait lui ressembler beaucoup. Quel noble visage, mais quelle mélancolie empreinte sur tous ses traits! Sans rien savoir, je l'aurais dit prédestiné à quelque chose de funeste.

ÉLIE.

Il avait apporté en naissant l'inclination à la mélancolie, à cette grande mélancolie germanique dont Diotime nous parlait tout à l'heure, et dont il est, je crois, bien difficile de guérir. La mort mystérieuse de sa mère avait jeté sur son enfance une ombre froide; très-jeune encore, il s'était, comme elle, essayé plusieurs fois, sans y réussir, au suicide.

VIVIANE.

Et sa famille l'avait su?

ÉLIE.

Sans doute. Mais comme il refusa toujours de s'expliquer, ses proches, oubliant la morne hérédité qui mettait dans son sang le dégoût de la vie, ne prirent point au sérieux ces tentatives vaines. On ne vit là qu'un peu d'ennui qu'il fallait distraire. On décida que George voyagerait.

VIVIANE.

Mais Diotime?

ÉLIE.

Diotime, sur qui la mort tragique d'une sœur trèsaimée avait produit une impression ineffaçable, concevait a ce sujet plus d'inquiétude ; mais, par des motifs que j'ignore, elle ne pensa pas devoir s'opposer aux volontés qui éloignaient George de la maison paternelle. Elle me pria seulement de l'accompagner, et je partis avec lui pour la Grèce. Au bout de quelque temps, rappelé par des affaires, je crus pouvoir le quitter. Je ne le laissais pas seul; nous avions noué amitié avec Evodos. Vous le connaissez ; vous savez de quel ascendant naturel, malgré sa jeunesse, il entraine, il sait gagner à ses belles ambitions tout ce qui l'approche. J'espérais que, par ce lien nouveau, George insensiblement se rattacherait à la vie, et que peut-être même il en viendrait quelque jour à entrer de cœur et d'esprit dans les vues, dans les projets, dans les passions généreuses du jeune Hellène. Hélas ! à peine rentré chez moi, je recevais une lettre d'Athènes; elle était scellée de noir; je l'ouvris en tremblant. Evodos m'écrivait qu'au lendemain de mon départ, George avait soudain disparu, et qu'après plusieurs jours de recherches, on avait appris, par des femmes de pêcheurs, venues de grand matin au Pirée pour y vendre leurs filets, que, pendant leur marche nocturne sur le rivage, elles avaient vu, bercé par la vague, un beau corps endormi, d'une blancheur angélique, et qui semblait comme enveloppé de lueurs merveilleuses...

VIVIANE.

J'avais bien deviné quelque chose de tout cela, mais

j'ignorais les détails. Croiriez-vous que Diotime n'a jamais prononcé devant moi le nom de George!

ÉLIE.

La dernière fois que nous avions parlé de lui ensemble, c'était à l'occasion d'une lettre d'Evodos qui s'occupait de faire placer, à l'endroit même où l'on a retrouvé le corps, une pierre funéraire. Les larmes que j'avais vues tomber des yeux de Diotime sur ses joues d'une pâleur mortelle m'avaient à tout jamais interdit d'éveiller ce souvenir. D'elle-même, ce matin, après plusieurs années de silence, elle l'avait rappelé, et j'en étais resté troublé plus que je ne saurais dire...

Comme ils en étaient là, Viviane mit un doigt sur sa bouche, et s'avançant vivement à la rencontre de son amie qui déjà se trouvait à portée de la voix : Qu'avez-vous donc vu là-bas de si extraordinaire, lui dit-elle, et comment pouvez-vous si longtemps vous passer de nous?

—J'étais avec un autre ami, dit en souriant Diotime.

VIVIANE.

Un autre ami?

DIOTIME.

Un ami invisible, un ami absent, un ami très-éloigné... mais pas autant peut-être que nous nous le figurons. Vous savez que j'ai parfois des pressentiments étranges; ce n'est pas pour rien que je suis née à minuit et dans la patrie de Goethe. Nous autres *Mitternachts-*

kinder, comme on nous appelle en Allemagne, nous découvrons les trésors. A cet égard j'ai fait mes preuves, et j'en ai trouvé un que tout le monde m'envie dans votre *Bretaigne grifaigne* (n'est-ce pas ainsi, Élie, que dit la chanson?). Mais ce n'est pas tout; nous conversons aussi avec les esprits... Eh bien, là-bas, sur mon rocher solitaire, je pensais à Evodos; je peux dire que je le voyais auprès de moi...

Les yeux de Viviane s'illuminèrent d'un éclair rapide. Au même moment, elle entendit la voix de son frère qui rapportait le meilleur fusil du garde de Tréveneuc et qui descendait en chantonnant sur la plage.

— Trop tard! lui cria-t-elle en montrant du geste l'horizon; les oiseaux sont envolés La Providence les protége et les enlève à tes coups.

— Oui vraiment, reprit Marcel avec humeur et en contrefaisant l'accent nasillard du curé de Saint-Jacques, admirons la divine Providence, mes frères; quand le gibier vient au chasseur, c'est le fusil qui lui manque; et quand le chasseur tient le fusil, le gibier a disparu!

On rit de cette boutade; puis on revint s'asseoir autour de la table de granit. Alors, à la demande générale, Diotime reprit ainsi :

DIOTIME.

Vous m'avez fait un reproche qu'on adresse rarement aux professeurs, ma chère Viviane, vous m'avez trouvée trop courte. Mon récit de la vie de Gœthe et l'idée que j'ai tâché de vous donner de sa personne vous semblent insuffisants. Hélas! oui, j'en conviens, il m'arrive avec Gœthe ce qui m'est arrivé avec Dante : à mesure que j'avance, les horizons reculent, et quand je crois toucher au port, ma sonde jetée m'avertit que je suis bien loin encore de tous rivages, en haute mer :

O voi che siete in piccioletta barca,
. . . .
Non vi mettete in pelago,

dit l'Allighieri, à ceux qui voudraient, dans leur frêle esquif, suivre son vaisseau superbe; plus je vais, plus je m'effraie de l'entreprise où je me suis hasardée. A ne parler que du temps, savez-vous que, si je voulais tout dire sur Gœthe, ce ne serait pas quelques heures, mais quelques semaines qu'il nous faudrait rester à Plouha?

VIVIANE.

Je le voudrais bien...

DIOTIME.

Et je devrai m'estimer heureuse si j'achève aujourd'hui d'esquisser les grands traits généraux qui font de Gœthe, à mes yeux, le Dante du xix° siècle. Vous ne sauriez vous figurer, Viviane, le nombre et l'étendue des ouvrages écrits sur Gœthe. La littérature dantesque est déjà dépassée, je crois, par la littérature gœthéenne. La controverse au sujet des idées et des sentiments de l'auteur de *Faust* ne finira pas de longtemps en Allemagne; elle ne fait que commencer en Europe. Comme aussi Gœthe, en ce qui le touchait person-

nellement, gardait volontiers le silence; comme il ne
daigna jamais répondre à ses détracteurs; comme il
ne lui déplaisait pas de voir son *Faust* devenir l'objet
d'une infinité d'interprétations et de commentaires qui
donnaient au vieillard un sentiment vif de sa puissance
croissante sur les imaginations; comme il souriait complaisamment à ce *Faust polisensa* qui déconcertait la
critique, il en a été de lui comme de l'Allighieri : dans
les deux camps opposés, guelfes ou gibelins, croyants
ou sceptiques, conservateurs ou réformateurs, on s'est
disputé l'honneur de son nom. Les nuages se sont amassés tout alentour; l'obscurité s'est accrue, le tonnerre
a grondé; et, pareil aux demi-dieux antiques, le poëte
a disparu, il a été ravi aux cieux dans l'orage. — Je
crois bien, quoique je vous aie dit peu de chose au
regard de ce qu'il y aurait eu à dire, vous avoir montré
dans Gœthe l'homme de sa nation, de son temps, mais
aussi l'homme universel, l'homme de l'humanité, en
qui s'expriment et luttent, avec une puissance extraordinaire, les passions, les espérances, les tristesses, les
joies, tout le réel et tout l'idéal de la destinée humaine.
Si je ne m'abuse, je vous ai fait entrevoir les analogies
profondes qui, sous les différences de temps, de lieux,
de races et de caractères, relient l'un à l'autre l'auteur
de *Faust* et l'auteur de la *Comédie* : un génie essentiellement religieux, traditionnel autant que novateur,
qui reçoit avec respect du passé tout ce qu'il est possible
d'en recevoir, et qui transmet à l'avenir un héritage
agrandi, fécondé par le travail d'une pensée libre et
généreuse. Nous avons admiré chez nos deux poëtes un

talent spontané et réfléchi, lyrique et épique tout ensemble; une âme ouverte à la plus haute conception de l'amour. Nous touchons maintenant à ce qui va achever la ressemblance entre Dante et Gœthe, à ce désir qui les possède également de mettre tout leur génie, toute leur vertu, la *Somme*, le *Trésor*, le *Miroir* de leur connaissance, aurait-on dit au moyen âge, dans une œuvre grandiose qu'ils vont porter en eux, méditer, quitter et reprendre, remanier, améliorer sans cesse, jusqu'à la fin. Sans se mettre ouvertement en scène dans son *Faust*, Gœthe y est présent tout aussi bien que Dante dans sa *Comédie*. Étudier l'œuvre, c'est ici, plus qu'en aucune autre création de l'art, étudier l'homme. Et c'est pourquoi tantôt, Viviane, je vous disais que vous alliez avoir plus d'une occasion, à mesure que nous entrerions dans l'analyse de *Faust*, de revenir sur ce que j'ai pu négliger, et de remettre où bon vous semblera vos grands points d'interrogations despotiques.

VIVIANE.

Comptez que je ne m'en ferai pas faute, malgré l'épithète railleuse.

DIOTIME.

Nous avons vu déjà que Gœthe, en concevant le plan de sa tragédie, était mû, comme Dante, non-seulement par le désir de la gloire qui leur est commun avec tous les grands artistes, mais encore par le désir généreux qu'ont seuls les grands cœurs de faire servir l'exemple de leurs fautes et de leurs égarements au bien d'autrui.

En étudiant l'un et l'autre poëme, nous n'apprenons pas seulement à connaître un chef-d'œuvre littéraire, mais encore le moyen que, dans la société du xive et du xixe siècle, deux nobles esprits jugeaient le plus propre à gagner la béatitude, à *faire son salut* ; si bien que je serais parfois tentée d'examiner *Faust* et la *Comédie* de ce point de vue dévot, et de les considérer comme un livre d'édification qui se pourrait nommer l'*Imitation de Dante* ou l'*Imitation de Gœthe*. Mais, pour le moment, ne nous engageons pas dans ces considérations morales, et tenons-nous-en à notre Faust poétique et légendaire.

ÉLIE.

Vous nous avez dit, je crois, que la légende de Faust remonte au vi^e siècle.

DIOTIME.

En ce qui touche la donnée générale du pacte avec le démon, la légende se produit dès le iiie siècle. Le païen Cyprien d'Antioche, qui veut séduire par magie Justine, la vierge galiléenne, et qui, pour cela, fait alliance avec le diable, semble, dans la légende grecque, comme une sorte de Faust anticipé.

ÉLIE.

Ce Cyprien d'Antioche est le type du *Magico Prodigioso* de Calderon, si je ne me trompe ?

DIOTIME.

En effet. Mais de même qu'il y a eu plusieurs visions

et plusieurs voyages en enfer, nous allons voir se produire un grand nombre de Faust. Celui du vie siècle se nomme *Théophilus* ; c'est un clerc de l'Église d'Adana en Cilicie, qui, par l'entremise d'un juif, signe de son sang le pacte avec le démon, mais qui finit par lui échapper néanmoins, grâce à l'intercession de la Vierge Marie. L'histoire de ce Théophilus figure dans un poëme latin de la nonne Hroswitha ; elle a été rimée chez nous par le trouvère Rutebeuf, et on la voit représentée sur les vitraux de plusieurs de nos cathédrales du xiiie siècle.

ELIE.

Je crois me rappeler l'avoir vue sur un vitrail de Notre-Dame de Paris.

DIOTIME.

Après ce Théophilus, une longue succession de personnages illustres, parmi lesquels beaucoup de papes, de savants, de docteurs, sont, du xe au xve siècle, en mauvais renom de pratiques diaboliques. L'innombrable famille des écoliers errants, *scholastici vagantes* ou *bacchants,* comme on les appelait, qui rapportent des universités de Tolède, de Salamanque et de Cracovie, où on les apprenait des Juifs, des Sarrasins, parfois même du diable en personne, les secrets de la sorcellerie ; qui fréquentent les saltimbanques, les escrimeurs, les jongleurs de toutes sortes ; qui visitent en Allemagne le *Mont de Vénus* et qu'excommunie l'Église, perpétuent et répandent au loin la tradition du pacte infernal. Il y a un Faust polonais, un Faust bohême, un Faust hollandais, etc.; mais le Faust véritable, le Faust historique de qui s'empare la légende allemande, appartient en propre à l'Allemagne et au XVI° siècle.

ELIE.

Vous admettez donc un Faust historique?

DIOTIME.

La réalité d'un ou même de plusieurs Faust n'est pas contestable. Il y a d'abord Faust ou Fust, l'associé, le traînisseur de Guttenberg, de qui le nom se rattache avec certitude à l'invention de l'imprimerie. On trouve aussi le nom de Faust inscrit dans l'année 1509, sur les registres de l'université de Heidelberg, au grade de bachelier *de via moderna* (ce qui signifie, paraît-il, qu'il était nominaliste). On ne saurait nier non plus, car il figure dans les lettres du temps sous le nom de Georgius Sabellicus, l'existence d'un aventurier prodigieux qui prenait le titre de prince des nécromants ou de *Second Faust*, ce qui en suppose un premier. Enfin, hors de doute est le compatriote de Mélanchthon, l'ami d'Agrippa, le protégé de Franz von Sickingen, le docteur Johannes Faustus. Celui-ci, en un rien de temps, forme comme le noyau de toutes les nébulosités légendaires. Il s'empare de toutes les attributions des autres Faust. Il leur imprime, en les absorbant, et malgré les transformations qu'il subit dans différents milieux, un caractère typique. Et ce caractère se compose sous la double influence de l'esprit théologique de la Réforme et de l'esprit humaniste de la Renaissance qui travaillaient alors toute l'Allemagne. La crainte du diable qui possède encore Luther et l'audace de la science qui commence à paraître dans Copernic, ont une part égale à la formation de ce Faust définitif, qui devient le héros des chansons populaires et le personnage favori des pièces de marionnettes.

Il s'accrédite rapidement en tous lieux, de telle sorte que bientôt il n'est plus personne dans le peuple, dit un contemporain, qui ne sache raconter un tour de sa façon. Et ces tours, empruntés à tous les Faust précédents, emmêlent, à la manière dantesque, l'antiquité classique, la chronique du moyen âge et les affaires contemporaines. Né en pleine Allemagne, dans une petite ville du Palatinat, notre Faust fait ses études à Wittenberg, le berceau de la théologie protestante. Il est, comme il convient, ensemble nécromant, astrologue et alchimiste. Il récite de mémoire tout Platon et tout Aristote. Il restituerait, pour peu qu'on l'en priât, les comédies perdues de Plaute et de Térence. Se rendant invisible à volonté, il assiste aux combats de Pavie et de la Bicoque. Il est porté à travers les airs, tantôt par les chevaux, tantôt sur le manteau du diable. Il fait ainsi des voyages fabuleux ; il va en Thrace, dans les Indes ; il visite à Naples le tombeau de Virgile ; il monte sur une haute montagne d'où il s'élance jusque dans les astres. Il explique les comètes et les étoiles filantes ; il découvre les trésors cachés dans les chapelles en ruine ; il joue aux étudiants, aux hôteliers, au pape, mille tours pendables. Partout, sous apparence de chien, son démon Méphistophélès le suit, docile à ses commandements; il lui amène, pour ses plaisirs, les sept plus belles femmes des Pays-Bas, de la Hongrie, de l'Angleterre, de la Souabe et de la France, etc.; il va lui chercher Hélène. Faust l'épouse; il en a un fils. Puis enfin, le temps du pacte expiré, et après qu'il a institué pour son héritier son disciple Wagner, Faust meurt de mort violente; il est emporté dans la nuit par le diable, au milieu des éclats de la foudre et du tonnerre, et la moralité de la légende chrétienne, c'est le danger de la science : *Infelix sapientia.*

ELLE.

C'est une chose bien curieuse et qui m'a souvent fait songer, que ce penchant, cette facilité de l'imagination populaire, à créer des types et à former d'une multitude de traits épars dans la réalité une figure mythique.

DIOTIME.

C'est au fond le besoin d'unifier, de composer; c'est l'instinct des artistes; tout le contraire de l'esprit d'analyse et de critique. Bien que spontané, et en apparence capricieux dans ses effets, ce don naturel de l'enfance de l'homme et de l'enfance des peuples obéit, si l'on y regarde de près, à une loi rigoureuse. Ce travail inconscient a son procédé régulier, et l'on peut y observer une des plus sensibles applications de la grande loi de métamorphose qui préside non-seulement, comme l'a constaté Gœthe, à la vie de la plante, mais encore à la vie de l'esprit humain. Il faut lire, pour s'en convaincre, les recherches de la critique allemande sur l'origine des mythes, et, chez nous, les beaux travaux d'Alfred Maury.

MARCEL.

Je parcourais précisément, ces jours passés, le volume de La Villemarqué sur notre enchanteur Merlin et sur sa douce amie, ta marraine, Viviane, qui, par parenthèse, était passablement curieuse et fantasque; et savez-vous quelle réflexion je faisais, moi, sur ces temps légendaires?

DIOTIME.

Laquelle?

MARCEL.

En songeant à ces fictions charmantes qui naissaient au bruit du rouet dans nos veillées de village; en me rappelant ces longues complaintes que rimaient nos Homères celtiques, et qui se chantaient par tout le pays, de grange en grange, de barque en barque, de berceau en berceau, avec mille variantes improvisées selon le goût particulier des gens de la mer, de la plaine ou de la montagne, pour de là se fixer en images dans nos livrets et se dramatiser dans les gestes de nos acteurs de la foire; en me remettant à l'esprit tout cet art naïf d'un temps que l'on appelle barbare, toute cette poésie qui coulait intarissable, à pleins bords, au milieu de nos landes et de nos forêts sauvages, je ne voyais pas bien, je l'avoue, ce que nous avions gagné au progrès, et je me posais cette question : Le suffrage universel, avec ses *urnes* de cuisine, avec ses carrés de papier qui, par la main du gendarme, du pompier ou du garde champêtre, apportent à nos paysans, qui ne savent pas les lire, les choix tout imprimés d'un préfet qu'ils n'ont jamais vu, ce grand droit de vote dont on ne sait que faire, répand-il dans nos campagnes plus de contentement que cet *Espoir breton* que nous avait mis au cœur le fils de la terre bretonne? Charme-t-il autant notre vie que ces belles pommes d'or qui tombaient une à une sur l'herbe verte, quand notre blond Merlin chantait dans le *Jardin de la Joie*, où les arbres, dit la légende, portaient autant de fleurs que de feuilles et autant de fruits que de fleurs?

DIOTIME.

Il n'y a vraiment que vous au monde, Marcel, pour rapprocher des choses aussi dissemblables, l'urne électorale et les pommes d'or du Jardin de la Joie! Vous me rappelez ce bon bourgeois de Fribourg qui, tout ravi des deux chefs-d'œuvre dont venait de s'orner sa ville natale, m'adressait un jour, comme je venais de visiter la cathédrale et le pont suspendu, cette question étourdissante : « Que préférez-vous, madame, du pont ou de l'orgue?.... »

Assurément c'était un doux rêve que celui des fruits

d'or de l'enchanteur Merlin et des guirlandes magiques que tressait sa Viviane pour l'enchaîner toujours à ses côtés sous le buisson d'aubépine ; mais, croyez-moi, avant peu, ce sera une puissante réalité, cette urne domestique qui blesse aujourd'hui votre goût ; ce sera une irrésistible magie, ce carré de papier blanc où le paysan, de sa main rude, écrira un jour le nom qui lui plaira, et qui, selon ce que lui dictera sa conscience, sa passion ou son intérêt, donnera à la république, pour la gouverner, un Cromwell, un Lincoln, un Médicis ou un Bonaparte !

... Mais revenons à la légende de Faust. Elle a eu, comme toutes les légendes, son développement naturel. Elle a passé du récit à la complainte, de la complainte au livre imagé, aux pantomimes des tréteaux de la foire. Soudain, elle fait un pas énorme, elle franchit les mers ; elle touche le sol anglais travaillé déjà par ces puissants génies dramatiques qui préparent à Shakespeare la première scène du monde ; elle s'empare de l'esprit du plus puissant d'entre eux. Elle y prend une signification profonde, un élan qui d'un bond la porte sur les hauteurs ; elle devient *la Tragédie du docteur Faust*. La voici représentée sur le théâtre du comte de Nottingham, telle que l'a composée Christophe Marlowe. D'autant plus et d'autant mieux ce libre génie devait pénétrer et féconder la légende faustienne qu'il paraît avoir été lui-même, bien que né dans l'échoppe d'un cordonnier, une sorte de Faust, accusé en son temps, lui aussi, de curiosités défendues, d'épicurisme et d'athéisme.

VIVIANE.

Je n'ai jamais lu le Faust de Marlowe. Il a donc fait de son héros un athée?

DIOTIME.

Pas le moins du monde. Les bonnes gens s'y sont mépris. Le Faust de Marlowe, comme le Faust allemand, est un bon protestant de la confession d'Augsbourg. Il commande au démon de chasser des Pays-Bas le duc de Parme et de prendre au roi Philippe les lingots de la flotte des Indes. Il s'en va vers Rome. Il s'y déguise en cardinal et s'y égaye très-fort aux dépens du pape et de l'antipape. Mais il est aussi très-bon humaniste, à l'aise, comme en sa maison, dans l'antiquité classique. Il porte à la plume de son chapeau les couleurs de la fille de Jupiter. Pour les beaux yeux de la belle traîtresse il ferait de Wittenberg « une autre Troie. » Son vœu le plus cher, c'est d'aller, après sa mort, converser sous les bosquets de l'Élysée avec les ombres des sages de la Grèce et de Rome. Il sait tout ce que l'on peut savoir. Il a vu de près les planètes, les étoiles et jusqu'au *Primum Mobile*. Comme l'auteur des Cantiques, il a souri à la petite figure que fait notre globe dans l'univers. Et c'est pour le respect de son prodigieux savoir que, malgré son effroyable fin, les écoliers en deuil lui feront à Wittenberg d'honorables funérailles.

VIVIANE.

Est-ce que Gœthe s'est inspiré du Faust de Marlowe?

DIOTIME.

Il est probable que le Faust de Marlowe, qui défraya bientôt avec *Punchinello* tous les *Puppet-Schows* de l'Angleterre, ne fut pas sans influence sur les marionnettes allemandes ; mais Gœthe n'avait pas besoin de chercher au loin l'inspiration ou les motifs de son Faust, ma chère Viviane. Rappelez-vous que Wolfgang vient au monde à Francfort-sur-le-Mein, en pleine atmosphère faustienne. C'est à Francfort qu'a paru la première histoire complète du docteur Faust, extraite en grande partie, comme le dit naïvement le titre du livre, de ses propres manuscrits, et rédigée « pour l'effroi et l'avertissement des orgueilleux, curieux et impies. » Un débit considérable de livres populaires se faisait, deux fois l'an, pendant la foire, dans la vieille ville impériale ; à tous les étalages du *Rœmer*, notre petit poëte, moyennant quelques kreutzer, se pourvoyait amplement de bouquins, d'images et de complaintes concernant le merveilleux docteur. Les marionnettes aussi, la première passion de Gœthe, et qui, apportées, selon l'usage allemand, dans la nuit de Noël, par l'Enfant Jésus aux enfants de Jean-Gaspard, s'établirent à demeure dans la maison du *Hirschgraben*, étaient, depuis la fin du siècle précédent, occupées par l'histoire lamentable. Le poëte favori de la jeunesse francfortoise, Hans Sachs, avait rimé la légende ; tout le long du Mein et du Rhin elle allait et venait, avec le Juif-Errant, sans fin ni trêve. Lorsque Gœthe vient à Strasbourg, il y trouve sur tous les tréteaux le docteur

Faust ; à Leipzig, il le voit en peinture, à cheval sur un tonneau, dans la cave d'Auerbach. Comment donc aurait-il été chercher en Angleterre le Faust émigré, quand, sans sortir de sa maison, il y vivait en famille avec le Faust national, patriote et populaire? La vision du voyage surnaturel en enfer, le pacte surnaturel avec le diable s'offrait, s'imposait en quelque sorte à Gœthe comme à Dante. Une chose achève d'expliquer le choix du poëte : c'est combien l'histoire de Faust (à laquelle croyaient Luther et tout le peuple allemand, comme le pape Grégoire VII et le peuple florentin croyaient à la vision du moine Albéric) s'ajustait exactement à sa nature intime. On peut bien dire que, dès le sein de sa mère, les inquiétudes de Faust sommeillaient en Gœthe, et que la perpétuelle préoccupation de ce sujet mystérieux fut, pendant toute sa vie, le développement successif, la métamorphose, aurait-il dit, de son propre génie. Ce génie respire si à l'aise et si fortement dans une œuvre qui lui était si naturelle; il absorbe, il transforme si bien tout ce qui la précède et tout ce qui s'y rapporte; il se l'approprie si entièrement, il la pénètre si profondément de sa pensée, de sa religion, de sa morale propre, il l'emporte si haut avec lui dans l'immortalité, que désormais les destinées poétiques de Faust sont accomplies. La vertu créatrice de la légende est épuisée, ou du moins elle n'agit plus directement sur les imaginations. C'est le héros de Gœthe de qui, à l'avenir, vont s'inspirer les arts. De même que *la Comédie*, son *Faust* fournira, de siècle en siècle, des images à la sculpture et à la peinture, des motifs à la musique, des sujets de réflexion au moraliste ; mais, de même que, après Dante, un poëte n'aurait pu reprendre heureusement la donnée de la vision, ainsi, après Gœthe, le cycle de l'existence faustienne semble complétement parcouru.

VIVIANE.

Vous dites que la tragédie de *Faust* est l'œuvre de toute la vie de Gœthe ?

DIOTIME.

J'allais vous signaler cette nouvelle analogie entre les deux œuvres et les deux poëtes.

La première pensée de *la Comédie* s'entrevoit, je crois vous l'avoir fait remarquer, dans la première *canzone* de Dante. Cette canzone porte la date de 1289 ; notre poëte est alors dans sa vingt-cinquième année. Quatre ans plus tard, à la fin de la *Vita-Nuova*, il raconte une vision, une révélation qu'il a eue de Béatrice dans sa gloire ; il annonce l'intention d'en perpétuer le souvenir. A Florence, en 1300, il commence sa première cantique. Interrompu par les affaires publiques et par ses propres désastres, par la douleur que lui cause la mort de son ami Guido et parce qu'il appellera lui-même *le cose presenti*, les choses présentes, il l'achève dans l'exil, chez les Malaspini. Selon une tradition accréditée, à la veille de franchir les Alpes, il en confie le manuscrit à Frate Ilario, prieur du monastère de Santa-Croce, dans la Lunigiana. On s'accorde à croire que la plus grande partie de la seconde cantique est écrite pendant le séjour de Dante à Paris. Enfin, après avoir maintes fois pris, quitté, repris, quitté encore, pendant l'espace de trente années, ce poëme divin, sans jamais cesser d'y penser, il l'achève à Ravenne; il en écrit la dernière tercine une année environ avant sa mort.

La même continuité dans la pensée, avec les mêmes interruptions dans l'exécution, se voit dans la création de *Faust*. Gœthe conçoit le plan de sa tragédie en même temps que celui de son Werther et de son Gœtz. En 1774 (il a vingt-cinq ans, lui aussi!), il en lit les premières scènes à Klopstock et à Jacobi; il l'emporte à Weimar. Dans son voyage en Suisse, même en Italie, son manuscrit, déjà tout enfumé, ne le quitte plus. Il écrit la scène de la sorcière dans les jardins de la villa Borghèse. L'explosion de la révolution française l'interrompt; la grande tragédie sociale lui fait oublier sa tragédie philosophique. Mais Schiller en a lu quelques fragments publiés au retour de Rome, et ces fragments ont produit sur son esprit l'effet du « torse d'Hercule. » Dans les épanchements mutuels de cette grande amitié sur laquelle, dira Gœthe, veille un bon génie, l'auteur de *Don Carlos* exhorte l'auteur de *Faust* à reprendre son œuvre inachevée. A cette voix qui a sur son cœur une puissance de tendresse irrésistible, Gœthe se sent ranimé...

MARCEL.

Pardon si je vous interromps, mais n'a-t-on pas inventé après coup, et pour le besoin de la sentimentalité allemande, cette prétendue tendresse de deux rivaux, et de deux rivaux en art théâtral?

DIOTIME.

Je ne crois pas, mon cher Marcel, qu'il y ait jamais eu en ce monde de sentiment plus profond et plus véritable que l'amitié de Gœthe et de Schiller. Les anciens l'auraient divinisée. J'y retrouve des traits frappants de la noble amitié de Dante pour Guido Cavalcanti. Des nuances délicates, des accents variés à l'infini comme le génie même de nos deux poëtes, donnaient à cette intimité un charme toujours nouveau. Schiller y mêlait plus d'admiration et de respect, Gœthe plus de tendresse et de sollicitude. Selon le tour de son imagination plus riante, il sentait s'épanouir en lui « comme un printemps » cette amitié naissante ; et quand elle subit la dure loi des choses mortelles, lorsqu'elle lui fut ravie, il lui sembla, dit-il, en perdant son ami, qu'il se perdait lui-même.

Ainsi encouragé, Gœthe revient avec amour à Faust. Il taille pour lui, dans le marbre de Paros, la figure d'Hélène. Mais bientôt une grave maladie et plus tard la tristesse où le plonge la mort de son Schiller paralysent ses facultés créatrices. Comme l'Allighieri s'est relevé de son abattement dans le commerce de Boëce et de Cicéron, ainsi Gœthe cherchera son refuge dans Spinosa et dans Linné. Mais les épreuves de la mort se succèdent, elles se pressent dans sa vie. Il perd sa mère, sa femme, son royal protecteur, son fils unique. Ce dernier coup, le plus terrible, le plus inattendu, surprend sa raison. Il veut refouler la douleur, il lui commande le silence ; il croit lui échapper en s'emportant à tous les excès du travail. Une apoplexie violente l'avertit, le ramène à la modération, et triomphe ainsi, mieux que sa volonté, du désespoir. Rentré en possession de lui-même, Gœthe reprend son *Faust* si souvent abandonné. Dans l'extrême désir de ne pas laisser inachevée cette œuvre où il sent bien qu'il revivra tout entier, il se recueille profondément ; il étreint son sujet avec une vigueur nouvelle. Ses amis s'étonnent ; ils admirent, ils ne sauraient comprendre une telle verve dans une vieillesse déjà si avancée. « C'est un dieu qui travaille en toi ! » s'écrie Zelter. Enfin, dans sa quatre-vingt-deuxième année, Gœthe met la dernière main au poëme qu'il a commencé à l'âge de vingt-cinq ans. Il en confie le manuscrit à des mains fidèles. Comme les derniers chants du *Paradis*, les dernières scènes de *Faust* demeurent ignorées du vivant de leur auteur. La plus pure flamme de ces deux grands génies s'élèvera sur leur tombe.

Mais que sont devenus mes deux petits volumes, Élie ? Je ne les vois plus, et je vais en avoir bien besoin, si vous voulez que nous revoyions ensemble, ainsi que nous avons fait *la Comédie*, le poëme de Gœthe.

ÉLIE.

Les voici, et nous écoutons.

DIOTIME.

L'analyse de *Faust* ne sera, il faut vous y attendre, ni aussi simple ni aussi brève que celle dont vous avez pu vous contenter pour *la Comédie*. Bien que Goethe lui-même déclare son sujet *barbare* (il entend par là créé par la poésie du Nord), et qu'il l'emprunte aux récits populaires, on conçoit que la *barbarie*, au XIXe siècle, ne saurait plus avoir la simplicité de geste et d'accent qu'elle avait au XIVe. Le génie germanique, d'ailleurs, qui n'a ni la clarté ni la précision du génie latin, nous est, beaucoup plus que lui, étranger. L'imagination du peuple allemand affectionne ce que notre goût français repousse, ce que Goethe appellera quelque part, à propos même de sa tragédie, « les compositions problématiques. » J'ajoute que, dans cette composition problématique de *Faust*, sous cette forme dramatisée beaucoup moins simple que la narration épique de *la Comédie*, Goethe va tenter de faire entrer l'infini du panthéisme moderne, auprès duquel l'infini de la théologie catholique semble bien limité et bien facile à étreindre. Dante peut diviser son poëme, comme l'était alors l'éternité, en trois règnes distincts; il peut bâtir avec une rigueur géométrique, sculpter et peindre son enfer conique, son purgatoire en corniche et son paradis en amphithéâtre. Mais l'éternité de Goethe? celle-ci n'a bien véritablement ni commencement ni fin. Son enfer, son purgatoire et son paradis n'existent que dans la conscience humaine; ils appartiennent au royaume des idées pures, et ne sauraient, même sous le pinceau d'un puissant artiste, prendre figure autrement que vague et nébuleuse. Et ce n'est pas seulement l'éternité théologique qui a changé totalement du XIVe au XIXe siècle, c'est la représentation de l'univers; c'est la connaissance de la nature et de l'humanité; c'est la science, c'est la philosophie, c'est le sentiment moral; ce sont toutes les prises de l'esprit et du cœur humain sur l'espace et sur la durée, sur la nature et sur Dieu. L'humanité qui gravit, elle aussi, la *Montagne de contemplation*, a, dans sa marche ascendante de Dante à Gœthe, atteint des sommets d'où l'on voit de plus haut et de plus loin dans le passé et dans l'avenir. Tandis que Dante aperçoit à peine quelques lueurs au delà des temps virgiliens, Gœthe embrasse du regard tout l'horizon homérique et découvre, par delà, l'antiquité sacrée de l'Égypte et de l'Inde. Quand les quatre étoiles du Sud et les Mirabilia de l'Irlande laissent encore incrédules les contemporains de l'Allighieri, la génération de Humboldt contemple sans s'étonner, au sein du Cosmos, les astres innombrables qui naissent et meurent. Quelles distances intellectuelles franchies de l'Adam de Moïse au genre humain de Lessing, du déluge de Noé aux théories neptuniennes de Werner, du Romulus de Tite-Live aux origines mythiques de Niebuhr, du Virgile napolitain aux Homères de Wolf, de l'alchimie de Cecco d'Ascoli à la chimie de Lavoisier, de Ptolémée à Herschell, des catégories d'Aristote au *devenir* de Hegel, du salut selon saint Thomas à la béatitude selon Spinosa, du Christ de saint Mathieu au Christ de Herder, qui sera tout à l'heure le Christ de Strauss!

Combien, dans la différence même de la matière poétique qui lui est offerte, la force créatrice de nos deux poëtes va trouver des nécessités et des difficultés différentes! Le génie de l'Allighieri ne doit agir sur un monde sensible et figuré, au sein d'un merveilleux parfaitement connu, qu'en vertu d'une foi précise et qui reste toujours plastique, jusque dans ses spéculations les plus hautes; tandis que le génie de Goethe, tout au contraire, ne saura en quelque sorte où prendre pied dans l'insaisissable abstraction de la métamorphose éternelle. Sollicité de tous côtés à la fois, en plein rationalisme, en pleine critique, au regard de la matière sans limite et sans repos du panthéisme, s'efforçant de voir l'invisible, de toucher l'impalpable, de retenir ce qui fuit, de donner une forme à ce qui n'existe pas encore, une voix à ce qui ne saurait parler, l'artiste est à toute minute en danger de s'égarer, de se perdre au doute profond où s'évanouissent incessamment tous les fantômes et toutes les chimères qui, jusqu'à lui, ont fait le charme ou l'effroi, l'attrait ou l'horreur de l'âme humaine. Et cette âme elle-même, qui garde encore dans la Divine Comédie les apparences de la forme corporelle, elle n'est plus dans l'imagination de Goethe que la monade problématique qui, dépouillée de toute figure, traverse des régions indescriptibles pour s'élever vers une vague béatitude, vers un Dieu sans forme et presque sans nom.

MARCEL.

Ah! bon Dieu! je prévois que je vais regretter l'enfer, peut-être bien même le paradis du Florentin.

DIOTIME.

Je vais vous mettre à même de choisir.—Dès les premiers vers de nos deux poëmes, la différence d'étendue et d'intensité philosophique se marque, et l'on peut en entrevoir toutes les conséquences. Dante, vous vous en souvenez, entre en scène le plus simplement du monde. C'est lui-même qui parle en son propre nom. En quatre tercines, il expose tout ce qu'il a besoin de faire connaître pour préparer l'action qui commence. Il raconte que, à trente-cinq ans, il s'est égaré hors de la droite voie; et qu'un jour, s'étant endormi, il se trouve au réveil dans une forêt sauvage où il a fait les rencontres qu'il va dire.

Gœthe ne pourrait plus procéder d'une manière aussi directe. Il n'a plus pour auditoire une foule croyante qui se presse dans les églises pour entendre le récit véritable d'un voyage qu'elle tient pour réel. Personne, dans l'Allemagne du XIXe siècle, ne prendrait le poëte au sérieux, s'il racontait qu'il a fait un pacte avec le diable. Sur ce point, les bonnes femmes de Francfort ne sont guère moins différentes des bonnes femmes de Vérone que Herder ne l'est de saint François d'Assise. Il faudra donc, pour la vraisemblance poétique, que Wolfgang Gœthe revête la robe et le bonnet du docteur Faust. Il faudra qu'il nous montre son héros égaré, non plus métaphoriquement dans la forêt obscure, mais véritablement dans les ombres métaphysiques de son propre esprit; épouvanté non plus par trois bêtes féroces, visibles et tangibles, mais par les ignorances monstrueuses de la science humaine, par les insondables mystères de la nature. Il ne lui suffit pas, comme à Dante, de nous dire qu'il est hors de la droite voie;

nos curiosités modernes voudront savoir pourquoi et comment il l'a quittée.

ÉLIE.

Je ne vois pas bien la raison de cette différence.

DIOTIME.

La raison, Élie, elle est tirée encore de la différence des conceptions. Il serait d'un intérêt médiocre, vous en conviendrez, de connaître exactement, avec détail, par quelles distractions mondaines, par quel libertinage de l'esprit ou des sens, par quels doutes particuliers sur tel ou tel point de dogme ou de doctrine, par quelles faiblesses accidentelles, par quels entraînements passagers, Dante s'est éloigné de la voie droite. Le nom, l'âge ou l'état de ses *pargolette* nous importe très-peu; tout au contraire le désespoir de Faust, qui est le grand doute philosophique de la pensée allemande, cette permanente inquiétude de Dieu qui fait à la fois sa faiblesse et sa grandeur, aura droit, dans tous les temps, au plus profond intérêt de tous les hommes. Et c'est pourquoi, au lieu de quelques tercines, Goethe, pour nous bien faire comprendre le trouble de son héros, et ce qui l'a causé, écrira tout un prologue, plusieurs scènes très-longues, et fera intervenir une foule de personnes dont l'Allighieri n'aurait que faire. Goethe ne pourra non plus qu'à l'aide d'une certaine ironie faire arriver devant des spectateurs sans crédulité le démon Méphistophélès, tandis que le magicien de Naples, le sage de Mantoue, le *bon* Virgile, est au

XIV° siècle si sérieusement accepté des lettrés, si familier à l'imagination populaire qu'il n'est besoin à Dante d'aucun artifice pour se mettre en rapport personnel avec lui. Virgile aussi, malgré sa réalité historique, n'a pas à beaucoup près, dans *la Comédie*, la réalité de Méphistophélès dans la tragédie de *Faust*. Tous deux sont envoyés d'en haut, et ils apparaissent d'une manière surnaturelle; mais le chantre de l'*Énéide* n'est qu'une ombre qui va faire voir à Dante des ombres. Méphistophélès, au contraire, est une créature en chair et en os. Il ne se bornera pas, lui, à échanger avec Faust quelques courtoisies; il va lui faire signer de son sang sur parchemin un pacte authentique. Conformément à ce pacte, il servira Faust ici-bas; il vivra avec lui de la vie positive, de la vie « du petit et du grand monde; » il satisfera tous les désirs de son maître, sous la condition d'être à son tour, à l'expiration du temps, maître et seigneur de Faust dans l'autre vie.

ÉLIE.

Mais ce petit et ce grand monde, où Faust va vivre avec Méphistophélès, je ne saisis pas leur analogie avec l'enfer et le purgatoire de Dante.

DIOTIME.

La même différence que nous venons de signaler entre Virgile et Méphistophélès, nous la retrouverons entre les deux règnes de Dante et les deux règnes de Gœthe. L'enfer et le purgatoire de *Faust* ont quelque chose à la fois de moins réel et de moins idéal que l'enfer et le purgatoire de *la Comédie*. Dante, vous l'avez vu, y va de sa personne, mais ce n'est qu'en songe. Il ne fait que regarder, écouter ce qui s'y passe, il n'y prend part à aucune action ; il n'y vient ni pour chercher Alceste ou Eurydice, ni pour ravir Proserpine ou délivrer Thésée, ni pour consulter Tirésias ; tandis que Goethe, sous le nom et le masque du docteur Faust, au lieu de regarder en rêve un enfer et un purgatoire matériels qui ne feraient plus ni peur ni compassion à personne, vivra effectivement de la vie véritable, et s'y fera à lui-même, par ses fautes et par le sentiment des malheurs qu'elles entraînent, une damnation intérieure. D'un effort courageux, il se dégagera de cet enfer moral, il se purifiera dans un purgatoire intime, jusqu'à ce que, s'élevant toujours par le bon désir, innocenté par l'amour qu'il ressent et par l'amour qu'il inspire, délivré enfin des épreuves de l'existence terrestre, il entre dans les régions supérieures de la vie divine. Et cette vie divine, ce paradis de Goethe, il ne sera pas, comme le paradis dantesque, réalisé, matérialisé (le génie moderne ne pourrait plus tenter de décrire les demeures de Dieu); Goethe nous arrêtera au seuil. Il n'y aura pour son héros d'autre béatitude que le pressentiment extatique d'un dieu prochain, mais incommunicable aux mortels.

MARCEL.

En d'autres termes, Goethe doutait de tout et Dante ne doutait de rien. Celui-ci est un parfait croyant, l'autre un parfait sceptique.

DIOTIME.

Relisez le quatrième chant du *Paradis*, mon cher Marcel, vous y verrez si Dante ignorait le doute! Il le fait naître et pousser comme un surgeon au pied de toute vérité.

> Nasce per quello, a guisa di rampollo,
> Appiè del vero il dubbio : ed è natura
> Ch' al sommo pinge noi di collo in collo.

C'est exactement, comme nous allons le voir, la pensée qui inspire à Gœthe son Méphistophélès. N'avons-nous pas déjà constaté, d'ailleurs, dans la vie du poëte allemand, combien le scepticisme était contraire à la nature religieuse de son esprit? Gœthe considérait avec Spinosa le scepticisme comme une maladie de l'âme, à laquelle il fallait « non des raisonnements, mais des remèdes. » Sa foi n'était pas moins fervente que celle de Dante.

ÉLIE.

J'ai bien vu que Gœthe avait un grand besoin d'adorer et que sa pensée montait naturellement vers Dieu, mais il ne faudrait pas, ce me semble, donner à cette religiosité vague le nom de foi; car enfin, sans la croyance positive à un Dieu personnel, sans la croyance à l'immortalité de l'âme, il n'y a pas de foi, il ne saurait y avoir de religion véritable.

DIOTIME.

Gœthe croyait très-positivement en Dieu, mon cher Élie, non pas, à la vérité, à ce Dieu jaloux de la

Genèse que l'on dirait inspiré de la Némésis antique et qui ne saurait souffrir la puissance et la noblesse de l'homme ; il croyait à un Dieu unique, tout-puissant et conscient, je ne dirai pas beaucoup plus mais beaucoup mieux que Dante, car il ne laissait pas subsister à ses côtés, pendant toute l'éternité, cet anti-Dieu, ce Satan horrible qui demeure à jamais souverain de l'empire infernal. Gœthe croyait aussi très-certainement à l'immortalité de l'âme.

ÉLIE.

A l'immortalité, peut-être ; mais à la personnalité ?

DIOTIME.

Gœthe croyait à une âme qui avait, comme Dieu, conscience d'elle-même. Il croyait à une intelligence pure, à une monade humaine (il empruntait volontiers ce mot à la philosophie de Leibnitz), qui, tombée du sein de l'éternité dans l'existence terrestre, n'y épuisait pas toute sa *puissance d'intention*, et aspirait à remonter vers la monade suprême, vers Dieu, l'objet de son amour « toujours renaissant et toujours satisfait. » Il pensait, comme Épictète, que l'univers se compose d'une immense hiérarchie d'âmes ou de monades; qu'il y a des âmes de rosiers, de fourmis, d'étoiles. Il admettait que les âmes humaines étaient également hiérarchiques et douées d'une vertu d'immortalité variable. Il supposait (et cette supposition lui a fait écrire, dans une des plus belles scènes du second Faust, le chœur des suivantes d'Hélène) que les âmes ou monades inférieures, quand le corps se dissolvait à la mort, retournaient chacune où l'entraînait sa pente naturelle, à la terre, à l'eau, au feu, à l'air; et que, seules, les âmes purifiées de tout élément terrestre, les monades parfaites, essentielles, *entéléchiques*, comme il les appelait, celles que la raison pure, l'amour désintéressé, avaient gouvernées, entraient dans des régions supérieures, dans une vie plus éthérée, où, douées d'une faculté de développement indéfinie, elles devenaient, selon son heureuse expression : « de joyeuses coopératrices de Dieu dans l'univers. » Soit ressouvenir, soit imagination, Gœthe se croyait certain d'avoir passé déjà par des états antérieurs et d'emporter avec lui dans la tombe des forces qui ne trouveraient à se satisfaire que par delà, dans une existence nouvelle. Il nourrissait à cet égard une espérance invincible, s'en remettant volontiers à Dieu, comme Herder, du soin de décider ce qui, de son existence terrestre, aurait mérité de survivre. Mais avec son imperturbable justesse, ne confondant jamais les deux ordres de la connaissance, notre poëte avouait que ces objets de son espoir étaient des vérités de sentiment pour lesquelles, quoi qu'en disent les théologiens, il n'est point de démonstration, autrement qu'insuffisante. Sur ces problèmes éternels, avait-il coutume de dire, les philosophes ne nous apprendront jamais rien de plus que ce que nous dit l'instinct.

ÉLIE.

Si je vous ai bien comprise, Gœthe investissait les

âmes d'un droit à l'immortalité conditionnel et en quelque sorte facultatif ?

DIOTIME.

Il le dit explicitement : « Nous sommes tous immortels, mais nous ne le sommes pas de la même façon; » et ailleurs : « A mesure que nous nous rendons plus raisonnables, nous augmentons nos droits à l'immortalité. » C'était, vous le savez, la doctrine de Spinosa, qui est à Gœthe ce que saint Thomas est à l'Allighieri. C'était, avant Spinosa, l'idée de Pythagore, de Platon, d'Épictète.

MARCEL.

Ce que je vois de plus clair dans tout ce que vous venez de dire, c'est que votre Gœthe est complétement spinosiste, autrement dit athée.

DIOTIME.

Spinosa est un athée, Marcel, absolument comme Socrate est un corrupteur de la jeunesse, Épicure un débauché, Mahomet un imposteur, Machiavel un scélérat, Voltaire un impie, le docteur Strauss un négateur du Christ. Laissons ces qualifications aux histoires édifiantes. Les impies et les athées, ce sont les bonnes gens qui répètent, sans y regarder, de pareilles choses; car, en vérité, ce serait grande confusion pour Dieu que des intelligences telles que Voltaire, Machiavel ou Spinosa n'eussent aucun rapport avec l'éternel foyer de toute lumière. Gœthe était disciple de Spinosa, disciple fervent, il s'en fait gloire; non pas de ce Spinosa qu'un zèle détestable a marqué du *signum reprobationis*, mais du Spinosa véritable, de notre Spinosa à nous, de celui que j'appelle un saint, tant sa vie a été pure et désintéressée, tant il croyait profondément et passionnément en Dieu.

VIVIANE.

Mais Gœthe, pas plus que Spinosa, ne croyait en Jésus-Christ?

DIOTIME.

Gœthe, comme les plus éminents entre ses contemporains, comme les premiers initiateurs de ce grand mouvement religieux qui commence à Lessing, à Herder, et qui se continue sous nos yeux, au sein du protestantisme allemand, américain, hollandais et français, par Parker et par ses disciples, croyait à un Christ de plus en plus dégagé des étroites formules de l'orthodoxie, renouvelé et grandi, lui aussi, avec tout l'ensemble des conceptions humaines.

MARCEL.

Vous voulez dire à un Christ de fantaisie, qui n'a aucun rapport avec le Christ de l'Évangile, n'est-ce pas?

DIOTIME.

Gœthe croyait de toute son âme au Christ de l'Évangile, mon cher Marcel; à ce Christ en qui, selon Spinosa, « l'éternelle sagesse de Dieu s'est manifestée plus qu'en aucun autre... »

MARCEL.

Plus qu'en aucun autre homme, apparemment; mais aux miracles qui le font Dieu? Gœthe n'y croyait pas plus que Voltaire.

DIOTIME.

Assurément, Gœthe ne croyait pas à ces miracles puérils par qui Dieu, à un certain jour, suspendrait, pour l'ébahissement des esprits grossiers, les lois que, dans son infaillible conseil, il a données de toute éternité à la nature. Il ne croyait pas à ce merveilleux charnel, insupportable aux intelligences élevées, qui change l'eau en vin dans un repas de noces, dessèche le figuier parce qu'il ne porte point de fruits, et pousse les démons dans le corps des pourceaux; cependant, il ne l'expliquait pas à la façon de l'école voltairienne, par la fourbe et la supercherie. Il considérait les miracles comme une création spontanée de l'imagination du peuple; à ce titre, il les respectait.

MARCEL.

Vous voulez dire que Gœthe avait pour Jésus-Christ les sentiments qu'il pouvait avoir pour Moïse, je suppose, pour Mahomet, pour Bouddha...

DIOTIME.

Gœthe mettait la révélation chrétienne au-dessus de toutes les autres.

MARCEL.

Par quelle raison, s'il ne croyait pas que le révélateur était Dieu ?

DIOTIME.

Par la raison, c'est lui-même qui le dit, que le christianisme a apporté aux hommes un sentiment qui n'existait pas auparavant, ou qui, du moins, n'existait que d'une manière voilée : la sanctification de la souffrance (on a trop oublié les stoïciens et, bien avant eux, les héros d'Homère qui disent que *les étrangers et les pauvres viennent de Dieu*). C'est encore là une de ces grandes pensées qui viennent du cœur et qui abondent, quoi qu'on en ait dit, chez notre poëte. Gœthe était chrétien, sincèrement chrétien, au sens le plus vrai et le plus spiritualiste, par cette grande reconnaissance historique et philosophique des mérites divins du christianisme. Il avait coutume de dire que la religion chrétienne était sublime et n'avait nul besoin des preuves de la théologie. Mais il était entré trop avant dans l'idée d'une éducation perpétuelle du genre humain, il admirait trop la grandeur du panthéisme oriental et la beauté du polythéisme hellénique, pour consentir à voir dans l'orthodoxie chrétienne, qui n'occupe qu'un moment dans le temps et dans l'espace, le salut exclusif et définitif du monde.

MARCEL.

Voilà un singulier chrétien ; qu'en dis-tu, Viviane ?

DIOTIME.

Je ne sais pas trop de quel droit nous serions ici plus exigeants que les saints du quiétisme et que cette « belle âme » chrétienne, Suzanne de Klettenberg, qui ne concevait pas le moindre doute, nous dit Gœthe, touchant son salut.

MARCEL.

C'est-à-dire que cette demoiselle voulait faire de Gœthe un saint à sa mode, et qu'elle avait probablement un grand faible pour les beaux yeux du jeune néophyte.

DIOTIME.

Mais la Faculté de théologie de l'université d'Iéna, direz-vous qu'elle était sensible aux beaux yeux de Gœthe, quand, pour honorer le cinquantième anniversaire de sa naissance, elle lui offrait le diplôme de théologien (encore une ressemblance avec l'Allighieri), lui rendant grâces d'avoir « honoré, encouragé, protégé et avancé les vrais intérêts de l'Église chrétienne ?»

VIVIANE.

Je voudrais me faire une idée plus nette de ce que Gœthe entendait par l'Église.

DIOTIME.

Gœthe qui, malgré sa puissante personnalité, ne

croyait à rien de grand que par l'association des cœurs
et des volontés, aimait les Églises. Il haïssait, au moins
autant que Dante, l'esprit d'inquisition et de domination qu'engendre dans les sacerdoces la prétention à la
possession de la vérité absolue; il croyait que vouloir
l'immobilité d'une religion, c'est vouloir sa mort; mais
il voyait dans la communauté des fidèles un moyen
d'édification et de sanctification incomparable.

MARCEL.

Les fidèles à qui et à quoi?

DIOTIME.

Les fidèles à un Dieu grand et bon; les fidèles à
une humanité souffrante et méritante; les enfants d'un
même père s'aimant les uns les autres, et persévérant
ensemble, non dans la minutieuse observance de pré-
ceptes et de rites puérils ou ostentatoires, mais dans le
culte désintéressé de l'idéal, dans la virile pratique de
la justice et de la charité. Et nulle part Gœthe ne voyait
une telle assemblée de fidèles plus près de se réaliser
que parmi les vrais chrétiens.

ÉLIE.

Réalisée, ce me semble, et non pas près de se
réaliser.

DIOTIME.

Gœthe, tout en faisant sa part, sa grande part à

l'Église chrétienne dans l'éducation du genre humain, la trouvait encore trop étroite et trop incomplète. Pour devenir véritablement universelle et conquérir un légitime empire sur les âmes dans le monde tout entier, elle avait, selon lui, quelque chose de très-considérable à accomplir. Il lui restait, en laissant tomber de sa doctrine tout ce qui offense la raison, à se réconcilier pleinement avec la science et avec la philosophie. Il fallait que, au lieu d'exclure, comme elle l'a fait jusqu'ici, les religions antérieures, les schismes et les hérésies, elle leur ouvrît son sein. Il fallait que, à côté des révélateurs et des saints qui lui sont propres, elle fît place, dans un panthéon élargi, aux prophètes, aux saints, aux martyrs de l'humanité, dans tous les temps et chez tous les peuples. Il fallait enfin que, cessant de s'acharner à la possession exclusive et en quelque sorte matérielle d'un Christ dogmatique et surhumain, elle réalisât le type du Christ idéal, type humain d'une perfection toujours croissante, et que, dans une conciliation suprême, conforme au génie de Jésus, mais écartée par l'âpreté violente de ses successeurs, elle osât proclamer à la face du monde, avec la sanctification de la souffrance, la sanctification de la joie.

ELLE.

Mais permettez, c'est là une erreur renouvelée des Grecs et des Romains. Les philosophes païens n'ont-ils pas cru longtemps, même après la tentative avortée de Julien, à un Olympe rajeuni, renouvelé par l'admission de toutes les divinités de l'Orient? Platon, dans sa belle interprétation des mythes du paganisme et des fables populaires, ne s'efforçait-il pas d'en dégager le sens religieux? Les habiles et les sages du polythéisme n'ont-ils pas poursuivi très-longtemps la pensée d'une réforme, d'une épuration, d'une idéalisation des croyances païennes dégénérées? Qu'est-il advenu de tout cela? Quand les dogmes et les mythes périssent, force est bien que les cultes périssent avec eux... Oserai-je vous demander où vous trouvez exprimées ces opinions de Gœthe touchant le christianisme de l'avenir?

DIOTIME.

Partout, dans ses romans, dans ses poésies, dans ses lettres, dans ses entretiens, dans le cycle entier de son œuvre, des premières pages de *Werther* à la dernière scène de *Faust*, mais nulle part aussi explicitement, d'une manière aussi didactique, que dans son *Wilhelm Meister*, particulièrement à la fin des *Wanderjahre*, dans cette mystérieuse initiation des sanctuaires, des tabernacles d'une religion nouvelle, où Gœthe s'est fait, comme il l'a dit, le prophète de ses propres songes.

ELIE.

Mais, en admettant cette religion progressive, à part la tolérance (et la tolérance, c'est au fond l'indifférence), je ne vois pas du tout ce que gagnerait la morale à perdre la sanction des dogmes. Car je suppose que, en rejetant le dogme chrétien, Gœthe rejetait du même coup l'idée de récompense et de châtiment dans une autre vie, cette antique et utile croyance sur laquelle repose, avec la religion, la morale de tous les temps.

DIOTIME.

Les croyances qui inspirent l'*Éthique* de Spinosa, celles qui ont dicté le *Manuel* d'Épictète, et les pensées de Marc-Aurèle, ne me laissent, à parler vrai, aucune inquiétude touchant la morale qui en découle, mon cher Élie, bien que cette morale, d'une pureté parfaite, ne cherche d'autre sanction que celle de la conscience intime. Quand les stoïciens déclarent qu'il n'y a de vertu véritable que celle qu'on embrasse avec désintéressement, quand Spinosa écrit que la béatitude n'est pas la récompense de la vertu, mais la vertu elle-même, je me sens pénétrée pour la nature humaine d'un respect profond qui s'ébranle quelque peu, je l'avoue, au spectacle de ces châtiments et de ces béatitudes, de ces enfers et de ces paradis, que les législateurs des religions dogmatiques ont jugés indispensables pour porter les hommes au bien. Je ne vois pas du tout, par exemple, ce que perdrait la douce morale de Jésus à ne plus s'appuyer sur l'idée juive du Dieu jaloux et vengeur, et sur cette abominable loi du talion imposée par la barbarie des temps à la miséricorde éternelle et infinie.

VIVIANE.

Mettriez-vous au-dessus de la morale chrétienne la morale païenne?

DIOTIME.

La morale des païens, aussi bien celle de Zénon, de Marc-Aurèle et d'Épictète que celle de Pythagore et de Socrate, n'était pas plus pure assurément que la morale évangélique, mais elle avait cet avantage, qu'elle formait l'homme tout entier, pour la vie active, politique et même esthétique. La recherche du beau s'y confondait avec la recherche du juste. Les récits de l'Évangile, au contraire, et après eux les plus beaux livres de la sagesse chrétienne, ne font que reprendre la morale de l'Ecclésiaste pour qui toute chose terrestre est vanité, toute nature corruption. La beauté leur est suspecte et tient de près au péché. Ils n'enseignent que le renoncement; ils ne sont propres qu'à former des ascètes. Ils ont mis dans le monde moderne le marasme, le spleen, le dégoût de la vie. Dans le Nouveau Testament comme dans l'Ancien, le principe même de la société est condamné; le désir de savoir a nom Satan. La civilisation a pour origine le péché de l'homme: les premières villes sont bâties, les premiers arts sont inventés par les *méchants,* par les fils de Caïn le fratricide. Pour écarter de lui jusqu'à l'idée de famille, Jésus, d'ordinaire si doux, n'a que des paroles acerbes. L'image de la vie parfaite, il la tire du lis des champs et des oiseaux du ciel, ce qui devient de jour en jour moins conciliable avec l'opinion et l'état modernes, où tout se fonde sur la science, l'industrie, le travail et l'association; qui récompensent des plus grands honneurs les grandes poursuites de l'esprit, les découvertes, les entreprises; où la vie contemplative ne s'appellerait plus que la vie oisive.

MARCEL.

Mais il me semble que la vertu stoïcienne, qui menait à la résignation conjugale de Marc-Aurèle et au suicide de Caton, reposait bien aussi sur l'idée du renoncement, et qu'elle n'était pas exempte d'exagération.

DIOTIME.

La résignation débonnaire de Marc-Aurèle aux déportements de Faustine, c'est encore là une histoire édifiante inventée pour ridiculiser la sagesse païenne. Quant au suicide de Caton, c'était l'acte d'une volonté libre qui savait préférer, à une certaine heure, dans certaines circonstances fatales, la mort à la vie; tandis que l'idéal même de la perfection chrétienne ferait de toute la vie un long suicide. La morale stoïcienne avait pour fondement, il est vrai, la parfaite soumission à la nécessité des choses. Pour procurer à l'homme la liberté intérieure, elle mettait le frein aux sens, à l'emportement des passions, mais elle ne commandait rien qui ne fût selon la nature. Avec un sentiment profond de la mesure, de cette mesure souveraine qui fait la perfection de l'art grec, elle visait à faire des sages, non des saints, des hommes, non des anges, des actions excellentes, non des miracles. Elle ignorait ces excès, ces tensions de l'imagination chrétienne qui touchent à l'insanité ou à l'insincérité, tant elles semblent contraires à la raison. Elle ne conseillait pas l'abstinence et l'humilité, mais la frugalité et la modestie. Elle ne souhaitait pas la maladie, comme Pascal, parce qu'elle est « l'état naturel du chrétien, » elle se contentait de dire avec Épictète : « Si tu supportes la fièvre comme il convient, tu as tout ce qu'il y a de meilleur dans la fièvre. » Elle ne contristait pas la nature enfin, elle n'amoindrissait pas la vie ; elle ne fuyait pas le monde, comme le voudraient nos moralistes chrétiens; elle enseignait à y vivre *courageusement*, *modérément*, *justement*, en y pratiquant, non pas cette vertu servile et superstitieuse qui ploie sous la tyrannie céleste ou terrestre, mais cette vertu noble et libératrice qui s'appuie sur le droit et résiste énergiquement à toute usurpation, à toute tyrannie d'où qu'elle vienne, de César ou de Jupiter. De cette grande vertu sociale et politique des âmes républicaines, on ne trouve aucune trace dans l'Évangile. Elle n'y pouvait pas même être soupçonnée, tant elle était étrangère à la nation juive, à la personne contemplative de Jésus et aux circonstances du petit troupeau galiléen qui le suivait. Mais, après le long intervalle du moyen âge où le mysticisme chrétien l'avait obscurcie, elle a reparu lumineuse; elle a parlé avec force et gravité par la bouche du juif Spinosa; elle a retrempé le christianisme de Herder; elle a revêtu enfin, dans l'œuvre de Gœthe, sa forme idéale...

Mais si nous continuons à disserter de la sorte sur Dieu, sur l'immortalité, sur l'Évangile, sur le stoïcisme, sur tout au monde, vous me ferez perdre entièrement de vue mon sujet, et je m'en irai à l'aventure, au plus loin de Faust...

VIVIANE.

Vous avez raison ; pour ma part, je tâcherai de ne plus interrompre.

DIOTIME.

Vous avez vu que la tragédie de Gœthe repose, comme la *Comédie* de Dante, sur la donnée première des communications surnaturelles entre le monde terrestre et le monde céleste. Dès le prologue de *Faust*, le poëte germanique frappe l'accord qui nous ouvre les régions merveilleuses de la mythologie chrétienne. Nous sommes en pleine légende. La scène se passe dans le ciel. Les personnages sont Dieu le Père, les trois archanges, un suppôt de Satan, le démon Méphistophélès. Celui-ci, qui paraît en assez bons termes avec le Seigneur, vient de temps en temps causer avec lui et l'entretenir de ce qui se passe sur la terre. Cette fois le bon Dieu lui demande des nouvelles du docteur Faust, qu'il appelle son serviteur et qu'il qualifie d'homme juste. Méphistophélès, impatienté de ces louanges données à une espèce de fou, à un métaphysicien tout absorbé à la recherche de l'infini et qui ne sait rien de la vie réelle, veut gager avec le Seigneur qu'il ne lui sera pas difficile de tenter cet esprit malade et de l'entraîner hors de la droite voie. Le Seigneur, en souriant, accepte la gageure, bien certain qu'il est de ne pas la perdre, l'homme dans ses obscurs instincts ayant toujours, dit-il, conscience du droit chemin.

MARCEL.

A la bonne heure! Voici un bon Dieu qui parle fort bien. Il est de l'avis de la demoiselle de Gournay, cette aimable fille de notre grand Montaigne, laquelle écrit quelque part : « L'homme naît à la suffisance et à la bonté tout ainsi que le cerf naît à la course. »

DIOTIME.

Après quelques paroles courtoises, échangées entre le bon Dieu et le démon, Méphistophélès quitte le ciel, et l'action terrestre commence.

MARCEL.

C'est la vieille histoire de Job. Mais qu'est-ce au juste que ce démon qui n'est pas Satan en personne, et d'où vient ce nom de Méphistophélès ?

DIOTIME.

Le nom de Méphistophélès, donné par Gœthe à son démon, n'est qu'une variante du Méphistophel, Méphostophiles ou Méphistophilus qui figurent dans la légende, du Méphistophlès des marionnettes et du Méphostophilis de Marlowe. Les commentateurs ne s'accordent pas entièrement sur sa signification. On le suppose provenant d'une mauvaise étymologie grecque, et voulant dire ou bien celui qui n'aime pas la lumière ou bien celui qui aime *Méphitis*, la divinité qui préside aux miasmes. Quant au caractère moral de Méphistophélès, il est tout simplement, dans les livres populaires, le tentateur des Écritures, qui promet à nos premiers parents de les rendre semblables à Dieu, et qui offre à Jésus la domination sur tous les royaumes de la terre. Gœthe, en transformant la légende du xvie siècle selon le génie du xixe, fait de son démon une incarnation du doute et de l'ironie inhérents à l'esprit humain. Son Méphistophélès est le Satan moderne, le Satan de bonne compagnie, comme l'a si bien dit Lamartine, le galant cavalier qui porte l'épée au côté, la plume au chapeau, le manteau court sur l'épaule, qui se fait appeler M. le baron et sait par cœur son Voltaire. C'est à peine si, au sabbat, les sorcières le reconnaîtront, tant il sent peu son enfer, si lestement il a dépouillé les attributs du vieux diable. Un des interprètes les plus profonds de *Faust*, le biographe de Hegel, Karl Rosenkranz, incline à croire que Gœthe, en créant ce diable contemporain, a voulu en quelque sorte dédoubler son héros, et que Méphistophélès, à la façon des sorcières dans Macbeth, personnifie la lutte intime des passions ambitieuses dans l'âme de Faust. Ce qui est certain, ce qui est clairement énoncé dans le prologue, c'est que, aux yeux du poëte, le mal personnifié dans Méphistophélès n'est pas le mal absolu, infernal, de la théologie chrétienne, mais le mal relatif, inséparable de la condition humaine et qui, dans l'ordre universel, est subordonné au bien.

ÉLIE.

C'est là encore, si je ne me trompe, une idée toute

spinosiste. Spinosa ne dit-il pas quelque part que rien n'arrive dans l'univers qu'on puisse attribuer à un vice de la nature?

DIOTIME.

En effet. — Méphistophélès, c'est lui-même qui le dit, voudrait le mal, mais quoi qu'il fasse, finalement, il se trouve avoir coopéré au bien. Il est railleur des ambitions spéculatives de l'homme et de sa prétention à la vie angélique; il est sensuel et libertin, convoiteux des plaisirs charnels; mais il n'est ni athée ni même méchant à outrance. Il a compassion des pauvres humains; il se fait quelque scrupule de les tourmenter; il se plaît dans la société du bon Dieu, qui, à son tour, le souffre et lui permet d'en agir à sa guise, afin d'exciter par la tentation et la contradiction la paresse naturelle de l'homme. Aussi Méphistophélès, tout en se flattant d'entraîner Faust à la perdition, va-t-il lui servir d'aiguillon et le pousser, de curiosité en curiosité, d'erreur en erreur, vers une vie plus haute. Nous en sommes avertis dès le prologue. Le sourire du Seigneur nous rassure, non-seulement quant au salut de Faust, mais encore quant au châtiment du démon, le Père Éternel voulant la confusion de Méphistophélès, non sa réprobation, et n'ayant d'autre but, en acceptant la gageure, que d'amener la créature démoniaque à reconnaître la bonté native de la créature humaine. Il paraît même que, à l'origine, Gœthe avait formé le plan plus hardi de réhabiliter entièrement, de sauver Méphistophélès. Il avait pour lui un faible; il ne lui déplaisait pas du tout qu'on le reconnût lui-même dans son cher démon. Il avouait à son ami Merck, qui ne s'en offensait pas, lui avoir emprunté, pour en douer Méphistophélès, les traits les plus piquants de son esprit railleur et cette verve satirique qui tant de fois avait contenu et ramené à la raison les élans désordonnés, les enthousiasmes excessifs de notre jeune Werther. Méphistophélès, dans la conception de Goethe, n'est donc pas un obstacle au salut, mais un agent du salut, agent dont le concours est nécessaire, quoique subalterne. C'est en ce sens qu'il n'est pas très-différent du Virgile de la *Comédie*.

VIVIANE.

Comment cela ?

DIOTIME.

Le Virgile de la légende, vous vous le rappelez, s'il n'est pas précisément un démon, est du moins un sorcier, un magicien. Il n'a pas connu le vrai Dieu : Dante le met au premier cercle de l'enfer,

> Nel primo cerchio del carcere cieco.

Il fait de lui le représentant de la raison naturelle, de la sagesse antique, comme Méphistophélès est le représentant du doute, de la critique, qui sont les éléments essentiels de la sagesse moderne. Virgile, pas plus que Méphistophélès, ne saurait entrer au paradis,

Il quitte Dante au seuil, non pas, il est vrai, moqué, bafoué comme le sera Méphistophélès par les anges qui lui enlèveront l'âme de Faust, mais négligé, oublié, nous l'avons vu, se reconnaissant lui-même un guide indigne, inutile du moment que l'âme du poëte s'est ouverte à la sagesse divine qui lui apparaît sous les traits de Béatrice.

ÉLIE.

Je trouve votre interprétation ingénieuse; mais j'ai besoin d'y réfléchir avant de l'adopter, car, je l'avoue, elle me surprend un peu.

DIOTIME.

Pas plus que pour tout le reste, Élie, je ne vous demande ici d'entrer dans mon sentiment sans le contrôler. Mon désir, c'est que, en nous quittant, vous emportiez de nos entretiens l'envie de relire les deux poëmes, et que, de la comparaison que je vous aurai suggérée, il naisse dans votre esprit quelques clartés nouvelles. Mais où en étais-je restée?

VIVIANE.

Vous ne nous avez parlé encore que du prologue de *Faust*.

DIOTIME.

La scène s'ouvre, comme dans la *Comédie*, aux premiers jours du printemps. C'est le moment où, selon la légende, le monde a pris naissance; c'est, pour l'Église chrétienne, le temps sacré de l'incarnation et de la résurrection du Sauveur. C'est, en astrologie, l'heure où brillent les constellations propices. En Allemagne comme en Italie, la douce saison, « la dolce stagione, » se célébrait en des fêtes charmantes.

ÉLIE.

Il n'y a pas longtemps que je lisais dans une lettre de Pétrarque le récit d'une fête du printemps à laquelle il assistait à Cologne. On ne peut rien imaginer de plus poétique. Ce devait être un reste de quelque solennité païenne. De longues processions de femmes, vêtues de blanc et ceintes de guirlandes, descendaient en chantant des cantiques sur les bords du fleuve. Elles lui portaient en offrande des touffes d'herbes symboliques qui, jetées au courant des flots rapides, entraînaient avec elles tous les malheurs de l'année.

MARCEL.

Il existe encore à cette heure une coutume toute semblable au royaume de Siam. Un marin de mes amis, qui a fait partie de l'expédition en Cochinchine, m'a décrit ce que les bouddhistes appellent le *Jour du pardon*. Pour apaiser l'ange du fleuve, que l'on suppose irrité de la souillure de ses eaux, les talapoins et généralement tous les bons bouddhistes viennent sur le rivage réciter à haute voix de longues oraisons fluviales. Jusque très-avant dans la nuit, au son des instruments de musique, à la lueur des torches et des lanternes, on lance incessamment au flot des dons de toute sorte, ex-voto, amulettes, images peintes ou sculptées, monnaies d'or et d'argent, barques et radeaux chargés de fleurs et de fruits. Il paraîtrait que c'est le spectacle le plus curieux, le plus bariolé, le plus pittoresque du monde.

DIOTIME.

Pour nos deux poëtes, le printemps était la saison sacrée. Ce fut dans les fêtes de mai qu'apparut pour la première fois à Dante Béatrice Portinari, en compagnie de sa jeune amie Vanna, qui fut plus tard l'amante de Guido Cavalcanti et qui avait pour surnom de beauté, *per sopranome di bellezza*, Primavera. Quant à Gœthe, il appelait le printemps la saison lyrique, et se plaisait à y voir éclore ses créations les plus chères. Mais, non contents de commencer leur poëme à l'aube de l'année, Dante et Gœthe veulent encore qu'il s'ouvre à l'aube du jour.

> Temp' era del principio del mattino,

dira l'Allighieri, en gravissant, au sortir du sommeil, la colline éclairée des premiers feux du matin. Ce sont les matines de Pâques, chantées aux lueurs crépusculaires du jour de la résurrection, qui vont arracher Faust aux appréhensions de la nuit, aux ténèbres de son propre cœur.

Il est là, le vieux docteur, seul et pensif sous les sombres voûtes du laboratoire; il est là, tel que l'a vu Rembrandt, assis sur son fauteuil vermoulu, dans une atmosphère épaisse, entouré de livres poudreux, de parchemins enfumés, de crânes, de squelettes, d'appareils et d'instruments de toute sorte, gisant pêle-mêle et dans un désordre affreux. Il a passé depuis longtemps, lui, « la moitié du chemin de notre vie; » il a perdu la droite voie, mais ce n'est pas dans la poursuite des plaisirs et des cupidités mondaines, dans les sentiers fleuris des vanités, c'est dans l'âpre recherche de cette science terrible du bien et du mal que notre premier père a payée de l'exil et de la mort. Au moment où le démon obtient la permission de le tenter, Faust n'est pas, comme Dante, endormi dans l'oubli de Dieu : il veille en proie aux tourments d'une âme ardente qui voudrait posséder Dieu à tout prix. Richesses, honneurs, plaisirs, amours, amitiés, toutes les joies périssables, Faust a tout négligé, tout dédaigné pour se vouer sans réserve à l'étude des lois éternelles, à la pénétration des causes. S'il a vieilli prématurément, s'il a pâli dans la solitude, c'est par amour pour la science, et par désir du bien de ses semblables; parce qu'il aurait voulu découvrir une vérité « capable de convertir les hommes et de les rendre meilleurs. » Philosophie, médecine, jurisprudence, théologie, magie même, toutes les sciences humaines, divines ou infernales, Faust a tout étudié, tout approfondi. Il sait tout ce qu'on peut savoir ; il sait de plus « qu'on ne peut rien savoir. » Il est las de l'aridité des spéculations métaphysiques, las des formules de l'école. Il compare sa vie au vent d'automne qui souffle sur les feuilles sèches. Il sourit amèrement à la puérilité des satisfactions humaines, à l'éclat de la vaine gloire, au bruit de son nom, à la reconnaissance des hommes simples qui se croient guéris par son art, tandis qu'ils ne le sont que par la nature. Le mensonge des choses d'ici-bas répugne à sa conscience austère. Les élans de sa grande âme se heurtent et se blessent incessamment aux limites de son existence terrestre. Sa patrie est ailleurs. Son esprit, fait à l'image de Dieu, voudrait entrer en commerce avec ses pareils, les esprits divins qui président à l'harmonie des mondes, et plonger avec eux au sein toujours vivant de la nature infinie. A l'aide des formules de la magie qui lui sont familières, Faust évoque les esprits invisibles; il les interroge. Leur apparition fugitive, leurs réponses énigmatiques le consternent, car il voit que, s'il a eu la puissance de les appeler, il ne saurait ni les retenir ni les comprendre. C'est alors que le désespoir s'empare de lui, et que, n'attendant plus rien de la vie, il s'adresse à la mort. D'une main hardie il saisit la coupe des aïeux; il y verse le breuvage libérateur. —

L'invocation de Faust, ce chant sacerdotal d'un sacrifice dont il est à la fois le prêtre et la victime, atteint aux plus sublimes hauteurs où puissent s'élever l'âme et la poésie. Pour Faust, la mort n'a rien de lugubre. Il n'y voit ni une fin, ni un néant, ni même un sommeil dans la tombe. Les images sous lesquelles elle s'offre à lui sont toutes de mouvement. C'est la vague qui l'emportera comme Dante « dans la grande mer de l'Être; » c'est le char de feu qui le ravira jusqu'aux sphères célestes :

> Zu neuen Ufern lockt ein neuer Tag,
> Ein Feuerwagen schwebt, auf leichten Schwingen,
> An mich heran!

Le suicide de Faust a plus de grandeur encore que le suicide de Caton; car, en rejetant la vie, Faust ne proteste pas seulement, comme le vertueux Latin, contre l'esclavage politique dans la prison romaine : il proteste, vaincu dans le combat avec Dieu, contre l'esclavage de l'humanité dans sa prison terrestre.

Et pourtant, combien il faut peu de chose pour que Faust renaisse à l'espérance et pour que la coupe fatale échappe à sa main!

Un souvenir, le son lointain d'une cloche, un chant d'église, lui rappellent la fête de Pâques, où jadis son enfance heureuse célébrait, avec le retour du printemps, la résurrection du Sauveur des hommes. Il s'attendrit en songeant aux consolations apportées à la terre par le miséricordieux crucifié. Toute l'austérité de sa pensée s'amollit. Un souffle de tendresse dissipe les noires vapeurs amassées dans son cerveau par la science solitaire. Tout à l'heure, il va se faire simple avec les simples, enfant avec les enfants. Suivi de son disciple Wagner, il va se mêler à la foule des promeneurs, dont les gais propos, les rires, les chansons célèbrent à leur manière la fête chrétienne. Mais le spectacle de la vie extérieure ne saurait longtemps captiver l'âme de Faust. Lassé bientôt de ces joies bruyantes, il s'assied à l'écart; il contemple les magnificences du soleil couchant; son inquiétude renaît, sa soif de la lumière éternelle. Il voudrait suivre les rayons de l'astre qui va quitter notre hémisphère. Il envie à l'aigle son aile, à l'alouette son chant, à la grue qui traverse les airs la puissance de l'instinct qui la guide. Il appelle à son aide les génies qui planent invisibles entre la terre et le ciel, il les adjure de l'emporter avec eux dans l'espace. C'est alors qu'apparaît Méphistophélès. Sous la figure d'un chien, il s'attache aux pas de Faust; il le suit à son retour dans la ville; il entre avec lui dans le laboratoire. La nuit est venue. — Cette longue exposition terminée, qui dans la *Comédie* n'occupe que la moitié d'un chant, l'action proprement dite, la tentation va commencer.

Je suppose, ma chère Viviane, que vous n'avez pas eu de peine jusqu'ici à reconnaître, sous les traits de Faust, Wolfgang Gœthe, à cette première période de sa jeunesse où nous l'avons vu, profondément troublé par l'incertitude et la discordance des choses de la vie, se jeter tout éperdu à l'enthousiasme de la mort.

VIVIANE.

La fiction est transparente, et Dante n'est pas plus Dante, ce me semble, que Faust n'est Gœthe.

DIOTIME.

Un coup d'œil sur la relation qui se noue entre Faust et Méphistophélès nous rendra plus sensible encore cette identité. Bien loin que le suicide de Faust et sa tentation nous soient donnés par Gœthe comme un signe de déchéance, il les entoure d'une solennité religieuse. C'est au moment où l'âme de Faust vient de s'exalter dans la contemplation d'un grand spectacle de la nature, c'est lorsque, absorbé dans une profonde méditation, ému, attendri, il cherche d'un cœur droit « mit redlichem Gefühl, » pour le mettre à la portée de tous, le sens véritable des Évangiles, c'est à l'heure du recueillement et d'un pieux travail que Méphistophélès, quittant son apparence de chien, se présente au grave docteur. De même, lorsque Faust consent à se laisser arracher par le démon à ses rêveries solitaires, pour se jeter avec lui au train du monde, lorsqu'il va signer le pacte et qu'il en dicte fièrement les conditions, il se montre de tout point supérieur à celui qu'il appelle avec dédain « un pauvre diable, » et la pensée intime du poëte devient manifeste. Faust n'admet pas un instant que l'esprit de l'homme puisse être compris de Méphistophélès et de ses pareils. « Si tu peux m'abuser par les flatteries, lui dit-il, de telle sorte que je me plaise à moi-même, si tu peux me séduire par la jouissance, si jamais je goûte le repos dans le plaisir, que ce soit là mon heure dernière et que mon âme soit ta proie ! »

Mais que veut-il donc, qu'attend-t-il du démon, ce dédaigneux Faust ? Lui-même il va nous le dire ; il y va insister de peur qu'on ne s'y méprenne. « Tu m'entends bien, dit-il à Méphistophélès, *il n'est pas question de plaisir*. Mon esprit, guéri du désir de savoir, veut vivre désormais de la vie active, et telle qu'elle est faite à l'humanité tout entière. Je veux étreindre tout ce que la destinée humaine enferme de bien et de mal ; toutes ses douleurs, toutes ses joies, je les veux ressentir ;

je veux éperdument me plonger dans l'immense tourbillon de son activité sans relâche; puis, comme elle et avec elle, à la fin, être brisé ! »

Vous le voyez, à peine l'âme de Faust a-t-elle perdu l'espoir de pénétrer par la science et par la philosophie jusqu'à l'essence de Dieu, que, intrépide, elle se jette à l'espoir de pénétrer par le sentiment, par l'action, jusqu'à l'essence de l'humanité. Serait-ce là une défaillance, une dépravation de sa noble nature? Aucunement. C'est une ambition moindre à laquelle il se résigne, après qu'il a reconnu vaine son ambition première. De vulgaires appétits, de lassitude, nulle trace dans les conditions altières de son pacte démoniaque. Nous y sentons toujours le même Faust dont l'âme est « habitée de Dieu. » Nous y sentons notre insatiable Gœthe dans la fougue généreuse, et que l'on disait endiablée, de son ardente jeunesse.

MARCEL.

Pardon si je vous interromps. Vous venez de nous dire que Méphistophélès quittait son apparence de chien; pourquoi ce chien? aurait-il, comme les bêtes de la *Comédie*, un sens allégorique?

DIOTIME.

Dès l'antiquité, le chien est un animal démoniaque. La déesse protectrice des sorciers, Hécate, Luciféra, se plaît à ses aboiements. Elle-même, elle prend souvent la forme d'une chienne. De la sorcellerie païenne, le chien magique passe dans la sorcellerie chrétienne;

de la légende d'Apollonius de Tyane, le chien noir passe dans celle d'Agrippa, le nécromancien allemand. Celle-ci nomme le chien du plus ancien Faust, qui n'est autre que le diable en personne, *Præstigiar*. Gœthe, que nous avons vu très-superstitieux, n'était pas exempt d'une certaine antipathie fort peu rationnelle pour la race canine.

Mais continuons. La supériorité morale de Faust sur Méphistophélès se marque de plus en plus à mesure qu'on avance dans le drame. Quand Méphistophélès, qui a promis à Faust de lui faire faire un cours complet du petit et du grand monde, le mène à la taverne d'Auerbach, rendez-vous de gais compagnons et d'étudiants en goguette, quand il le conduit à la cuisine de la sorcière pour y boire le philtre qui lui rend la jeunesse, Faust n'exprime que répugnance et dégoût. Dans la taverne, il assiste, impassible, aux expansions bruyantes de l'insipide orgie, et n'exprime qu'un désir, celui de quitter de tels lieux. Chez la sorcière, son dégoût est au comble. Mais là, tout à coup, dans un miroir magique, il aperçoit une figure de femme qui attire et captive son regard. Cette femme qui ne ressemble à aucune autre, cette apparition céleste, cette beauté pure dont la seule image, au milieu des laideurs d'une basse sorcellerie, le fait tressaillir d'amour, c'est Marguerite.

MARCEL.

Je vous admire, Diotime. Vous avez le talent de l'Église catholique en son premier génie; vous transformez les démons en saints ou en quasi-saints. Vous venez de nous habiller très-joliment Méphistophélès en Virgile; je suis curieux de voir comment vous allez vous y prendre pour vêtir la petite Gretchen des rayons de Béatrice.

DIOTIME.

Si vous voulez, nous dirons auparavant deux mots de l'idée générale que nos deux poëtes se faisaient de la femme, de son caractère, de sa vocation, de sa puissance morale; vous comprendrez plus aisément l'analogie que je crois voir entre Marguerite et Béatrice.

MARCEL.

Je suis on ne peut plus curieux, sérieusement curieux, quoi que vous en puissiez croire, de connaître, à cet égard, vos idées.

DIOTIME.

Pour Goethe comme pour Dante, mon cher Marcel, la femme dans ce qu'on pourrait appeler sa double nature, doublement mystérieuse et sacrée, la femme vierge et mère est un être supérieur à l'homme.

MARCEL.

Mais pourquoi? Elle est visiblement inférieure en force physique; elle est inférieure en génie, car elle n'a jamais rien inventé; et quant à son être moral, il me semble que les récits bibliques ne laissent aucun doute sur son infériorité.

DIOTIME.

A mes yeux, il n'y a ni supériorité ni infériorité d'un sexe sur l'autre. Les deux sexes ont des dons qui leur sont communs, et chaque sexe a une supériorité qui lui est propre. Mais si je devais traiter à fond ce sujet, il me faudrait vous dicter tout un livre ; cela ne vous amuserait guère, et ce n'est pas ici le lieu. Nous n'avons besoin de savoir en ce moment qu'une seule chose : l'opinion de nos deux poëtes. C'est poétiquement que Dante et Gœthe mettent la femme au-dessus de l'homme. Dante, tout pénétré de l'idéal catholique, tel qu'il s'est dégagé peu à peu des rudesses bibliques et des sévérités qui restent encore dans l'Évangile, a mis dans la prière de saint Bernard, au dernier chant du Paradis, toute la sublimité de son sentiment, tout son idéal de l'amour féminin. Béatrice, dans ses cantiques, semblablement à Marie, est toute beauté, toute grâce, toute miséricorde, toute compassion. Même au sein de la béatitude, elle se trouble à la vue des périls de Dante ; elle est remplie d'angoisses pour son ami ; pour « son ami qui n'est point l'ami de la fortune, »

L'amico mio e non della ventura,

dit-elle avec une subtilité charmante et toute féminine. Elle a une hâte, une impatience toute féminine aussi, de le voir délivré des ténèbres et des bêtes féroces. Elle presse Virgile de voler à son secours ; au secours de son fidèle, de « celui qui l'aima tant et qui sortit pour elle de la foule du vulgaire. » Ses beaux yeux, « plus brillants que les étoiles, » se voilent de pleurs. Elle veut être consolée,

> L'aiuta sì ch' io ne sia consolata.

ÉLIE.

Est-ce que cette compassion, ces larmes, ce besoin de consolation dans le ciel, sont bien orthodoxes ?

DIOTIME.

J'en doute; comme aussi du plaisir qui s'accroît dans les âmes bienheureuses quand elles peuvent satisfaire aux questions de Dante,

> Per allegrezza nuova che s'accrebbe,
> Quand' io parlai, all' allegrezze sue.

C'est le sentiment que nous verrons exprimé aussi dans le ciel de *Faust* quand le *Père Séraphique* et les jeunes anges s'exaltent dans la joie de voir arriver l'âme pardonnée du pécheur. En plusieurs rencontres déjà nous avons vu que nos poëtes, tout en traitant un sujet tiré de la légende chrétienne, en usaient librement avec l'orthodoxie, et qu'ils avaient, l'un et l'autre, de ces belles inconséquences sans lesquelles la plupart des dogmes seraient inacceptables. La compassion de Béatrice descendue en enfer pour secourir Dante, la joie qu'éprouve son royal ami, Charles Martel, à le revoir au ciel de Vénus, c'est la protestation éternelle du cœur humain qui repousse l'indifférence dogmatique des béatitudes du paradis, aussi bien que la justice implacable des châtiments de l'enfer. — Mais je reprends. Dante ne conçoit son propre salut, comme le salut de l'humanité, que par la médiation de cet amour miséricordieux, désintéressé, de cette grâce par excellence et véritablement divine qui réside au sein de la femme. C'est le rayon des yeux de Béatrice qui l'attire à sa suite dans la droite voie, tant qu'elle demeure ici-bas; c'est après qu'il l'a perdue qu'il se perd lui-même. C'est elle qui l'avertit, par des songes et des révélations, des dangers qui le menacent; c'est dans l'espoir de la retrouver, sur l'assurance que lui en donne Virgile, qu'il prend courage et s'avance au travers des flammes d'enfer. C'est par « l'occulte vertu qui d'elle émane, » qu'il peut gravir la montagne purificatrice. Parvenu au seuil de la béatitude, Dante reconnaît humblement « la grâce et la vertu, la puissance et la bonté, la magnificence de la femme aimée, qui l'a conduit de la servitude à la liberté, des choses mortelles aux choses divines, de la perdition au salut. »

> Dal tuo podere e dalla tua bontate
> Riconosco la grazia e la virtute.
> Tu m'hai di servo tratto a libertate
> Per tutte quelle vie, per tutt' i modi
> Che di ciò fare avean la potestate.

C'est le même idéal de la grâce féminine qui inspire à Goethe, au quatrième acte de *Faust*, les vers admirables où il décrit l'apparition céleste de Marguerite, ce mystérieux regard, cette forme pure qui s'élève dans l'éther et qui attire à elle « le meilleur de son âme. »

> Wie Seelenschönheit steigert sich die holde Form,
> Löst sich nicht auf, erhebt sich in den Aether hin,
> Und zieht das Beste meines Innern mit sich fort.

Et cette conception platonicienne de la beauté, de l'amour, Gœthe la met à la fin de son poëme dans la bouche de la Reine du ciel :

> Komm! hebe dich zu höhern Sphären!
> Wenn er dich ahnet, folgt er nach.

« Viens, élève-toi vers des sphères supérieures ; s'il te pressent, il te suivra, » dit la *Mater Gloriosa* à Marguerite déjà transfigurée.

MARCEL.

Béatrice est semblable par un de ses aspects à Marguerite, elle symbolise comme elle l'amour pur, je le veux bien ; mais Béatrice est aussi, dans les cantiques, la sagesse. Elle n'a jamais failli, que je sache ; elle expose à Dante les vraies doctrines ; elle parle pour le moins aussi bien que saint Thomas. Elle ressemble à la *Dame Philosophie*, à la superbe stoïcienne qui consolait Boëce, beaucoup plus qu'à cette ignorante *Gretchen* qui n'a jamais rien appris qu'un peu de catéchisme, qui se laisse abuser comme une pauvre villageoise qu'elle est, qui tue ou fait tuer, sans trop s'en douter, sa mère, son frère, son enfant, et qui perd à la fin de la tragédie le peu de bon sens, le peu d'esprit qu'elle avait au commencement.

DIOTIME.

A la fin de la première partie, Marcel; mais dans la seconde, où nous la verrons reparaître transfigurée, elle sera aussi puissante dans son humilité que l'altière Béatrice. Je ne veux pas nier cependant que votre remarque ne soit juste en une certaine manière. Marguerite, même dans la gloire céleste, reste toujours la candide et simple jeune fille qui a péché, qui a souffert. *Una Pœnitentium* est son nom. Elle n'est ni une stoïcienne ni une héroïne, la pauvre enfant, mais une douce chrétienne. Elle n'a jamais rien su, rien voulu ici-bas qu'aimer, aimer de ce profond amour du cœur où les sens n'ont qu'une part inconsciente; et c'est pourquoi elle est demeurée pure, innocente jusque dans le crime, et c'est pourquoi, lorsque l'âme de Faust est tout éblouie encore des splendeurs célestes, elle est appelée à l'initier aux clartés du jour nouveau.

Vergönne mir ihn zu belehren.
Noch blendet ihn der neue Tag.

MARCEL.

Je vous avoue que je trouve cet idéal tout chrétien assez étrange et fort peu d'accord avec ce qu'il y avait de si païen dans le génie de Gœthe.

DIOTIME.

Rassurez-vous, Marcel. L'idéal païen ne perdra pas ses droits dans le poëme germanique. Pour l'y introduire, Gœthe va dédoubler son type de femme. De même qu'il a représenté la nature virile sous deux faces dans la figure de Faust et de Méphistophélès, ainsi il montrera son Éternel-Féminin, sous son double aspect antique et moderne, dans la personne d'Hélène et de Marguerite. La légende l'autorisait comme Dante à cette introduction de l'élément païen dans son action chrétienne.

Mais n'anticipons pas trop sur la marche du drame. Nous n'en sommes encore pour le moment qu'à l'apparition de l'image de Marguerite dans le miroir de la sorcière. L'amour qui s'allume à sa vue dans l'âme de Faust et qui va former le nœud de la tragédie, a été célébré chez nous par tous les arts; il a obtenu grâce en France pour la philosophie du poëme. Rappelons brièvement son caractère et son développement. Lorsque Faust est conduit par Méphistophélès dans le modeste réduit de la jeune fille absente, à la vue de cet asile où s'écoulent ignorés des jours d'innocence, dans ce « sanctuaire, » c'est l'expression que Gœthe ne trouve pas trop haute, Faust est saisi de respect. La présence de Méphistophélès, dans un tel lieu, l'importune; il le congédie; resté seul, il ouvre son âme à l'ineffable suavité de cette atmosphère de paix. Il contemple le fauteuil vénérable de l'aïeule; d'une main tremblante, il soulève les rideaux du lit virginal; il frémit à la pensée qu'il pourrait vouloir séduire tant de candeur. A Méphistophélès survenu brusquement pour l'avertir que Marguerite est là qui va rentrer : « Partons, partons, dit-il en s'éloignant avec précipitation, jamais, non jamais je ne reviendrai! »

Dans la promenade au jardin, ménagée par Méphistophélès qui poursuit son plan de séduction, les paroles de Faust à Marguerite sont empreintes encore d'un respect profond. Il admire du meilleur de son cœur, comme le plus beau don de la nature, la simplicité de la jeune fille; l'amour qu'elle lui inspire, il le sent « inexprimable, divin, éternel. » La fin d'un tel amour, s'écrie-t-il exalté, ce serait le désespoir! Non: point de fin! point de fin!

Qu'en dites-vous, Élie? Est-ce bien là le sceptique, le libertin, le poëte indifférent que la critique française a découvert en Gœthe, et qu'il n'est pas permis de comparer à Dante?

ÉLIE.

J'ai bien peur que vous n'arrangiez un peu tout cela à votre belle façon imaginative.

DIOTIME.

Aucunement, je vous jure. Et ce que j'essaye de vous rendre dans ma prose sans génie, il n'est besoin de vous le dire, n'approche ni de près ni de loin des élans passionnés de la poésie de Gœthe.

Le monologue de Faust sur les cimes alpestres où il a fui le tentateur, est d'une poésie plus profonde encore que le monologue si célèbre du commencement. Arraché par un effort de sa volonté à l'entraînement des sens, l'âme de Faust a repris l'empire d'elle-même. Au souffle pur des hautes solitudes, elle se rouvre au sentiment de la vie universelle. Mais le démon ne le laisse pas longtemps à ses contemplations. Il accourt vers lui; il raille sa vie d'anachorète. Par des images licencieuses, il essaye de réveiller en lui les appétits charnels. Puis, voyant que les suggestions des sens ne troublent plus la sérénité de Faust, il s'adresse à son cœur; il lui peint les tristesses de Marguerite, l'amour qui la consume, le regret qui la ronge dans le cruel abandon de celui qu'elle ne saurait plus oublier. Faust s'émeut. Ce cœur si fort ne saurait supporter la pensée des douleurs qu'il a causées. Il se défend encore contre Méphistophélès, mais sa défense faiblit. Il commande au tentateur de s'éloigner, mais sa voix tremble. Avec la pitié, la passion est rentrée dans son cœur. Toutes les péripéties, toutes les émotions de cette passion terrible qui entraînent l'innocence de Marguerite à la faute, au crime, à la plus épouvantable catastrophe, vous sont trop présentes pour que nous nous y arrêtions, malgré leur beauté. Je voudrais seulement vous rendre attentifs à l'idée morale qui en ressort.

MARCEL.

Mais il me semble que c'est une morale très-simple et que notre curé n'a que trop fréquemment occasion de faire aux innocentes de sa paroisse.

DIOTIME.

J'en doute. Relisez toute la suite de ces amours de Faust et de Marguerite : vous verrez avec quel art infini Gœthe nous fait sentir (c'était la pensée fondamentale de sa morale à lui) combien dans l'âme humaine sont voisines et promptes à se confondre les sources du bien et du mal. C'est par le plus désintéressé des sentiments, par la compassion, que Faust est arraché à la sérénité de la vie contemplative. Tout à l'heure, entre les deux amants réunis, dans un entretien où Dieu lui-même est présent, entre la candeur de Marguerite qui veut savoir si son amant croit en Dieu et l'idéalisme de Faust qui lui fait la plus belle réponse qui soit jamais venue à des lèvres humaines, se glisse, à peine entendue d'abord, mais bientôt impérieuse, la voix de la sensualité. L'invincible désir de l'entière possession que le Créateur a mis au cœur de l'homme et de la femme, lorsqu'il a voulu faire naître d'eux la perpétuité de la famille humaine, est aussi pour eux la plus funeste occasion de chute. Une telle contradiction étonne notre esprit, mais c'est l'ordre, c'est la logique d'en haut. « Il n'y a rien contre Dieu, si ce n'est Dieu lui-même. *Nihil contra Deum nisi Deus ipse.* » C'est la parole que Gœthe aimait à se redire en ses heures de doute ; c'est l'idée de suprême conciliation qu'il nous rappelle jusque dans les chocs les plus violents de la tragédie.

MARCEL.

Ainsi Faust et Marguerite ne seraient ni tout à fait coupables ni tout à fait innocents?

DIOTIME.

Tout ce que Faust fait de mal, Gœthe l'impute à l'influence extérieure, au souffle du démon. On ne l'a pas assez remarqué, c'est le philtre de la sorcière qui allume dans les veines de Faust le feu des désirs impurs; ce n'est pas Faust, c'est Méphistophélès qui place dans l'armoire de Marguerite la cassette de bijoux pour tenter sa vanité enfantine; c'est le démon qui prépare le breuvage mortel que, sur la foi de son amant, Marguerite, abusée comme il l'est lui-même, fait boire à sa vieille mère, croyant l'endormir. C'est Méphistophélès qui, sur sa guitare satanique, joue à l'heure du rendez-vous la sérénade, et provoque ainsi la colère de Valentin et le duel fatal. Sur le Brocken, au sabbat des sorcières, où Faust se laisse entraîner, Gœthe ne néglige pas de nous faire connaître qu'à dessein Méphistophélès l'a laissé dans l'ignorance des suites du duel pour la pauvre Marguerite, accusée par la voix publique de la mort de sa mère, de son frère et de son enfant. Et lorsque Faust apprend tout à coup l'événement funeste, lorsqu'il voit dans les ténèbres de la nuit sabbatique glisser, pâle et sanglant, le fantôme de celle qu'il a perdue, quelle explosion terrible de désespoir! Quel soulèvement de tout son être contre lui-même! Quelle malédiction au misérable démon qui lui a tout caché et qui l'étourdit dans l'immonde orgie!

ÉLIE.

Voudriez-vous m'expliquer cet intermède du sabbat qui vient interrompre l'action au moment le plus pathétique, quand Marguerite, poursuivie jusqu'au pied des autels par les voix de sa conscience, par l'angoisse de la maternité qui s'éveille dans son sein et par les accents funèbres du *Dies iræ*, tombe évanouie?

DIOTIME.

Le sabbat des sorcières, mon cher Élie, à cette place et dans ce moment, c'est la parodie sanglante de l'action de Faust, c'est l'ironie plantée en plein cœur de l'action pour nous rappeler la misère de la condition humaine. C'est le vulgaire, mais profond axiome « du sublime au ridicule il n'y a qu'un pas, » mis en scène avec la hardiesse du génie et cette forte conscience du philosophe qui ne craint pas d'offenser par le rire la grandeur de la morale. C'était le sentiment de l'Église catholique lorsqu'elle permettait la caricature dans les détails décoratifs de ses cathédrales, quand elle y souffrait ces fêtes burlesques où l'on célébrait l'âne et le fou. C'était le sentiment des inventeurs de la parodie, de ces Grecs si pleins de goût et de mesure, qui, dans leurs représentations théâtrales, exigeaient, après la trilogie du destin tragique, la comédie, la satire des héros et des dieux.

La nuit du premier mai ou de la *Walpurgis*, qui figure fréquemment aux procès de sorcellerie, et qui protége de ses ombres le sabbat des sorcières, cet espèce de mardi gras de l'enfer, parodie dans le poëme de Gœthe la fête du printemps, la Pâque angélique, et ce religieux enthousiasme qu'inspire au cœur de l'homme le renouvellement, la floraison de la vie au sein de la nature. Suivant une superstition populaire de l'Allemagne, qui remonte, selon toute apparence, à la con-

version des Saxons par le glaive de Charlemagne et à
la persécution des divinités païennes, forcées de fuir aux
déserts, le rendez-vous général des démons a lieu sur
les hauteurs du Brocken dans les montagnes du Harz.
Emporté par les tourbillons du vent qui siffle et hurle
sur les cimes désolées, en proie au vertige des brutales
convoitises, tout le peuple de Béelzébuth se presse et
se pousse vers les hauteurs infernales. La vieille Baubo,
montée sur sa truie, ouvre la marche.

MARCEL.

Qui est cette Baubo?

DIOTIME.

C'est la Baubo mythologique, la nourrice de Déméter qui, par un geste obscène, surprit un jour à la grave déesse un rire malséant. A la suite de Baubo viennent grands et petits animaux, esprits mauvais, hiboux, crapauds, limaces, feux des marécages, manches à balai, fourches et boucs immondes, toute l'engeance satanique.

> Cela se presse et se pousse, glisse et clapote,
> Siffle et grouille, tire et jacasse,
> Cela reluit, écume et pue et flambe.
> Un vrai train de sorcellerie!
>
> Das drängt und stösst, das rutscht und klappert,
> Das zischt und quirlt, das zieht und plappert!
> Das leuchtet, sprüht und stinkt und brennt!
> Ein wahres Hexenelement!

dit Méphistophélès avec un incroyable accent de réalité imitative. Et ces paroles sont tout l'abrégé du vertige sabbatique où le poëte a voulu nous montrer la contre-partie et comme l'envers, passez-moi l'expression, de l'exaltation séraphique.

Le fantôme de Marguerite, soudain entrevu, ramène Faust au sentiment de l'horrible réalité. Il éclate en fureurs. Il commande à Méphistophélès de le conduire vers l'infortunée jeune fille, de l'arracher au cachot, au supplice qui l'attend. Il s'élance sur les coursiers infernaux, il fend les airs; le voici dans la prison, il brise les chaînes de la pauvre Marguerite. Hélas! elle a perdu la raison. Elle chante comme Ophélie la chanson obscène; elle ne reconnaît plus son amant. Il se jette à ses pieds, il l'implore; le temps presse, l'aube du jour paraît, les noirs coursiers hennissent. Tout à coup Marguerite retrouve comme une lueur de souvenir. Elle reconnaît la voix de Faust. — Est-ce toi? s'écrie-t-elle. Et elle se jette dans ses bras, et toute sa misère a disparu, et elle se croit sauvée. Dans l'ivresse de son bonheur, elle s'oublie. Elle repose avec amour sur le sein de son amant, de celui qu'elle a aimé plus que la vie, plus que l'honneur, mais non plus que Dieu. Soudain, comme il veut l'entraîner hors du cachot, elle aperçoit Méphistophélès qui paraît sur le seuil. Elle frémit, elle se détourne, elle s'arrache aux bras de Faust. Elle se jette en arrière; elle s'abandonne à la justice de Dieu.

Gericht Gottes, dir hab' ich mich übergeben!

QUATRIÈME DIALOGUE.

Elle appelle à son secours le chœur des anges. Sa voix est entendue au ciel.

— Elle est jugée, dit froidement Méphistophélès.

— Elle est sauvée, disent les voix d'en haut.

— A moi! crie le démon, et il disparaît avec Faust.

— Henri! Henri! Sur ce cri de Marguerite, tout vibrant à la fois de désespoir et de je ne sais quelle indicible espérance, tombe le rideau du premier *Faust*.

Le démon, le principe du mal, semble vainqueur, mais ce n'est qu'en apparence et dans les faits. Il est vaincu dans la vérité idéale des sentiments, doublement vaincu dans l'âme altière et puissante de Faust, dans l'âme tendre et simple de Marguerite. Le sens moral du drame reste encore voilé, suspendu ; tout à l'heure l'action va le reprendre et le mettre en pleine lumière. Nous allons voir dans le second *Faust* la morale, la philosophie, la religion de Gœthe se développer, s'élever et resplendir d'un éclat épique.

VIVIANE.

Ne voudriez-vous pas vous reposer un moment? Vous semblez fatiguée?

ÉLIE.

Prenez mon bras, Diotime, et faisons quelques pas sur la plage.

CINQUIÈME DIALOGUE.

DIOTIME, VIVIANE, ÉLIE. MARCEL.
Plus tard ÉVODOS.

Lorsqu'on revint s'asseoir, Diotime reprit ainsi :

Les tableaux qui vont se dérouler dans la seconde partie de *Faust* répéteront, sous un voile symbolique d'un plus riche tissu et dans des proportions agrandies, les scènes de la première partie. Le parallélisme qui s'établit entre les deux moitiés de la tragédie, n'est guère moins apparent que le parallélisme des trois cantiques. Il produit dans l'un et l'autre poëme un grand effet de solennité, de cette solennité primitive dont nos deux poëtes avaient en eux l'instinct, et qui, chez Gœthe, s'était singulièrement accrue dans la méditation et l'étude de la tragédie grecque.

Dès les premiers vers du second *Faust*, on sent que le style s'élève. Les voiles se gonflent; les horizons s'ouvrent. Comme Dante, au sortir de l'enfer, Gœthe semble ici se placer sous l'invocation de la muse épique :

CINQUIÈME DIALOGUE.

... alza le velo
Omai la navicella del mio ingegno.

L'affreux cachot où Faust a « laissé toute espérance » est derrière nous. Nous voici au seuil des régions purificatrices où notre héros, lui aussi, va se rendre digne de monter au ciel, *e di salire al ciel diventa degno*. Sous la voûte immense du firmament, dans une vaste campagne, aux approches de l'heure où le soleil ramène à notre hémisphère la lumière, le mouvement, la vie, Faust, couché sur des gazons en fleur, est doucement bercé par la voix des sylphes, aux sons de la harpe éolienne.

MARCEL.

Mais comment, du cachot de Marguerite et de la compagnie du diable, Faust se trouve-t-il tout à coup transporté sur des gazons fleuris, dans la compagnie des sylphes?

DIOTIME.

Gœthe ne prend pas grand souci des transitions dans un poëme dont l'action repose tout entière sur un fond merveilleux. Pour transporter son héros d'un lieu à un autre, il lui suffit, comme à l'auteur des Cantiques, de le supposer endormi, endormi de ce sommeil sacré des temples où les dieux parlaient en songe aux mortels et les guérissaient de tous les maux. Dante procède ainsi quand, au neuvième chant du Purgatoire, il se suppose vaincu par le sommeil, « à l'heure où l'hirondelle salue l'aube du jour, » et se fait raconter par Virgile qu'une dame céleste est venue qui l'a emporté, tout endormi, au lieu où il s'éveille.

> Venne una donna, e disse : I' son Lucia:
> Lasciatemi pigliar costui che dorme.
> Si l' aggevolerò per la sua via.
> . . . .
> Poi ella e'l sonno ad una se n'andaro.

Pendant le cours des heures nocturnes, le chœur des bons génies, sensible au malheur de l'amant de Marguerite, a calmé les agitations de son âme; il a détourné de lui « la flèche acérée du remords; » il a rafraîchi son front brûlant dans la rosée du Léthé.

ÉLIE.

Ce Léthé m'étonne dans les deux poëmes. Quelle peut être sa signification morale? Nos auteurs entendraient-ils dire qu'il faut n'avoir ni remords ni souvenir du mal qu'on a fait? La morale serait aisée, mais fort peu chrétienne.

DIOTIME.

J'ignore quel est l'enseignement théologique sur ce point délicat; peut-être, dans l'aspersion de notre eau bénite, faudrait-il voir quelque secrète réminiscence de cette vertu du Léthé; mais très-probablement ici Dante et Gœthe suivent leur sentiment propre, sans se préoccuper de la doctrine de l'Église. Aux yeux de Goethe, la première condition du salut, c'est la résolution énergique de « tendre incessamment à la vie la plus haute, »

Ein kraftiges Beschliessen
Zum hoechsten Daseyn immerfort zu streben.

en apprenant toujours et en communiquant incessamment à ses semblables, dans une généreuse et bienfaisante activité, tout ce qu'on a en soi de meilleur. Selon cette conception, qui était celle des stoïciens à peu de chose près, le remords ne serait qu'une entrave à l'essor de l'âme, une dépression, une diminution de force, et l'oubli devrait être considéré comme une grâce, une paix divine, qui allége à l'homme de bonne volonté le poids du jour.

VIVIANE.

Est-ce qu'Emerson ne dit pas quelque chose d'analogue dans ses *Essais?* Je me rappelle vaguement un passage où il conseille à l'homme de bien de ne pas traîner après lui le cadavre de la mémoire, *this corpse of memory.*

DIOTIME.

C'est le sentiment de quiconque est animé du génie de la vie active et mû par la conscience du mal à réparer plutôt que du mal à pleurer. Goethe, d'ailleurs, constamment occupé, comme il l'était, du problème de la responsabilité humaine, n'avait jamais pu arriver à une certitude autre qu'à celle de l'inextricable complication de nécessité et de liberté dont se composent la vie et les malheurs de l'homme. Il en concluait que la vraie morale, la vraie justice ici-bas, c'était une inépuisable compassion. Qu'il soit saint, qu'il soit méchant, nous plaignons l'infortuné ;

> Ob er heilig, ob er böse,
> Jammert sie der Unglücksmann,

chante le chœur des sylphes avec une mélancolie pleine de tendresse. Il y a là un sentiment de doute miséricordieux qui n'existe pas au même degré, tant s'en faut, dans les Cantiques où Béatrice, tout en accourant au secours de celui qu'elle aime, ne lui épargne ni les humiliations ni les dures réprimandes.

On sent dans cette appréciation différente de la culpabilité (péché et remords pour Dante, erreur et réparation pour Gœthe) l'intervalle de cinq siècles durant lesquels les sciences naturelles et historiques, affranchies de tous les dogmes, et s'éclairant l'une l'autre, ont éclairé aussi la morale d'un jour nouveau. Au temps de l'Allighieri, on croit à la vengeance de Dieu, parce que l'on honore la vengeance humaine. Au temps de Gœthe, la torture est abolie, la peine de mort combattue dans son principe; l'enfer n'est plus pour Faust qu'une « légende bizarre. » Aussi, dans les plus terribles catastrophes de la tragédie, n'exprime-t-il pas une seule fois le sentiment de la peur, tandis que Dante, épouvanté, tremble et s'évanouit à tout instant dans sa marche à travers les supplices de l'enfer. Aussi

Faust est-il sauvé sans condition, sans s'humilier, sans se confesser autrement qu'à lui-même et à sa propre conscience, sans aucun acte de foi explicite. Il est sauvé par le seul effet d'une loi générale et divine qui élève à Dieu tout ce qui a puissamment aspiré vers lui et tenté, fût-ce en se trompant de voie, de faire le bien ici-bas.

Le chœur des sylphes qui, d'une main légère, en quelques vagues arpéges à peine entendus au sein du crépuscule, nous rappelle ces graves problèmes, est soudain interrompu par une explosion de lumière. C'est le char du soleil qui s'avance avec une majesté homérique.

>   Horchet! horcht! dem Sturm der Horen!
>   . . . .
>   Phœbus' Ræder rollen prasselnd;
>   Welch Getœse bringt das Licht!

L'imagination de Dante, vous vous le rappelez, conçoit ainsi la lumière retentissante de l'astre du jour, et dit hardiment au début de l'Enfer qu'il est repoussé par la panthère vers la vallée « où le soleil se tait, *là dov'l sol tace.* »

Faust s'éveille. Son monologue, écrit dans la forme dantesque des tercines (Gœthe ne l'emploie que cette seule fois dans toute son œuvre), ne reste pas au-dessous des plus beaux élans lyriques de la *Comédie*. Faust salue le roi des cieux; il écoute, il bénit, dans un transport de joie, les pulsations de la vie qui renaît dans son sein et dans le sein de la terre. Il se sent renouvelé comme les feuilles et les fleurs que baigne la rosée du matin.

> Come piante novelle
> Rinnovellate di novella fronda.

a dit l'Allighieri. Faust chante avec amour l'hymne à la lumière. Son regard est attiré vers les hautes cimes où resplendissent les premiers feux du jour. *Hinaufgeschaut!* C'est le *Guardai in alto* de Dante ; c'est l'image perpétuellement rajeunie de la poésie primitive qui figure la sainteté, la béatitude, par l'altitude des montagnes et le rayonnement du soleil.

Cependant Faust, qui parle ici plus manifestement encore que dans la première partie du poëme, au nom de l'homme et de l'humanité, ne saurait, non plus que Dante, soutenir les splendeurs de l'astre divin. Une douleur vive à sa paupière l'avertit que l'œil mortel n'est pas fait pour les clartés éternelles. Il détourne sa vue et la ramène vers la terre, où l'iris qui se balance dans l'écume des eaux jaillissantes l'attire et le captive. Faust y voit l'emblème de la vie humaine. L'homme ne peut ici-bas ni posséder ni même contempler face à face la vérité pure à laquelle son âme aspire. Il ne peut que l'entrevoir dans ses reflets ; il ne saurait voir Dieu que dans le miroir indistinct de la nature. C'est la pensée maîtresse qui domine toute l'œuvre de Goethe ; c'est la même pensée, la même image que nous retrouvons dans les Cantiques, quand, au dernier chant du Paradis, saint Bernard ordonnant à Dante de lever les yeux vers la gloire céleste, le poëte sent son œil ébloui, blessé

par les rayons perçants, incapable d'en supporter
l'éclat.

> Io credo, per l'acume ch' io sofïersi
> Del vivo raggio, ch' io sarei smarrito
> Se gli occhi miei da lui fossero aversi.

Cette première scène de la seconde partie du poëme de Gœthe, ce chant des esprits aériens, ce monologue à la fois si solennel et si doux, célèbrent dans le plus beau langage la réconciliation de l'âme de Faust avec la vie. Elle consent désormais, cette âme ambitieuse, à tempérer ses désirs, à limiter ses poursuites, à resserrer dans le cadre étroit assigné à l'homme par la nature son activité passionnée. Faust se résigne, il renonce, mais sans abandon de soi-même. Son renoncement est viril, héroïque. Il ne va plus vouloir, il est vrai, que le possible, mais il voudra, sans illusion ni dédain, tout le possible. A partir de cette heure, qui commence pour Faust la *vie nouvelle*, Méphistophélès est plus d'à demi vaincu; sans qu'il s'en aperçoive encore, le démon est subalternisé, rejeté à l'arrière-plan. Le doute et l'ironie s'effacent insensiblement aux clartés grandissantes de l'amour. C'est l'ascendant de la femme, médiateur et sauveur, que l'on pressent dès l'entrée de ce purgatoire où déjà Faust est, comme les ombres à qui parle Dante, assuré de voir la lumière suprême.

> O gente sicura,
> Incominciai, di veder l'alto lume.

Du moment que Faust est maître de lui, il est maître aussi du démon. Il va lui commander plus impérieusement des choses plus difficiles. Il va se faire conduire à la cour de l'empereur germanique, prendre part aux affaires de l'État. De la vie individuelle, il va entrer dans la vie sociale; il va s'élever à la dignité, à la puissance du sacerdoce.

ÉLIE.

Qu'entendez-vous par là ?

DIOTIME.

L'idée qui possède visiblement l'esprit et l'œuvre de nos deux poëtes, Élie, c'est que la vie humaine doit être un culte, une offrande, un sacrifice perpétuel à Dieu, où l'homme est à la fois prêtre et victime.

ÉLIE.

C'était le sentiment de Proclus, de Porphyre, quand ils disaient que l'homme est le pontife de l'univers. C'était aussi le sentiment de l'apôtre saint Paul.

DIOTIME.

Ce sera éternellement, dans la triste vanité des choses périssables, le sentiment, exprimé ou non, des âmes capables d'adoration et d'amour. Nous avons vu que c'était l'instinct du petit Wolfgang quand, tout au haut de son autel enfantin, il allumait l'encens.

Au sortir du purgatoire, Virgile couronne, en vers majestueux, de la mitre sacerdotale le front de l'Allighieri. Durant tout le cours de la tragédie de Gœthe, cette idée de sacerdoce, plus ou moins voilée, apparaît. Dès le premier monologue de la première partie, Faust veut être confesseur de la vérité; il souhaite l'apostolat; il voudrait enseigner, améliorer, convertir les hommes. A ses yeux, la demeure de la femme aimée est un temple, un sanctuaire, je cite les propres expressions de Faust. Au second acte, investi de la clef magique, qui est également symbole du pouvoir sacerdotal, et qui rappelle les clefs d'or et d'argent avec lesquelles l'ange divin ouvre à Dante la porte du purgatoire, il va chercher dans les profondeurs ténébreuses, chez les *Mères*, le trépied sacré des oracles. Il en revient vêtu des ornements pontificaux. Il a puissance d'évocation sur le royaume des ombres.

> Im Priesterkleid, bekrænzt, ein Wundermann,
> Der nun vollbringt was er getrost begann.
> Ein Dreifuss steigt mit ihm aus hohler Gruft.

Faust ne comprend la vie, il n'en conçoit la beauté que depuis sa vocation.

> Wie war die Welt mir nichtig, unerschlossen!
> Was ist sie nun seit meiner Priesterschaft?
> Erst wünschenswerth, gegründet, dauerhaft!

ELIE.

Vous venez de dire que Faust descend chez les *Mères*; voilà pour moi l'obscurité des obscurités, l'abstraction des abstractions, auprès desquelles les allégories de Dante ne sont que jeux d'enfants.

DIOTIME.

C'est en effet la conception la plus obscure de tout le poëme; et, bien qu'elle soit essentiellement germanique, on n'est pas encore parvenu à s'entendre, même en Allemagne, sur ces *Mères* mystérieuses; comment donc nos cerveaux français s'accommoderaient-ils de ces ténébreux fantômes? Essayons cependant de pénétrer dans la pensée du poëte. Voyons d'abord pourquoi et comment Faust va trouver les *Mères*.

Après des scènes très-gaies à la cour de l'empereur, après que Méphistophélès a tiré de la ruine, par la richesse trompeuse des assignats, le monarque et ses courtisans, après une brillante mascarade, on souhaite, pour couronner les divertissements, quelque chose de tout à fait extraordinaire. L'empereur, selon qu'il est dit dans la légende, demande à voir la plus belle femme du monde, l'Hélène antique. Faust promet de la faire apparaître. Il exige de Méphistophélès les moyens de réaliser sa promesse. Le démon se récrie. Le diable de la Bible n'a nul pouvoir sur l'enfer du paganisme; d'ailleurs l'entreprise est téméraire, inouïe, pleine de périls. Faust insiste; il ignore la peur. Il a donné sa parole; il faut qu'il la tienne.

— Tu oserais descendre chez les *Mères?* dit Méphisto.

Faust, en frissonnant d'horreur à ce mot inconnu, mais sans hésiter :

— Par quel chemin ?
— Aucun chemin.

Les *Mères* habitent le vide, le silence impénétrable. Autour d'elles, point de lieu, point de temps; elles trônent par delà, inaccessibles à la prière, à la pensée même. Environnées de ce qui n'est plus, de ce qui n'est pas encore, elles président à la métamorphose infinie des types, des idées divines.

ÉLIE.

Les *Mères* seraient alors quelque chose comme les *Idées* de Platon? Gœthe ne s'explique-t-il nulle part à ce sujet?

DIOTIME.

Gœthe dit à Eckermann que la première pensée de ses *Mères* lui a été suggérée par la lecture d'un passage de Plutarque, qui parle d'une ville très-ancienne de la Sicile (Engyum, si j'ai bonne mémoire) et d'un temple bâti par les Crétois, où l'on adorait, sous le nom de *Mères*, les divinités conservatrices qui protégent la fécondité. Un autre ouvrage de Plutarque, dont notre poëte ne fait pas mention, mais qu'il n'ignorait certes pas, la *Chute des Oracles*, décrit le centre, le foyer de l'univers, le *Champ de la Vérité éternelle*, où résident les causes, les types, les formes primordiales de tout ce qui a existé et de tout ce qui existera. Dans Plutarque, les mondes (il en compte cent quatre-vingt-trois) s'ordonnent selon la figure du triangle, et c'est l'espace situé entre les trois angles qu'occupe ce champ mystérieux de la vérité. Rien ne ressemble davantage au séjour que Gœthe assigne à ses *Mères*, et aux fonctions qu'il leur attribue. D'après le peu qu'on entrevoit dans les mythologies scandinave, celtique ou germanique du rôle de ces divinités, filles de la nuit obscure, elles auraient partout figuré la fécondation, la reproduction, la multiplication de l'être; mais Gœthe ne s'étend point sur ce sujet, et se contente de dire que, hormis le nom, il a tout inventé dans ses *Mères*.

MARCEL.

Je me souviens d'avoir lu dans un commentateur, Henri Blaze, je crois, que les *Mères* figurent les principes des métaux, ces matrices de Paracelse, *Matrices rerum omnium*, où se combinent les éléments, où s'élabore la semence de vie. Il me semble que cette explication ne manque pas de vraisemblance, puisque nous sommes, avec la légende de Faust, en pleine alchimie.

DIOTIME.

Plusieurs commentateurs pensent comme vous, Marcel, et ils se fondent sur la poursuite des secrets de l'alchimie où, pendant assez longtemps, s'obstina notre poëte. La clef magique que le démon donne à Faust pour lui ouvrir l'accès des profondeurs ténébreuses, appartient à cet ordre d'idées et semblerait vous donner raison. Pour ma part, je considère les *Mères* de Gœthe, qui assignent à l'identité de la substance infinie son existence, sa forme, sa beauté, finies et phénoménales, comme beaucoup plus semblables à la

Natura naturante et naturée de Spinosa qu'aux *Matrices* de Paracelse, comme beaucoup plus apparentées avec le *Devenir* de Hegel qu'avec les types de Platon. Et s'il me fallait absolument expliquer une obscurité par une autre obscurité, un nom par un nom, je les appellerais les Parques du panthéisme.

MARCEL.

Mon ami, le hégélien Moritz a pris la peine de m'expliquer, huit jours durant qu'il pleuvait à Ostende, comme quoi le trépied des *Mères*, ce sont les trois catégories du maître : thèse, antithèse, synthèse! Vous imaginez si j'avais appétit de cette métaphysique à triple dose!

DIOTIME.

Je lisais ce matin même, dans la traduction de M. Littré, un passage d'Hippocrate : *Rien ne naît, rien ne meurt*, qui ferait, selon moi, comprendre les *Mères* beaucoup mieux que tous les commentaires modernes. Vous le rappelez-vous, Élie?

ÉLIE.

Pas précisément.

DIOTIME.

Hippocrate y déclare que rien dans l'univers ne s'anéantit, que rien ne naît non plus, qui ne fût auparavant; mais que, *se mêlant et se séparant, les choses changent*, et que c'est là proprement, aux yeux du vulgaire, *naître et mourir*. — Que vous en semble? Mêler et séparer, faire naître et mourir, n'est-ce pas exactement l'office des *Mères?*... Du reste, sans aller chercher si loin une explication que nous avons tout proche, les *Mères*, qui unissent l'idéal à la réalité, l'infini au fini dans une fécondité généreuse, n'auraient-elles pas, dans la pensée de Goethe, exactement le même sens que *l'Éternel féminin* par qui Faust, à la fin du poëme, s'élève de la vie terrestre au ciel?

MARCEL.

Je n'y ai, quant à moi, aucune objection. — Mais que nous voilà loin de la cour de l'empereur! Ces divertissements, ces belles mascarades qui l'égayent, ne nous en direz-vous pas un petit mot?

DIOTIME.

Elles en valent bien la peine. Goethe a prodigué, dans la description qu'il en donne, l'imagination, la grâce, la verve humoristique. Il y réalise, sans doute, l'idéal qu'il s'était fait des fêtes publiques, au temps où on le chargeait du soin de divertir la cour de Weimar. Il compose sa merveilleuse mascarade de ses plus riants souvenirs, d'allusions piquantes et charmantes aux circonstances et aux personnages contemporains. Le système de Law, le romantisme, le carnaval romain, les bouquetières de Florence; le chœur des bûcherons qui chante, en vrai démocrate, l'utilité de son rude labeur, sans lequel, pour les riches, point d'élégances, et qui tance vertement *Pulcinello* le désœuvré, l'oisif opulent, dédaigneux du peuple ; le parasite, le gourmand, l'envieux, l'ivrogne, le poëte vaniteux et servile, la femme bavarde, raillés à la façon de l'Allighieri ; le char de Phœbus, le triomphe de Pan, préparent avec beaucoup d'art, tout en distrayant les yeux, les conclusions philosophiques du poëme. — Mais il faudrait lire ou plutôt il faudrait voir ce spectacle fantastique dont mon pâle résumé ne saurait vous donner la moindre idée. Faust reparaît. Il a accompli le voyage mystérieux ; il rapporte le trépied symbolique. L'encens fume ; du sein des vapeurs embaumées, aux sons d'une suave harmonie, se dégage peu à peu la figure d'Hélène. La voici, calme et grave dans sa candeur épique, la fille de Jupiter, la sœur des Dioscures. La voici, telle qu'elle apparut au berger phrygien, quand, vêtue de la pourpre dorée au soleil, entourée de ses jeunes compagnes, elle cueillait, de sa main d'une blancheur de cygne, pour les autels de Vénus, les roses nouvelles. Telle on l'admirait à la fois, illusion, enchantement magique, sur les bords du Scamandre où retentit le choc des armes, pour elle ensanglantées, et sur les bords paisibles du Nil où la protège, dans Memphis, l'hospitalité des rois. Telle elle posait son pied délicat sur la galère sidonienne qui la ramène, triomphante, à son peuple et à son époux, « par la volonté des dieux. » Telle encore la peignait Polygnote dans les parvis sacrés du temple de Delphes.

On voit que, en créant son Hélène, le génie de Gœthe s'anime d'une émulation généreuse. Homère, Hérodote, Euripide, Phidias, Polygnote, sont présents à la pensée du poëte germanique. Pour mieux douer cette fille chérie de la Muse, il s'inspire de ce que les innombrables légendes antiques et modernes ont inventé de plus gracieux.

VIVIANE.

Mais Hélène, ce me semble, n'est pas trop bien traitée des poëtes. Elle est infidèle, perfide, elle est un objet de haine, de mépris...

DIOTIME.

Assurément. Mais l'admiration pour sa beauté l'emporte à la fin sur le ressentiment de ses fautes; on pardonne, on oublie le mal qu'elle a causé. L'imagination populaire, aussi bien dans l'antiquité que dans le moyen âge, ne saurait consentir au châtiment d'une personne aussi belle. Tantôt, pour la mieux innocenter, on la fait naître de Némésis et jouet de l'implacable Destin; tantôt on la suppose calomniée, on inflige à son calomniateur la cécité, on le contraint à chanter la Palinodie. On soumet à ses charmes, encore enfantins, le plus noble entre les héros, Thésée, semblable à Hercule. Plus tard, sans se troubler d'aucune contradiction, la légende la donne en mariage au plus vaillant des Grecs; Hélène met au monde, dans l'île de Leuké, le bel Euphorion, l'enfant ailé d'Achille. Puis on réconcilie l'épouse infidèle avec l'époux outragé. Admise, après la mort, au rang des déesses, Hélène, dans l'Olympe, paraît aussi bonne que belle. Elle obtient de partager avec Ménélas les honneurs divins; elle fait donner à ses frères, les Dioscures, une place glorieuse parmi les astres. Dans des temps postérieurs, on lui passe au doigt l'anneau magique. De ses dernières larmes enfin naît la fleur *Hélénion*, qui, attachée sur le sein des femmes, y répand, avec ses parfums, la beauté.

Au moment où Gœthe fait apparaître Hélène sur le seuil du temple antique, Faust entre en extase. Troublé, éperdu, hors de lui à l'aspect d'une beauté si parfaite, il oublie que ce n'est là qu'un fantôme qu'il a lui-même évoqué; il s'élance, il va l'étreindre; une explosion terrible le repousse. Il tombe inanimé. Le fantôme s'évanouit dans les ténèbres. Un tumulte épouvantable clôt cette scène d'incantation et le premier acte de la tragédie.

MARCEL.

Quel symbolisme à outrance! Vous aviez raison de dire, Élie, que les allégories de Dante ne sont rien auprès.

DIOTIME.

Le symbolisme d'Hélène ne me paraît pas plus obscur que celui de Béatrice, de Lucie, de Mathilde, en qui Dante a voulu figurer toutes les nuances de la grâce divine. Il faut bien en prendre votre parti, Marcel, ni Dante ni Gœthe, les plus vrais des poëtes, n'ont songé un seul instant à toucher au moyen des procédés de l'art réaliste.

MARCEL.

Mais enfin, un critique a dit, et je suis de son opinion, qu'il préférait à tout le symbolisme d'Hélène un baiser de Marguerite.

DIOTIME.

Vous parlez ici, sans doute, avec tous les lecteurs français, de la Marguerite du premier *Faust*, oubliant qu'elle reparaît dans le second, qu'elle n'y est pas moins symbolique qu'Hélène, et qu'elle finit par se confondre avec la fille de Léda dans le même nuage poétique.

MARCEL.

Des nuages! toujours des nuages!

DIOTIME.

Celui-ci est assez transparent, ce me semble. Faust est une fois encore seul et rêveur dans les hautes solitudes. Il contemple le ciel. Il voit passer dans les nuées le fantôme d'Hélène; le nuage se dissipe, et lorsqu'il se reforme un peu plus haut, c'est l'image de Marguerite qui apparaît. « Une image enchanteresse m'abuse-t-elle? » s'écrie Faust. La félicité de mes plus jeunes années renaît dans mon cœur,

D'antico amor senti la gran potenza.

a dit l'Allighieri. C'est l'aube de l'amour, le regard à peine compris, la beauté pure qui attire à elle le *meilleur* de l'âme de Faust.

MARCEL.

Mais cet enlèvement, tenté et manqué, d'Hélène par Faust, comment doit-on l'entendre?

DIOTIME.

Les commentateurs allemands prétendent que Gœthe a voulu nous dire que la passion aveugle, véhémente, ne saurait atteindre dans l'art à la beauté idéale; qu'on ne s'impose pas à elle par violence; qu'elle se donne librement à l'adoration désintéressée. Ils ajoutent que c'était là pour Gœthe un fait d'expérience, le souvenir de ses passionnés mais vains efforts pour devenir un grand peintre. Quoi qu'il en soit, la transition du premier au second acte se fait encore, à la manière dantesque, par le sommeil. Le poëte nous ramène dans le laboratoire de Faust (la chimie, cette science toute moderne, a, dans le poëme de Gœthe, l'importance que Dante donne à la métaphysique dans sa *Comédie*). Méphistophélès, pendant son évanouissement, l'y a transporté; il l'a jeté tout endormi sur le lit gothique. Dans quelques scènes de haute comédie et remplies d'allusions, Gœthe nous montre le disciple Wagner, devenu à son tour docteur ès sciences, occupé à fabriquer dans ses appareils, selon la recette de Paracelse et selon la théorie toute récente que professait un disciple de Schelling, un homuncule. La création de l'homme sera le dernier mot de la science, comme elle est le dernier effort de la nature. Un souffle de Méphistophélès fait éclore dans la fiole la petite créature phosphorescente qui demeure, comme toute création artificielle, isolée, dans son enveloppe de cristal, de la grande vie universelle. Bientôt, à sa lueur vacillante, Faust et Méphistophélès, portés par le manteau magique, se remettent en route à travers les airs; ils s'en vont en Thessalie; le sabbat de la mythologie antique va s'y célébrer. Méphistophélès est curieux de nouer connaissance avec les sorcières païennes. L'homuncule (cette ironie de la science impuissante à suppléer la nature) a des pressentiments qui l'entrainent vers ces régions mystérieuses où il espère prendre vie. Faust s'est éveillé tout en proie au désir de retrouver Hélène; il brûle de mettre le pied sur le sol sacré de la Grèce où elle a vu le jour.

Le sabbat classique auquel Faust se joindra, dans l'espoir d'y apprendre où réside la femme qui possède sa pensée, est assurément de toutes les fantaisies de Goethe la plus étrange. Il y a représenté aux yeux, il y a caractérisé avec une fierté de dessin et une puissance d'images, dont la *Divine Comédie* offre seule l'exemple, toutes les figures de la mythologie antique, telles que venait à peine de les reconstituer la symbolique allemande dans les récents travaux des Creuzer, des Heyne, des Jacobi. Il y a mêlé poétiquement la personnification des idées scientifiques les plus modernes.

Dans les champs de Pharsale, sur les rives du Pénéios, au bord des golfes de la mer Égée, sous l'invocation d'Érychto, la plus fameuse entre ces sorcières thessaliennes, si puissantes qu'elles faisaient à leur gré descendre la lune du firmament, le poëte déroule un prestigieux cortége où se succèdent, depuis les monstruosités ténébreuses de l'Égypte, de l'Inde, de la Perse, jusqu'aux délicats symboles des écoles d'Alexandrie et d'Athènes, toutes les créations du génie mythique des peuples anciens ; où passent, et se définissent en passant, les systèmes et les idées qui préoccupaient alors Goethe et son siècle.

Sphinx, Griffons, Lamies, Kabyres, Marses et Psylles, Telchines, Pygmées, Daktyles, Imses et Arimaspes, Phorkyades, Tritons, Dorides et Néréides, Séismos, la personnification du soulèvement des montagnes, Protée, le dieu de la divination, de la science subtile, Anaxagore et Thalès exposent tour à tour en beaux vers la lutte primitive des éléments et la métamorphose ascendante de toutes choses dans l'univers par la lumière et l'amour. Ils défilent sous nos yeux comme dans un rêve dantesque. Nous assistons à la grande fête de la mer. L'apparition de Galathée-Aphrodite sur sa conque triomphale qui n'est pas sans analogie avec le char de Béatrice, l'homuncule qui brise sa fiole de cristal et se répand sur les vagues en lueurs phosphorescentes, célèbrent symboliquement l'union éternelle de l'amour et de la beauté. Le chœur chante le règne d'*Éros* par qui tout a commencé :

So herrsche denn Eros, der alles begonnen!

Cependant Méphistophélès, bien qu'étonné, se plaît à ce romantisme de l'antiquité légendaire. Il se sent là presque autant chez lui que sur les cimes du Brocken. Mais Faust ne se laisse pas plus distraire à ce sabbat païen qu'il ne l'a fait au sabbat chrétien. De même que Dante, au milieu des visions de l'enfer et du purgatoire, n'a qu'une seule pensée : rejoindre Béatrice, Faust ne songe ici qu'à retrouver Hélène. *Wo ist sie?* Où est-elle (il ne la nomme même pas, tant il la suppose présente à tous les esprits)? s'écrie-t-il en mettant le pied sur le sol de la Grèce. Où est-elle? c'est le cri de Dante à saint Bernard : *Ella or', è?* quand Béatrice disparait soudain dans la gloire céleste.

C'est là un de ces mots comme en ont seuls trouvé les plus grands poëtes, et dont la simplicité familière fait éclater sans bruit toute l'intensité, toute la flamme du désir humain.

Dans un paysage délicieux où, d'un pinceau digne ensemble de Léonard et du Corrége, Goethe abrite les amours de ce beau nid de Léda, *del bel nido di Leda*, que Dante n'a pas craint de rappeler au Paradis, Faust écoute avec ravissement le zéphyr qui courbe les roseaux sur le bain des nymphes amoureuses, et, glissant sur les eaux limpides, le frissonnement des ailes du cygne divin. Songe-t-il? est-il éveillé? Faust ne le saurait dire ; et ce tableau voluptueux nous laisse, comme à lui, une sensation indécise, qui tient du souvenir et du rêve. Mais tout à coup le sol retentit sous le pas d'un coursier rapide. C'est le centaure Chiron qui fend la plaine ; c'est l'éducateur des héros, habile dans l'art de guérir. A la demande de Faust, et le sentant atteint d'un mal sacré, il le prend sur sa croupe et le porte à la rive opposée. Ensemble ils vont consulter Manto, la fille d'Asclépias, l'*aspera Virgo* de Virgile, la fondatrice de l'étrusque Mantoue, que Dante a rencontrée en enfer dans le cercle des devins. C'est elle qui conduira Faust au royaume de Perséphone, où jadis elle conduisit Orphée, et où il retrouvera Hélène. L'en ramènera-t-il ? L'acte suivant va nous l'apprendre.

Dans ce troisième acte, le plus beau de tous peut-être, Gœthe s'est inspiré, comme pour son *Iphigénie*, du profond sentiment de la tragédie grecque. Son début rappelle celui des *Euménides*. Nous sommes au seuil du palais de Ménélas. Le chœur des vierges troyennes, conduites par Panthalis, escorte l'épouse du roi. On craint pour ses jours. Un sacrifice s'apprête. On ignore la victime. Sous le masque de Phorkyas qu'il a emprunté au sabbat classique, et qui personnifie la laideur, Méphistophélès remplit d'épouvante l'âme d'Hélène ; il lui persuade de fuir la vengeance d'un époux courroucé. Il l'enlève et la transporte dans les murailles d'un château gothique, où elle est reçue avec de grands honneurs par un noble chevalier germanique, venu avec les siens à la conquête du Péloponèse, et qui fait d'elle aussitôt la souveraine dispensatrice des grâces, l'inspiratrice des actions généreuses. Ce chevalier, vous le devinez, n'est autre que Faust.

MARCEL.

Quelle invention bizarre ! et que signifie cette Hélène ravie dans un château gothique ?

DIOTIME.

Elle a fort exercé les commentateurs. Selon la critique allemande, Hélène, la beauté pure de l'art antique, échappe à la décadence de la Grèce qui va retomber dans la barbarie, pour venir résider au milieu des nations modernes. De l'union de la beauté païenne avec le sentiment chrétien naîtra dans le monde renouvelé un nouveau génie, le bel Euphorion, l'aspiration inquiète de la pensée moderne vers un idéal plus haut qu'elle n'atteindra pas.

ÉLIE.

N'a-t-on pas dit que cet Euphorion, fils de Faust et d'Hélène, c'était lord Byron?

DIOTIME.

Euphorion, dans la pensée de Gœthe, est le fruit de la réconciliation du monde antique et du monde moderne, du classicisme et du romantisme. Rien n'était plus insupportable à Gœthe que cette lutte des classiques et des romantiques qui passionnait ses contemporains; il les appelait les guelfes et les gibelins du XIXᵉ siècle. Chacun de nous, avait-il coutume de dire, au lieu de tant disputer, devrait s'efforcer d'être ensemble, comme l'a été dans son art le peintre d'Urbino, païen et chrétien. Et c'est pourquoi, à Venise, lorsqu'il écrivait son *Iphigénie*, il allait méditer devant la *sainte Agathe* de Raphaël, afin, dit-il, que sa vierge païenne ne prononçât pas une parole qui ne pût être entendue de la vierge chrétienne.

ÉLIE.

Il y a bien quelque chose de ce sentiment dans

notre Chateaubriand lorsqu'il compare le passé et le présent à deux statues incomplètes, dont l'une a été retirée toute mutilée du débris des âges, et dont l'autre n'a pas encore reçu sa perfection de l'avenir.

DIOTIME.

Assurément. — En donnant à son Euphorion quelques traits de lord Byron, Gœthe voulait aussi laisser à la postérité le témoignage de son admiration vive pour celui qu'il proclamait « un poëte grandiose, tout à fait inimitable en ses prodigieuses audaces. »

Un détail plein de grâce des noces de Faust et d'Hélène qui remplissent ce troisième acte, c'est le dialogue du couple amoureux, où chacun, en alternant, achève le vers commencé par l'autre et lui donne la rime. Gœthe s'est rappelé là une légende persane qu'il avait racontée dans son *West-östlicher-Divan*, et selon laquelle deux amants, Behramgur et Dilaram, dans un transport de joie, inventent la rime pour « dire d'amour, » aurait dit le Florentin. Si j'en croyais mon goût, nous nous arrêterions longtemps à cette idylle épique des noces de Faust et d'Hélène dans une délicieuse Arcadie où notre poëte a répandu les fleurs les plus suaves de son génie. Mais l'heure avance, il faut me hâter.

Au quatrième acte, Hélène et Euphorion ont disparu. Ils sont rentrés ensemble dans le royaume des ombres, dans le Hadès auquel ils appartiennent. Le bonheur et la beauté ne sauraient rester longtemps unis sur la terre. Une fois encore, Faust reste seul, inassouvi après la possession de la beauté comme il l'était après la possession de la science. Pas plus que l'enfant de Marguerite, l'enfant d'Hélène ne doit vivre à ses côtés. Pour les révélateurs, pour les prophètes, pour un Faust comme pour un Dante, il n'est point de famille, point de postérité particulière ; leur famille, c'est le genre humain ; leur postérité, c'est l'esprit des siècles.

Le caractère sacerdotal de Faust, son humanité profonde, ont besoin, pour se manifester entièrement, d'une épreuve, d'une initiation nouvelle. De la vie de contemplation et de spéculation, de la vie amoureuse et poétique, il faut que Faust s'élève à la vie d'action, à la vie bienfaisante et héroïque.

> Im anfang war die *That*.
> Au commencement était l'action.

C'est ainsi qu'il comprenait, qu'il traduisait, au début de la tragédie, le sens véritable de l'Évangile de saint Jean. Son désir, lorsqu'il voulait hâter par le suicide la fin de sa carrière terrestre, c'était d'entrer plus vite dans une existence supérieure, où il pourrait témoigner, par de nobles actes, que la dignité de l'homme ne le cède pas à la grandeur des dieux.

> Hier ist es Zeit durch Thaten zu beweisen
> Dass Manneswürde nicht der Gœtterhœhe weicht.

Faust n'ignore donc pas que la vocation de l'homme, que son devoir, c'est d'agir. Il sait, comme le noble empereur à qui parlait Minerve, « qu'il n'y a pas dans le ciel un être aussi grand que l'homme qui agit et qui lutte sur la terre. » Mais il sait aussi, il en a fait l'expérience, que l'homme seul ne peut que rêver le bien; pour le réaliser, pour effectuer de grandes choses, il est nécessaire que l'homme s'unisse à l'homme; il faut que, ensemble associés, ils concertent, ils combinent toutes les forces de leur intelligence et de leur volonté pour lutter contre le destin.

> Gesellig nur læsst sich Gefahr erproben
> Wenn einer wirkt, die andern loben.

C'est la parole de Chiron à Faust en lui vantant l'expédition des Argonautes. C'est le sentiment de l'excellence de l'association qui pénètre de part en part le roman de *Wilhelm-Meister*, et qui dominait toute la conception morale que Gœthe s'était formée du devoir de l'homme ici-bas.

Quand, après la disparition d'Hélène, Faust se retrouve seul, au désert, méditant sur lui-même et sur son passé; quand Méphistophélès vient encore une fois le tenter en lui offrant toutes les richesses, toutes les voluptés d'un Sardanapale, avec la gloire que donnent les poëtes, Faust lui répond : La gloire n'est rien; l'action est tout.

> Die That ist alles, nichts der Ruhm.

Il sent en lui les deux grandes forces de l'âme, selon Spinosa : l'intrépidité et la générosité. Il brûle de l'ambition d'une noble entreprise. Il demande au démon la possession de vastes territoires, non pour en jouir, « la jouissance, dit-il, rend médiocre, » mais pour y exercer au profit des hommes un pouvoir créateur.

Le territoire que Faust décrit à Méphistophélès est en proie à la fureur des flots. Ce sont des rivages infertiles, des sables mouvants toujours menacés, d'insalubres marécages. Comme les demi-dieux de la fable, comme les saints héroïques du christianisme primitif, Faust voudrait exercer ces puissantes vertus civilisatrices qui domptent la force aveugle des éléments. Il voudrait repousser, contenir les vagues, dissiper les vapeurs empestées de l'atmosphère, coloniser, établir « sur un sol libre un peuple libre, » pour y vivre avec lui, non dans la sécurité (même à la fin de sa carrière, Faust ne voit jamais le bonheur sous l'image du repos), mais dans une activité héroïque. Faust a abjuré la magie ; il ne poursuit plus qu'un but humain par des moyens humains.

MARCEL.

Dieu me pardonne ! voilà ce fantastique Faust qui tourne au positif, à l'utile ; le voilà qui se fait Hollandais !

DIOTIME.

Je croirais plutôt que notre poëte avait en pensée Venise. On voit dans son voyage d'Italie quelle vive impression avait faite sur son esprit cette cité enchantée, sortie du sein des eaux, si longtemps reine des mers

par la hardiesse de ses navigateurs, par l'étendue de
son commerce et par la profonde habileté de sa politique. Ce qu'il aimait, ce qu'il admirait surtout dans la
républicaine Venise, c'est qu'elle était un monument
glorieux de la volonté puissante, « non d'un monarque,
mais de tout un peuple. » Il l'honorait, cette république
déchue, parce que, disait-il, elle n'avait succombé que
sous l'effort des siècles. Il la trouvait majestueuse
encore sous son voile de vapeurs, dans le deuil de ses
grandeurs évanouies. Il s'attendrissait, il pleurait au
chant du gondolier...

ÉLIE.

Je me souviens d'avoir rendu Manin tout heureux
un jour que je lui lisais ce passage de Gœthe.

VIVIANE.

Vous avez connu Manin?

ÉLIE.

Sans doute.

VIVIANE.

Et où donc?

ÉLIE.

Je l'ai vu très-souvent chez Diotime.

VIVIANE.

Je ne l'y ai jamais rencontré.

ÉLIE.

Vous étiez alors en Allemagne.

VIVIANE.

Vous aviez connu Manin en Italie, Diotime?

DIOTIME.

J'avais été en rapport avec plusieurs de ses amis pendant mon séjour à Venise; mais c'est à Paris seulement, quand il y vint exilé, que je nouai avec lui des relations personnelles.

VIVIANE.

Que j'aurais voulu le voir!

DIOTIME.

Je ne pourrais même plus vous faire voir, à cette heure, la place qu'il occupait à mon foyer, la place où tant de fois, dans de longues veilles, nous l'écoutions parler de Dante et de sa pauvre Italie... Cette maison qui m'était si chère et qui concentrait des bonheurs dispersés aujourd'hui à tous les vents de la fortune et de la mort, j'en chercherais en vain la trace. Elle n'existe plus que dans mon souvenir. Elle a été rasée par le zèle des embellisseurs de Paris; ils ont fait passer sur le coin de terre où elle s'isolait dans l'ombre et la fraîcheur d'un bouquet d'arbres, la ligne droite et implacable d'un bruyant et poussiéreux boulevard.

ÉLIE.

Combien vous devez la regretter, votre charmante *maison rose*, avec sa vigne vierge et son bel acacia pleureur, avec ses médaillons, ses grandes tapisseries flamandes, avec son jardin d'hiver qu'égayait la fleur d'or des mimosas du Nil!

MARCEL.

La maison rose, dites-vous? quel nom singulier!

ÉLIE.

On l'appelait ainsi, cette maison qui ne ressemblait à aucune autre, à cause du ton de brique pâle d'une partie de sa façade; à cause aussi, je crois, des floraisons de rosiers qui, à chaque saison, lui faisaient une riante ceinture.

DIOTIME.

Je me rappellerai toujours la première visite que m'y fit Manin. Il s'était fait annoncer. Je l'attendais avec une sorte d'inquiétude, me demandant si j'oserais ou non lui dire jusqu'à quel point sa patrie m'était chère et combien je ressentais pour lui de respect et d'admiration. Avertie qu'il était là, je descendis au salon où on l'avait introduit. Comme la portière en tapisserie ne fit, en s'entr'ouvrant, aucun bruit, Manin ne me vit pas entrer; je restai quelque temps sans rien dire; il était là, debout, absorbé, visiblement ému, lui aussi, les yeux fixés sur un buste en marbre, ouvrage du statuaire florentin Bartolini.

Après que nous eûmes échangé un long serrement de main :

— « Quelle beauté ! s'écria-t-il, en interrompant l'entretien avant presque qu'il eût commencé ; et quelle autre qu'une main italienne aurait fait vivre ainsi ce marbre italien ! » Et moi, étonnée, muette, je regardais tour à tour, croyant rêver, le front calme et pensif de la figure de marbre et l'œil sombre du proscrit d'où jaillissait l'étincelle !... Quand il eut quitté ma maison, il me sembla qu'elle était à jamais consacrée. J'aurais voulu, comme le noble castillan visité par son roi, entourer d'une chaîne d'or mon humble demeure.

Mais revenons à Faust. — La bataille que livre l'empereur d'Allemagne à son compétiteur, la victoire qu'il remporte à l'aide des artifices de Méphistophélès, procure à Faust la souveraineté qu'il a souhaitée. Dans les scènes où le monarque victorieux partage les terres conquises, l'archevêque, qui veut accaparer la meilleure part du butin, domaines, dîmes, corvées, fait de la donation aux églises une condition hypocrite de la rémission des péchés. Il reproche à l'empereur d'avoir fait alliance avec le diable, et jette l'effroi dans son âme. Ici Gœthe a égalé Dante dans la peinture satirique des cupidités de l'Église, et de ces *loups rapaces* qui revêtent l'habit du pasteur,

In veste di pastor lupi rapaci.

Il s'égaye, d'une ironie toute florentine, à peindre l'avarice insidieuse et insatiable de la sacristie rusée.

Mais voici que nous approchons du dénoûment. Faust est à l'œuvre. Le cinquième acte nous le montre sur la terrasse de son palais, tout occupé à l'exécution de ses desseins. Il contemple d'un œil charmé les merveilles qu'il a créées déjà : les digues, les canaux, le port immense où, des extrémités du monde, entrent les navires superbes, chargés de riches cargaisons ; les sillons, les pâturages où paissent de nombreux troupeaux, tout ce mouvement de l'agriculture, du commerce et de l'industrie, dont il est l'initiateur, et qui donne à tout un peuple l'abondance et la joie. Cependant l'excès de son ardeur à la poursuite du bien lui devient, ici encore, occasion de chute. Quelques paroles impatientes donnent prise à Méphistophélès qui s'est fait pirate (la piraterie est pour notre poëte la parodie du commerce). Une cabane habitée par deux vieillards, une petite chapelle bâtie sur la dune, gênent l'œil du maître (le bruit des cloches importune Faust comme il importunait Gœthe lui-même) ; le démon y souffle l'incendie.

MARCEL.

Mais voilà qui est fort vilain !

DIOTIME.

Faust pense comme vous, Marcel. En voyant s'élever les flammes, en entendant l'écroulement où périssent les pauvres vieillards, il maudit l'action brutale. Bien qu'elle ait été commise à son insu, car il voulait « l'échange et non la spoliation, » il en subit la peine.

Le Souci entre dans sa demeure. Son œil se ferme à la clarté du jour. — Chose admirable, et qui montre dans toute sa grandeur la beauté morale du héros de Gœthe, Faust frappé de cécité n'a pas une plainte; il n'accuse ni la Providence ni le Destin. Soudain enveloppé de ténèbres, « la nuit du dehors semble vouloir pénétrer en moi, dit-il avec calme; mais c'est en vain, une pleine lumière éclaire mon âme; » et il ne se détourne pas un moment de son œuvre.

ELIE.

Ce moment où Faust, en perdant la vue des sens, sent se fortifier en lui le regard de l'âme, m'a singulièrement ému quand j'ai lu pour la première fois la tragédie de Gœthe. Ne trouvez-vous pas qu'il rappelle le passage des *Confessions* où saint Augustin, méditant *sur les plaisirs de la vue*, s'écrie tout d'un coup, dans un élan lyrique admirable : « O lumière que voyait Tobie, lorsqu'étant aveugle des yeux du corps, il enseignait à son fils le véritable chemin de la vie ! O lumière que voyait Jacob... »

DIOTIME.

Vous avez raison. Le sentiment qui inspire nos deux auteurs, nos deux poëtes, car saint Augustin est un grand poëte, est le même. Faust aveugle exhorte les travailleurs; il promet des récompenses; il est plus heureux qu'il ne l'a jamais été, dans le pressentiment de ce qui s'accomplira un jour après lui; il tressaille à l'image de ce paradis terrestre qu'il aura tiré du chaos. C'est le beau sentiment moderne du progrès, c'est l'expression d'un amour désintéressé des générations à venir, qui fait dès ici-bas, au juste, une béatitude que l'homme de l'antiquité n'a pas connue et que l'Église chrétienne n'a fait qu'entrevoir. Faust n'a jamais joui d'aucune réalité présente. Il est incapable d'une satisfaction limitée à sa personne. Il conçoit pour l'humanité un avenir idéal; il s'efforce d'en hâter la venue; il la sent proche; c'est là toute sa félicité et c'est aussi la fin de son épreuve. Au moment où il se déclare satisfait, au moment où il a conscience que pour avoir seulement conçu, souhaité, cherché le bien, fût-ce même en de fausses voies, préparé un état meilleur pour des hommes qui naîtront plus libres et plus heureux qu'il ne l'a été lui-même, le droit à l'immortalité lui est acquis, le but de sa destinée en ce monde est atteint. Faust a parcouru toutes les phases de l'activité humaine. Il a touché les deux pôles de l'existence terrestre.

« Tout est consommé. » *Alles ist vollbracht*. Faust tombe dans un évanouissement profond dont il ne se relèvera plus. Il expire. La lutte entre le bien et le mal cesse avec les battements de son cœur.

La partie qui se jouait entre Dieu et le diable est terminée. Qui demeure victorieux? A qui va-t-elle appartenir, cette âme superbe qui a voulu connaître et aimer tout ce qu'il est possible à l'homme de connaître et d'aimer ici-bas? C'est le sujet d'un combat entre les démons et les anges.

Ce combat sur les bords de la fosse, autour du corps

étendu de Faust, est assurément l'invention la plus surprenante de tout le poëme et aussi la plus personnelle à Goethe. Notre poëte se surpasse lui-même dans le monologue inouï où Méphistophélès, en vertu de son titre juridique, guette, à la sortie du corps, cette grande âme de Faust dont il se croit désormais le possesseur légitime. Par la bouche du démon, Goethe décrit, avec une clarté d'expression que la prose la plus parfaite atteint rarement, avec une précision scientifique extraordinaire, et comme il a fait du beau phénomène de la métamorphose des plantes, le phénomène répulsif à nos organes de la dissolution du corps humain. S'inspirant des plus récentes découvertes de la physiologie, de la chimie organique (des recherches de Sœmmerring sur le siége de l'âme, je suppose, et des observations de Hensing qui attribuait au phosphore une part principale dans la production de la pensée), Goethe raille les représentations grossières que l'ignorance du moyen âge se faisait de la manière dont l'âme quittait le corps. C'était chose très-simple, dit Méphistophélès; elle n'avait qu'une issue pour s'échapper; elle sortait par la bouche avec le dernier soupir. Papillon, oiseau, figure ailée, je la guettais comme le chat guette la souris et je l'emportais dans mes griffes. Aujourd'hui c'est bien différent; l'âme hésite à quitter sa morne demeure; on ne sait plus ni quand, ni comment, ni par où elle s'en va. On ne sait plus même si elle s'en va.

A ces considérations de l'ordre physique, Méphistophélès ajoute des réflexions morales d'un sens profond. Autrefois, dit-il, l'âme pouvait difficilement échapper aux flammes; mais à cette heure que de moyens pour elle de tromper le diable! Et, dans ses perplexités, Méphistophélès appelle à son aide toute l'engeance des diables inférieurs qui obéissent à son commandement. On voit apparaître, dans le fond de la scène, la gueule d'enfer.

MARCEL.

La gueule d'enfer!

DIOTIME.

La vraie gueule d'enfer de la légende. Gœthe la décrit d'un pinceau dantesque. Il nous fait voir tout au fond la cité infernale.

>   Dem Gewœlb des Schlundes
>   Entquillt der Feuerstrom in Wuth;
>   Und in dem Siedequalm des Hintergrundes
>   Seh' ich die Flammenstadt in ew'ger Gluth.

>   Des profondeurs du gouffre
>   Se précipite, en fureur, le fleuve de feu;
>   Et plus loin, par delà le bouillonnement,
>   J'aperçois, dans son éternelle ardeur, la cité des flammes.

On a dit qu'en faisant cette peinture Gœthe avait certainement pensé à la cité de Dité dans l'Enfer de Dante.

MARCEL.

Est-ce que votre poëte germanique faisait cas du poëte toscan?

DIOTIME.

Il le nomme avec les plus grands, avec Homère, Eschyle, Shakespeare. Il admirait la tête puissante de Dante et l'œuvre puissante qu'elle avait conçue; mais, bien que, à chaque pas, dans son *Faust,* on trouve des pensées, des images et jusqu'à des mots qui semblent accuser la préoccupation des Cantiques, je ne vois nulle part un jugement complet de Gœthe sur Dante, et je dois même avouer qu'il qualifie en un endroit, avec une délicatesse de goût par trop raffinée, le grandiose de la *Comédie,* de grandiose barbare, monstrueux et répulsif. Mais je reviens à nos démons. Dans le même temps qu'ils accourent à la voix de Méphistophélès, un chœur d'anges est descendu des nuées, la bataille commence. Ce combat des bons et des mauvais esprits, ce sujet si souvent représenté par les artistes du moyen âge, est traité aussi par l'Allighieri avec une naïveté adorable. L'ange de Dieu et celui de l'enfer se disputent l'âme du comte de Montefeltro, sauvé pour une « toute petite larme » de repentir qu'il a versée en mourant.

> L'angel di Dio mi prese; e quel d'inferno
> Gridava : tu dal ciel, perchè mi privi?
> Tu te ne porti di costui l'eterno
> Per una lagrimetta ch' l mi toglie.

Dans le combat selon Gœthe, les anges dispersent les démons en répandant sur eux des roses célestes; la grâce écarte avec douceur la malfaisance. Ils remontent vers le ciel, emportant l'âme de Faust. Les démons rentrent dans la gueule d'enfer. Méphistophélès abandonné ne prend pas la chose au tragique. Il se raille lui-même; il se traite de maître sot. Quoi! des jouvenceaux, des innocents, des simples, lui ont joué un si bon tour, à lui le vieux renard rusé et madré! Mais aussi qu'avait-il affaire de s'embarquer dans une telle aventure! il n'a que ce qu'il mérite, après tout! Le poëte n'en dit pas plus pour congédier Méphistophélès. La punition est légère, comme vous voyez. L'enfer et le diable disparaissent de la tragédie de Gœthe, comme ils ont disparu de l'imagination et de la conscience modernes.

MARCEL.

A la bonne heure, et voici qui me réconcilierait presque avec ce terrible second *Faust!* Il me plaît que votre Méphistophélès se *dégermanise* ainsi, et qu'il s'en retourne de belle humeur en enfer, comme le ferait un diable de Voltaire.

DIOTIME.

O buono Apollo! O bon Apollon! s'écrie l'Allighieri au début de sa troisième Cantique; et il demande au dieu des poëtes de l'assister en ce dernier labeur, *all' ultimo lavoro*, afin que, en ses chants, il se rende digne du laurier divin. Gœthe, lorsqu'il eut mis la dernière main à l'épilogue de sa tragédie, à ce paradis où il chante, lui aussi, sur un mode sacré, le triomphe de l'amour divin, rendait grâces au ciel. Il avait touché le but, il considérait sa carrière comme remplie. « Peu importe, disait-il, que désormais mes heures soient longues ou brèves; peu importe que je les occupe d'une ou d'autre façon ; ma tâche est achevée. » Nos deux poëtes avaient tous deux conscience, et bien justement, d'une œuvre suprême accomplie « par la volonté des dieux. »

MARCEL.

Pardon si j'interromps toujours et fort mal à propos; mais d'où vient que Dante qualifie ses personnages les plus graves de l'épithète vulgaire de *bon* ? Le *bon* Apollon, le *bon* Virgile, le *bon* Auguste?

DIOTIME.

Il emploie le mot bon au sens italien où il est l'équivalent de puissant, de vaillant.

Le paradis de Gœthe, très-différent par son étendue et par son aspect de celui de Dante, est cependant tout à fait semblable, non-seulement parce qu'il appartient également à la symbolique catholique, mais surtout par sa conception idéale et par le caractère musical, symphonique, comme on l'a dit, de la représentation des joies célestes. Dans les régions mystiques où nous transporte l'épilogue de *Faust,* nous entendons les chants de l'extase. La sainteté, la pureté, la beauté, la joie ineffable, y rendent de plus parfaites harmonies à mesure qu'on s'élève dans la lumière. C'est un véritable *crescendo d'amour,* comme Balbo l'a dit de la seconde Cantique. Au-dessus des saints anachorètes, au-dessus des intelligences séraphiques, qui rappellent la hiérarchie des saints contemplatifs du ciel de Saturne dans la *Comédie*, l'idéal de tout amour, la Vierge mère, plane sur les nuages éthérés. A ses pieds les douces pécheresses de l'Évangile et de la légende, *Magna Peccatrix, Mulier Samaritana, Maria Egyptiaca*, l'implorent pour celle qui fut coupable seulement d'avoir trop aimé. La *Mater Gloriosa* sourit à Marguerite qui s'avance. Pas plus que Béatrice, et c'est encore là un trait de génie commun à nos deux poëtes, Marguerite ne saurait jouir de la béatitude si elle ne la partageait avec celui qu'elle a aimé. Dans un autre langage que la noble Florentine, mais dans un sentiment tout semblable, elle demande que le soin de guider l'âme de son amant lui soit confié. Sa prière est exaucée. Elle s'élève, en attirant à sa suite l'âme de Faust, vers les régions suprêmes, où l'on aime, où l'on connaît davantage la sagesse éternelle.

Al cerchio che più ama, e che più sape.

Ils entrent ensemble au ciel de la pure lumière, dans l'allégresse amoureuse de la vérité.

Al ciel ch'è pura luce;
Luce intellettual piena d'amore,
Amor di vero ben pien' di letizia.

L'amour de la créature pour son Dieu et l'amour de Dieu, *il primo amante*, pour sa créature se rencontrent. Le salut de l'homme est accompli. Et de même que l'Allighieri déclare ce qu'il a vu au-dessus de toute parole humaine,

> Il mio veder fu maggio
> Che il parlar nostro....
>
> .... e vidi cose che ridire
> Nè sa, nè può qual di lassù discende.

ainsi le chœur mystique par qui se termine le poëme de *Faust*, exalte l'*inexprimable*, l'*indescriptible* béatitude du royaume céleste, et le mystère insondable qui relie à la vérité permanente de la vie divine les apparences fugitives de notre vie mortelle.

> Tout ce qui passe
> N'est que symbole ;
> L'impénétrable
> Ici s'accomplit :
> L'indescriptible
> Ici se manifeste ;
> L'Éternel féminin
> Nous attire en haut.
>
> Alles vergængliche
> Ist nur ein Gleichniss ;
> Das Unzugængliche
> Hier wird's Ereigniss :
> Das Unbeschreibliche.
> Hier ist es gethan ;
> Das Ewig-Weibliche
> Zieht uns hinan !

Diotime cessa de parler. Mais après quelques instants, voyant que tout le monde se taisait, et ne voulant pas laisser ses jeunes amis sous l'impression trop grave de ses dernières réflexions, elle se tourna gaiement vers Élie. — Eh bien, lui dit-elle, voici que le bon Dieu a gagné son pari contre le diable! Que vous en semble? N'ai-je pas aussi gagné le mien? Confesserez-vous pas à la fin que j'avais raison, et que l'on peut bien aimer ensemble Dante et Gœthe, sans avoir pour cela l'esprit mal fait, bizarre et fantasque?

ÉLIE.

Je rentre, comme Méphistophélès, dans ma poussière. Mais pourtant, vous ne me ferez pas dire que je regrette de vous avoir porté un défi, car ce défi nous a valu à tous des heures que nous n'oublierons plus.

VIVIANE.

Et bien des motifs de vous admirer davantage.

DIOTIME.

Si j'avais le droit de parler comme Faust, je vous dirais, Viviane, l'admiration n'est rien, l'amour est tout.

VIVIANE.

Admiration, respect, amour et quelque chose encore par delà à quoi je ne trouve pas de nom, qu'est-ce que nous ne vous donnons pas, Diotime, et du plus profond de nos cœurs!

ÉLIE.

Combien vous seriez bonne si, avant de quitter nos deux poëtes, vous rappeliez en quelques mots, afin de nous les graver mieux dans la mémoire, les principaux traits par qui vous nous les avez montrés semblables!

DIOTIME.

Je vais essayer. — Nous avons reconnu d'abord, ce me semble, que *la Divine Comédie* et *Faust* sont deux œuvres profondément religieuses. Dans chacun de ces poëmes, qui ont été pour Dante comme pour Gœthe l'œuvre de toute la vie, l'un et l'autre ils ont voulu enseigner aux hommes la vérité divine dont chaque science humaine est un rayon, la doctrine du salut. Sous le voile du symbole et dans une action légendaire, ils ont intéressé l'esprit humain au mystère de sa propre destinée, temporelle et éternelle. Ils se sont faits apôtres et confesseurs d'une foi religieuse, morale et politique, où nous avons admiré l'expression la plus haute du problème de la vie en Dieu. Tous deux, par l'union intime de la science et de la poésie, de la raison et de la foi, ils ont essayé de rétablir l'harmonie primitive de l'âme humaine dans ses rapports avec l'âme du monde; ils ont cherché, dans les régions de l'infini, la conciliation des discordances et des contradictions de l'existence finie. Tous deux enfin ils ont tenté d'édifier une république, une cité idéale, où régneraient ensemble la liberté et la loi, la nature et l'esprit; où la contemplation et l'action, la science et l'amour, se prêtant une force mutuelle, donneraient dès ici-bas à l'homme le pressentiment joyeux et l'image de la cité céleste. Dante et Gœthe ont suivi une marche inverse en ceci, que le premier, partant de la vie active, s'élève peu à peu à la vie contemplative, tandis que le second, au contraire, s'arrachant à la contemplation, entre de plus en plus dans la vie d'action. Mais pour tous deux le terme suprême est cette cité céleste où la vie recommencera plus puissante, où l'homme, actif et contemplatif, renaîtra plus parfait, plus semblable à Dieu.

Nous sommes tombés d'accord aussi, n'est-il pas vrai? que Dante et Gœthe sont restés, dans l'exécution d'un plan grandiose qui n'allait à rien de moins qu'à l'exposition d'une philosophie générale de l'univers et de la destinée humaine, singulièrement personnels, originaux, *subjectifs*, comme on dirait aujourd'hui ; tirant, à la façon d'Homère et des prophètes bibliques, de la réalité la plus familière et de leur expérience propre, les motifs, les figures, les réflexions, toute la matière et tout le tissu de leur ouvrage ; et cela de telle façon qu'ils ont fait tous deux une œuvre incomparable, d'un genre impossible à classer, et qui demeure unique.

ELIE.

Lequel de ces deux poëtes vous semble avoir le plus approché d'Homère?

DIOTIME.

Ils possèdent tous deux, à un degré égal, la puissance homérique par excellence, la faculté de penser par image, de *voir*, en quelque sorte, ce qu'ils pensent : Dante, qui n'a connu Homère que de nom, est de sa filiation très-directe ; il est son petit-fils par Virgile.

ELIE.

Et Gœthe?

DIOTIME.

Peut-être y a-t-il pour Gœthe alliance plutôt que filiation. Je me persuade que la légende germanique, si elle gardait sa force créatrice, pourrait bien, un jour à venir, dans quelque île du Rhin (*Nonnenwerth* ou *Grafenwerth*, je suppose), célébrer les noces épiques de celui que l'Allemagne appelait l'Olympien, avec la fille de Léda, la blonde et divine Hélène!...

Mais reprenons notre parallèle. En regardant dans le miroir magique où Gœthe et Dante ont reflété leur propre image, nous avons été étonnés de voir jusqu'à quel point cette image se trouvait être la reproduction héroïque et satirique tout à la fois du caractère et de la physionomie de leur race, de leur peuple et de leur siècle. Ce n'est pas tout. Jusque dans les détails, nous avons fait des rencontres surprenantes. Nous avons entendu de ces grands cris d'entrailles, de ces soupirs, de ces accents brisés et profonds, de ces mots d'une candeur sublime que l'art ne saurait feindre, où se révèlent, sans qu'il soit possible de s'y tromper, des âmes de même trempe et de même timbre.

Dans le langage qu'ils ont parlé avec tant d'amour, et en maîtres tous deux; dans cette italien de Florence, si personnel ensemble et si national, où Dante fondait tous les dialectes de l'Italie dont il rêvait et sentait instinctivement déjà l'unité future; dans ce haut allemand, de vraie souche populaire, auquel Gœthe a su imprimer à la fois le sceau de son génie propre et la perfection classique, nous avons senti une puissance, une liberté de création égale, avec l'autorité suprême qui fixe à jamais la règle et la beauté.

Chose étrange, et qui les rapproche encore! Dante et Gœthe, dans cette admirable formation d'une langue et d'une œuvre nationales, ont suivi exactement même fortune. Il leur a fallu à tous deux s'arracher à l'habitude des idiomes étrangers. Avec tous ses contemporains, Dante, vous vous le rappelez, écrit d'abord en latin; il subit très-longtemps le charme de la poésie provençale et l'autorité établie de la langue française. Gœthe, contrarié aussi dans l'essor de sa verve, empêché dans les provincialismes bourgeois d'un allemand corrompu, façonné avec sa génération au joug des littératures étrangères, subissant l'ascendant de nos grands écrivains du XVIe et du XVIIIe siècles, commence de rimer en français et en anglais; il ne revient pas sans quelque effort à la pente naturelle, à la saveur germanique de sa pensée et de sa parole.

Ainsi donc, pour tout résumer : caractère religieux, pensée philosophique, sentiment de l'idéal, largeur du plan, merveilleux du sujet tiré également de la légende chrétienne, savoir encyclopédique, spontanéité, beauté du langage, inspiration personnelle et populaire tout ensemble, la *Divine Comédie* et *Faust* offrent à nos admirations les mêmes grandeurs. Dans une métamorphose poétique d'une incroyable puissance, Dante élève les conceptions variées du polythéisme latin à l'unité d'un catholicisme grandiose. A son tour, plus hardi encore et doué d'une vertu poétique qui s'est nourrie du savoir accru de cinq siècles, Gœthe accorde, en les transformant, dans la vaste harmonie du panthéisme moderne, les dieux de la Rome antique avec le Dieu supérieur de la Rome chrétienne.

Sans m'arrêter aux ressemblances dans les détails, dans les images, dans les expressions même de nos deux poëtes (à cette rencontre singulière, par exemple, des noms de Béatrice et de Faust, qui tous deux signifient *heureux*), sans insister sur des inspirations très-semblables qu'ils puisent, l'un dans le sentiment pythagoricien, l'autre dans le sentiment spinosiste de la vie, j'ajoute que les vicissitudes subies et les influences exercées par le génie de Dante et de Gœthe présentent des analogies non moins remarquables. Aucun poëte, je crois, n'a passé, comme ils l'ont fait, par des alternatives aussi contrastées d'éclat et d'oubli, de méconnaissance et d'adoration.

MARCEL.

Je croyais que Gœthe n'avait jamais été ni contesté ni méconnu. Encore tout dernièrement, je lisais, dans un *Entretien* de Lamartine, que la vie de Gœthe avait été un règne.

DIOTIME.

Un règne fort traversé de rébellions, Marcel, et auquel certaines humiliations même ne furent point épargnées. A son retour d'Italie, Gœthe nous dit que l'Allemagne l'avait oublié, « ne voulait plus entendre parler de lui; » il se plaint que la critique traite ses œuvres « avec la dernière barbarie. » On tente, à force d'ironie et de dédain, de déconcerter à la fois son génie et sa bonté. On s'attaque, avec un acharnement presque sans exemple, à ses livres et à sa personne. Objet de haine à la fois pour les partis les plus contraires, pour les violents de toutes les opinions, piétistes ou jacobins, romantiques ou pédants; insupportable au faux goût et à la fausse morale, Gœthe est calomnié dans son caractère, dans son talent, et jusque dans les plus nobles affections de son grand cœur. En le représentant comme un indifférent, un égoïste, un rimeur bourgeois, matérialiste et réaliste, on parvient à éloigner de lui la jeunesse et à obscurcir son nom. On annonce que, avant dix années, il sera rentré dans le néant. On exalte au-dessus de lui non-seulement Schiller, mais la tourbe des auteurs infimes; on le déclare frappé d'impuissance. Les éditeurs refusent d'imprimer ses manuscrits; ses envieux le harcèlent de telle sorte et ses amis le défendent si faiblement, qu'il se sent comme exilé, seul, absolument seul dans son pays, et qu'il est tout près de renoncer à l'art et à la poésie!

VIVIANE.

Mais cela ne paraît pas croyable.

DIOTIME.

Ce qui est presque incroyable aussi, c'est la diversité, l'opposition des jugements qui ont été portés sur *Faust* comme sur la *Comédie*.

Ces deux œuvres grandioses et profondes ayant eu besoin dès leur apparition de commentateurs et d'interprètes, elles sont devenues aussitôt le sujet de querelles passionnées. L'une comme l'autre elles attirent et repoussent, captivent et irritent les imaginations. Dante, nous l'avons vu, est déjà pour ses contemporains, et de plus en plus dans la suite des générations, tour à tour orthodoxe et hérétique, guelfe et gibelin, voué à l'anathème et à l'apothéose. En butte aux fureurs ou aux dédains des inquisitions ou des académies, traité d'impie par les uns, de barbare par les autres, Dante traverse de longues éclipses de gloire. Lui qui passionnera des esprits tels que Buonarroti, Galilée, lui qu'on a proclamé égal, supérieur à Virgile et à Homère, il sera rejeté dans l'ombre de Pétrarque, de Tasse, et, ce n'est pas assez, de Marini, de Métastase. Comme il a été, de son vivant, exilé par un aveugle esprit de faction, trois siècles après sa mort il sera banni de la compagnie et de la gloire des grands hommes. Au commencement de ce siècle, selon Alfieri qui avait appris de mémoire toute la *Comédie*, on n'aurait pas trouvé dans toute l'Italie trente personnes ayant lu Dante. — Gœthe, de son vivant et encore à cette heure, pour les esprits étonnés, est tantôt le plus religieux des poëtes, et, dans les matières d'État, le plus républicain des utopistes, tantôt le plus endurci des païens, des athées; un « mauvais génie » (Lacordaire l'écrivait hier encore); un courtisan, un esprit rétrograde, timide et servile. Aujourd'hui cependant l'opinion semble s'établir définitivement selon la justice. Les éditeurs, les traducteurs, les commentateurs intelligents et aimants se multiplient en même temps pour Dante et pour Gœthe. Tous deux ensemble ils s'emparent, sans violence et par la seule force des choses, de nos imaginations. Ils sont présents à l'esprit de quiconque est capable de sérieuses pensées. Pour tout Italien comme pour tout Allemand, la *Comédie* et *Faust* sont devenus le *Livre* par excellence, une sorte de Bible à la fois familière et mystérieuse, d'où l'on tire pour toutes les occasions de la vie, pour toutes les dispositions de l'âme, des sentences, des axiomes et des similitudes. Bien plus, voici que presque à la même heure une réparation glorieuse se fait. Un moment distraite, trompée, ingrate, l'âme de la patrie allemande se retrouve, se reconnaît enfin, elle salue sa propre grandeur, elle sent sa puissante, son indestructible personnalité dans l'œuvre et dans le nom de Wolfgang Gœthe.

Et toi, noble Allighieri, maître, guide, « plus que père! » toi qui bénissais le pain amer de l'exilé, toi qui montais avec lui, en soutenant ses pas chancelants, le dur escalier d'autrui, toi qui recevais dans tes bras, pour l'emporter dans ton ciel, le martyr sanglant de la liberté, maintenant ramené sur les bords de ton beau fleuve Arno, au doux bercail d'où sont à jamais chassés les loups rapaces, que de repentirs à tes pieds, que de lauriers à ton front, et combien inséparables désormais dans l'âme italienne ta gloire et la gloire de la patrie!...

Les derniers accents de Diotime se perdirent dans

le silence. La nuit était venue. Un grand recueillement descendait sur la campagne. Tout à coup l'on entendit résonner au loin de longues notes vibrantes et douces qui semblaient s'appeler et se répondre à travers l'espace. C'étaient deux cors de chasse qui se renvoyaient l'un à l'autre le refrain mélancolique aimé de la Bretagne :

> Ma sœur, qu'ils étaient beaux ces jours
> De France !
> O mon pays, sois mes amours
> Toujours.

Ce fut le signal du départ. On avait oublié les heures rapides et la distance. La lune était déjà très-haut à l'horizon. Pendant qu'Élie et Marcel s'occupaient aux préparatifs du retour, Diotime et Viviane allaient et venaient sur la plage qui se rétrécissait à vue d'œil, et se repliait dans les ombres du granit, au murmure montant des flots. Des nuées de goëlands, de pétrels et d'autres oiseaux aquatiques volaient vers la terre, cherchant pour les heures nocturnes leur abri dans les grottes de stalactites qui s'ouvrent aux flancs du rocher. Ramenée par la marée en vue des côtes, la flottille de pêche se rassemblait et courbait sa noire voilure sur la surface argentée de l'Océan.

Depuis quelques instants, Diotime suivait avec une attention inquiète le mouvement d'une barque qui gouvernait presque en droite ligne vers la langue de sable où elle se trouvait avec son amie.

— C'est l'heure des contrebandiers, dit Viviane,

répondant ainsi à la question que se faisait tout bas Diotime.

L'embarcation avançait toujours. Bientôt on put distinguer qu'elle était montée par trois hommes. Un quatrième, de grande taille et qui paraissait armé, se tenait debout près du foc.

— Je ne me trompe pas, c'est la barque de Floury, s'écria Diotime.

— Que viendrait-elle faire ici, à cette heure? dit Viviane.

Sans répondre, Diotime se dirigeait vivement vers la pointe où le pilote allait atterrir. Je ne sais quel pressentiment hâtait son pas. Quelqu'un venait, en effet, à sa rencontre.

Avant que la barque eût touché terre, l'inconnu qu'on y voyait debout, à l'avant, et qui ne ramait point, s'élançait.

— Évodos!...

A ce nom qu'elle entendit avant d'avoir rien vu, Viviane, comme frappée d'immobilité, s'arrêta soudain. Le jeune homme vola vers elle. Il la reçut dans ses bras, tremblante et muette.

Après les premiers étonnements du revoir :

— Mais enfin, reprit Diotime, comment donc, quand on vous croit dans les mers d'Ionie, abordez-vous au cap Plouha?

— C'est bien simple. Vous savez que je ne m'appartiens pas. Ceux qui me commandent m'envoient à Paris; m'y voici d'un trait. La personne à qui l'on m'adresse n'y est point encore; on ne l'attend que dans vingt-quatre heures. Ces vingt-quatre heures sont miennes. J'arrive à Portrieux ; vous en êtes partie le matin. La barque du pilote va prendre la mer ; je demande à Floury de se louer à moi pour la soirée ; il y consent. Nous mettons le cap sur Plouha. En voyant cette belle mer tranquille refléter, comme un miroir d'acier, le doux visage de Phœbé qui lui sourit, je m'enchante. Je me persuade que vous vous laisserez charmer comme moi par la magie des cieux et des eaux et que nous reviendrons ensemble, guidés par mon étoile... Le voyez-vous là-haut, mon beau *Sirius*, justement sur la pointe du cap Fréhel !... Il faut que vous donniez raison à ma joie, Diotime, vous qui êtes aussi l'astre propice ; il faut que, par cette nuit lumineuse comme les nuits de ma patrie, tous trois nous naviguions en plein espoir et en plein contentement sur votre océan breton !

A cette proposition inattendue, Viviane consentait d'un joyeux silence ; mais Diotime avait des objections. Le vent était contraire....

ÉVODOS.

Le voici qui tombe. Et d'ailleurs, en venant, Floury qui se connaît à vos nuages y a vu qu'entre huit et neuf heures la brise soufflerait nord-ouest. En moins d'une heure et demie, il en donne sa parole, nous serons rentrés au port.

DIOTIME.

Mais la pointe de Saint-Quai ?... les courants ?

ÉVODOS.

Fiez-vous à moi. Nous autres Hellènes, ne sommes-nous pas toujours les compagnons d'Ulysse? Fiez-vous surtout à Floury. Lui et ses hommes, ils rameront, s'il le faut, vigoureusement.

Comme on en était là, Élie et Marcel venaient avertir que tout était prêt. Ce fut à leur tour de s'étonner. Les premières effusions passées, la compagnie convint de se partager: Élie et Marcel retourneraient par terre à Portrieux; le bateau du pilote y ramènerait Viviane et Diotime, à la garde d'Évodos.

L'entretien, comme on peut croire, ne languit pas, au doux rhythme de la barque, pendant la traversée. Toute une année d'absence où tant de choses avaient agité, inquiété, passionné les esprits! Que de souvenirs, que d'espérances, que de projets à échanger entre deux jeunes cœurs épris d'un même amour et confiants tous deux dans une grande et maternelle amitié!

Quoi qu'en eût dit Floury, le vent du nord-ouest ne se levait pas. On *nageait* avec lenteur. Peu à peu le bruissement monotone des flots et le magnétisme des clartés lunaires assoupirent Diotime. Elle fit de beaux rêves. Elle vit passer dans les nuées les ombres heureuses de ceux qu'elle avait perdus; elle entendit au loin des chants de liberté. Elle vit s'élever, dans les vapeurs du crépuscule, un beau temple en marbre; et quand, aux premiers rayons du jour, les portes s'ouvrirent d'elles-mêmes, elle aperçut au fond la statue d'ivoire et d'or de la divine Béatrice.

Cependant, peu à peu, le souffle du matin se faisait sentir; il agitait en se jouant, il soulevait à demi sur les paupières de Diotime le voile des songes. Alors se dessinèrent à ses yeux, sur le fond transparent des clartés de l'aube, deux figures d'une jeunesse et d'une beauté parfaites, assises à ses côtés, vis-à-vis l'une de l'autre, dans un maintien plein de grâce et de noblesse. Diotime distingua deux mains qui se cherchaient, deux anneaux échangés. Elle entendit deux voix mélodieuses que la brise emportait en se jouant sur les flots et qui semblaient accompagnées de la cithare antique. Diotime prêta l'oreille. Les deux voix dialoguaient ainsi :

— Les hasards de ma vie ne t'effrayent point?

— Moi-même je ceindrai ton bras du glaive, en priant les dieux pour ta patrie.

— Ma patrie est pour toi la terre étrangère.

— Quelle femme, quelle barbare se sentirait étrangère dans la cité de la vierge Athéné, sur la terre où l'on adore la douce Panagia?

— Ma destinée est obscure. Je ne connaîtrai de longtemps ni repos ni foyer.

— Que serait le foyer sans l'honneur! que serait le repos sans la liberté!

— Tu n'entends pas les mots de la langue que parlent les miens.

— La langue flexible et sonore que parlent les fils d'Homère, j'ai voulu l'apprendre; écoute :

Ὁ μισεμός είναι κακός, τό « ἔχε 'γιά » φαρμάκι,
Καί τό καλόν σου γύρισμα ὅλο φιλιά κ' ἀγάπη.

A ce moment la barque entrait dans le port; elle amarrait au pied de la jetée. Le bruit que fit la chaîne en retombant sur la pierre tira de son rêve Diotime.

A demi sommeillant, appuyée au bras d'Évodos, elle montait encore l'escalier de granit, quand Viviane, déjà loin, suivie du lévrier, comme la Diane chasseresse au pied virginal, s'avançait vers le seuil où les attendait Élie, seul et pensif dans sa tristesse bretonne.

FIN.

TABLE

Premier dialogue   1
Deuxième dialogue   74
Troisième dialogue 203
Quatrième dialogue 291
Cinquième dialogue 368

www.ingramcontent.com/pod-product-compliance
Lightning Source LLC
Chambersburg PA
CBHW050916230426
43666CB00010B/2187